Dietmar Jahnel/Angelika Pallwein-Prettner

Datenschutzrecht

Dietmar Jahnel
Angelika Pallwein-Prettner

Datenschutzrecht

3., überarbeitete und aktualisierte Auflage

facultas

Bibliografische Information der Deutschen Nationalbibliothek

Die Deutsche Nationalbibliothek verzeichnet diese Publikation
in der Deutschen Nationalbibliografie;
detaillierte bibliografische Daten sind im Internet über
http://dnb.d-nb.de abrufbar.

Copyright © 2021 Facultas Verlags- und Buchhandels AG
3., überarbeitete und aktualisierte Auflage
facultas, 1050 Wien, Österreich
Alle Rechte, insbesondere das Recht der Vervielfältigung und der
Verbreitung sowie der Übersetzung, sind vorbehalten.
Satz: SOLTÉSZ. Die Medienagentur.
Druck: Facultas Verlags- und Buchhandels AG
Printed in Austria
ISBN 978-3-7089-1978-2

Vorwort zur 3. Auflage

Seit dem Geltungsbeginn der EU-Datenschutz-Grundverordnung mit 25. Mai 2018 sind mehr als zweieinhalb Jahre vergangen. Auch wenn der große „Datenschutz-Hype" des Jahres 2018 inzwischen abgeklungen ist, ist die Bedeutung des Datenschutzrechts in der Praxis der Unternehmen ebenso wie in der Rechtsberatung enorm gestiegen. Dies machen auch die zahlreichen Bescheide der DSB sowie Urteile bzw Erkenntnisse der Zivil- und Verwaltungsgerichte zu datenschutzrechtlichen Fragen deutlich, die inzwischen ergangen sind. Die Menge an Beiträgen mit Bezug zum Datenschutzrecht in der österreichischen Fachliteratur ist kaum mehr zu überblicken.

Diese Entwicklungen haben wir zum Anlass genommen, das bisherige „Manual Datenschutzrecht" von Grund auf zu überarbeiten und neu zu konzipieren. Mit der 3. Auflage wurde aus einer Einführung in die Grundzüge des Datenschutzrechts ein Lehrbuch zum Datenschutzrecht, das sich vorrangig an alle an der Materie Interessierten wendet, die über juristische Grundkenntnisse verfügen. Dazu wurde der systematische Aufbau etwas angepasst und der Inhalt um ein Kapitel über „Medienprivileg/Wissenschaftsprivileg" erweitert.

Darüber hinaus wollen wir in unserem Buch einen Überblick über die bereits vorliegende Judikatur zu den einzelnen Fragestellungen bieten, schneller und vor allem präziser, als dies durch eine Internetrecherche möglich ist. Dazu wurden an den relevanten Stellen Entscheidungstabellen mit den Kernaussagen aller Rechtsschutzinstanzen (DSB, BVwG, OGH und EuGH) in Form von prägnanten Leitsätzen eingefügt. Diese Tabellen sind chronologisch sortiert und so konzipiert, dass bei kommenden Neuauflagen die neuesten Judikate zu Beginn angefügt und überholte Entscheidungen gestrichen werden können. Auf diese Weise erhalten Praktiker in den jeweiligen Kapiteln einen schnellen Hinweis auf die wesentlichen Aussagen der aktuellen bzw der relevanten älteren Judikatur, den Studierenden wird entsprechendes Anschauungsmaterial zu den zuvor beschriebenen Fragestellungen geboten.

Für diese dritte Auflage wurde die Rechtslage bis November 2020 berücksichtigt. Wir möchten uns bei Frau Mag. Nina Niederstrasser für ihre tatkräftige Unterstützung bei der Überarbeitung bedanken. Unser aufrichtiger Dank gilt auch dem Verlag Facultas, insbesondere Herrn Peter Wittmann und Frau Carina Glitzner, für die tolle Unterstützung und angenehme Zusammenarbeit. Wir freuen uns natürlich über Anregungen und Feedback jeder Art.

Salzburg/Wien, Jänner 2021 *Angelika Pallwein-Prettner*
Dietmar Jahnel

Vorwort zur 1. Auflage

Liebe Leserin, lieber Leser,

am 25. Mai 2018 findet die neue EU-Datenschutz-Grundverordnung (DSGVO) Anwendung. Gleichzeitig wird das durch das österreichische Datenschutz-Anpassungsgesetz 2018 umfassend novellierte DSG 2000 – künftig wieder unter dem Titel DSG – in Kraft treten.

Man kann zu Recht behaupten, dass durch die neuen Datenschutzbestimmungen kein Stein auf dem anderen bleibt. So wird – nur als beispielhafte Nennung – das Marktortprinzip den Anwendungsbereich europäischen Datenschutzrechts verändern. Das in Österreich bis dato bestehende Datenverarbeitungsregister wird abgeschafft und zunächst noch quasi zu Archivzwecken zur Verfügung gestellt bleiben. Das behördliche Melde- und Genehmigungssystem wird durch umfassende interne Dokumentations- und Transparenzpflichten ersetzt, welche für die Verantwortlichen einen wesentlichen Mehraufwand bedeuten und dazu führen sollen, einen bewussteren und sorgsameren Umgang mit Daten zu bewirken. Weiters festgeschrieben wird eine Art „Datenschutzauditverpflichtung", die jedenfalls dann durchzuführen ist, wenn die Datenschutzsphäre von betroffenen Personen bei der Verarbeitung derer personenbezogenen Daten einem hohen Risiko ausgesetzt ist (sog. Datenschutz-Folgenabschätzung). Gleichzeitig erfolgt auch ein Umbau der Rechtsschutzbehörden sowie die Festlegung erheblicher Bußgelder bei Datenschutzverletzungen, die massiv über den Rahmen des ursprünglich geltenden DSG 2000 hinausgehen.

Wir hoffen, dass uns Autoren der Spagat gelungen ist, zum einen den Blick auf das Wesentliche zu lenken, zum anderen aber der Leserin und dem Leser auch die eine oder andere unabdingbare detaillierte Information übersichtlich aufzubereiten.

Wir möchten uns besonders beim Verlag Facultas für die umfassende Unterstützung bei der Erstellung dieses Werkes bedanken. Hier möchten wir vor allem Herrn Peter Wittmann sowie dem zuständigen Lektorat unseren Dank aussprechen.

Weiters dürfen wir Herrn Mag. Stefan Frank-Woda von der Rechtsanwaltskanzlei Binder Grösswang für seine kompetente Unterstützung bei der Werkserstellung danken.

Angelika Pallwein-Prettner, Christian Marzi

Der Verlag und die Autorin haben die traurige Pflicht, Sie vom unerwarteten Ableben von Herrn Mag. Christian Marzi unmittelbar vor Drucklegung des vorliegenden Buches zu informieren. Er hat sich mit großem Elan und Freude diesem Werk zugewandt, das er bis zur Druckfreigabe Anfang Dezember 2017 begleiten konnte.

Es möge allen Lesern dienen und ein Andenken an Christian Marzi sein.

Angelika Pallwein-Prettner
Der Verlag

Inhaltsverzeichnis

Vorwort zur 3. Auflage 5
Vorwort zur 1. Auflage 6
Abkürzungsverzeichnis 13

1 Gegenstand des Datenschutzrechts und Grundrecht auf Datenschutz

1.1 Einführung 15
1.2 Die historische Entwicklung des Datenschutzrechts in Österreich 15
1.3 Das Grundrecht auf Datenschutz 17
    1.3.1 Europäische Grundrechte auf Datenschutz 17
    1.3.2 Grundrecht auf Datenschutz nach § 1 DSG 19

2 Systematik der DSGVO

2.1 Aufbau und Interpretation 29
2.2 Allgemeine Grundsätze der Datenverarbeitung 30
    2.2.1 Vorbemerkungen 30
    2.2.2 Rechtmäßigkeit, Verarbeitung nach Treu und Glauben, Transparenz 31
    2.2.3 Zweckbindung 33
    2.2.4 Datenminimierung, Speicherbegrenzung 34
    2.2.5 Richtigkeit 36
    2.2.6 Integrität und Vertraulichkeit 36
    2.2.7 Rechenschaftspflicht 37
    2.2.8 Technikgestaltung (Privacy by Design) 37
    2.2.9 Datenschutzfreundliche Voreinstellung (Privacy by Default) 38
2.3 Öffnungsklauseln 39

3 Anwendungsbereiche

3.1 Sachlicher Anwendungsbereich 41
    3.1.1 Einführung 41
    3.1.2 Ganz oder teilweise automatisierte Verarbeitung ... 41
    3.1.3 Nichtautomatisierte Verarbeitung 41
    3.1.4 Ausschließungsgründe 43
3.2 Räumlicher Anwendungsbereich 46
    3.2.1 Einführung 46
    3.2.2 Verarbeitung durch Niederlassungen innerhalb der Union 47
    3.2.3 Verarbeitung durch Niederlassungen außerhalb der Union 48

	3.2.4	Verarbeitung durch diplomatische oder konsularische Vertretungen	49

4 Wesentliche Begriffsbestimmungen in der DSGVO

4.1	Allgemeines		51
4.2	Personenbezogene Daten		51
	4.2.1	Definition	51
	4.2.2	Besondere Kategorien personenbezogener Daten	54
	4.2.3	Personenbezogene Daten über strafrechtliche Verurteilungen und Straftaten	56
	4.2.4	Pseudonymisierung und Anonymisierung	57
	4.2.5	Profiling	59
4.3	Verarbeitung		59
4.4	Betroffene Person		61
4.5	Verantwortlicher		61
	4.5.1	Begriff „Verantwortlicher"	61
	4.5.2	Gemeinsam Verantwortliche	62
	4.5.3	Entscheidung über Zwecke und Mittel	63
4.6	Auftragsverarbeiter		65

5 Rechtmäßigkeit der Verarbeitung

5.1	Vorbemerkungen		69
5.2	Verbotsprinzip		69
5.3	Erlaubnistatbestände		69
5.4	Die einzelnen Rechtmäßigkeitstatbestände		70
	5.4.1	Vorbemerkung	70
	5.4.2	Einwilligung (lit a)	71
	5.4.3	Exkurs: Cookies	77
	5.4.4	Vertragserfüllung (lit b)	77
	5.4.5	Erfüllung einer rechtlichen Verpflichtung (lit c)	78
	5.4.6	Schutz lebenswichtiger Interessen (lit d)	79
	5.4.7	Öffentliches Interesse oder Ausübung öffentlicher Gewalt (lit e)	79
	5.4.8	Wahrung berechtigter Interessen (lit f)	81
5.5	Nationales Datenschutzrecht („Flexibilisierungsklausel")		83
5.6	Strafrechtlich relevante Daten		84
5.7	Besondere Kategorien personenbezogener Daten		85
5.8	Weiterverwendung für einen anderen Zweck		87
5.9	Prüfschema für die Zulässigkeit einer Datenanwendung		89

6 Übermittlung von Daten in Drittländer

6.1	Allgemeine Grundsätze der Datenübermittlung in Drittländer	91
6.2	Angemessenheitsbeschluss	92

	6.2.1	Gleichgestellte Drittländer	92
	6.2.2	Safe Harbor/EU-US Privacy Shield	93
6.3	Datenübermittlung vorbehaltlich geeigneter Garantien		94
6.4	Verbindliche unternehmensinterne Datenschutzregelungen		96
6.5	Ausnahmen gemäß Art 49 DSGVO		97
6.6	Ausnahmeklausel		99
6.7	Genehmigungsverfahren		100

7 Transparenz und Betroffenenrechte

7.1	Allgemeines		101
7.2	Form und Fristen		101
7.3	Informationspflicht		102
	7.3.1	Zweck und Inhalt	102
	7.3.2	Direkterhebung von Daten	102
	7.3.3	Datenerhebung nicht bei der betroffenen Person	105
	7.3.4	Information durch standardisierte Bildsymbole	106
7.4	Recht auf Auskunft		107
	7.4.1	Form des Auskunftsbegehrens, Identitätsnachweis	107
	7.4.2	Inhalt und Form der Auskunftserteilung	108
	7.4.3	Frist	109
	7.4.4	Mitwirkungspflicht	110
	7.4.5	Unentgeltlichkeit	110
	7.4.6	Beschränkungen des Auskunftsrechts	110
7.5	Berichtigung und Löschung		111
	7.5.1	Berichtigungsrecht	111
	7.5.2	Löschungsrecht („Recht auf Vergessenwerden")	111
	7.5.3	Folgen der Löschungspflicht	114
	7.5.4	Ausnahmen von der Löschungspflicht	115
	7.5.5	Mitteilungspflicht	115
7.6	Exkurs: Rechtssache „Google Spain und Google"		115
7.7	Recht auf Einschränkung der Verarbeitung		116
7.8	Recht auf Datenportabilität		117
7.9	Widerspruchsrecht		118
7.10	Automatisierte Entscheidungen – Profiling		119

8 Datenverarbeitung im Auftrag

8.1	Allgemeines zur Auftragsverarbeitung	123
8.2	Beauftragung eines Auftragsverarbeiters	125
8.3	Beauftragung eines Sub-Auftragsverarbeiters	125
8.4	Auftragsverarbeitungsvertrag	126
8.5	Pflichten des Auftragsverarbeiters	128
8.6	Befugnisüberschreitung	129
8.7	Haftung	129
8.8	Weisungsgebundenheit	130

9 Publizität und Datensicherheit

9.1	Einleitung	131
9.2	Verzeichnis der Verarbeitungstätigkeiten	132
	9.2.1 Verarbeitungsverzeichnis des Verantwortlichen	132
	9.2.2 Verarbeitungsverzeichnis des Auftragsverarbeiters	133
	9.2.3 Aktualisierung des Verarbeitungsverzeichnisses	133
9.3	Datenschutz-Folgenabschätzung	133
	9.3.1 Kriterien der Durchführung der Datenschutz-Folgenabschätzung	133
	9.3.2 Verfahrensablauf der Datenschutz-Folgenabschätzung	135
9.4	Technische und organisatorische Maßnahmen (TOM)	136
9.5	Meldepflichten bei Datenschutzverletzungen	138
9.6	Datenschutzbeauftragter	141

10 Selbstregulierung und Zertifizierung

10.1	Einleitung	145
10.2	Selbstregulierung durch Verhaltensregeln	146
	10.2.1 Allgemeines	146
	10.2.2 Inhalt von Verhaltensregeln	147
	10.2.3 Genehmigung von Verhaltensregeln	148
	10.2.4 Verhaltensregeln in Österreich	148
	10.2.5 Sanktionen	149
10.3	Zertifizierungen	149

11 Videoüberwachung/Bildverarbeitung

11.1	Allgemeines	151
11.2	Judikaturdivergenz	152
11.3	Begriff der Bildaufnahme	152
11.4	Zulässigkeit einer Bildaufnahme	153
11.5	Speicherdauer und Kennzeichnung	154

12 Beschäftigtendatenschutz

12.1	Vorbemerkungen	157
12.2	Gesetzliche Grundlagen	157
	12.2.1 Europarechtliche Vorgabe	157
	12.2.2 Umsetzung in Österreich	158
12.3	Rechtmäßigkeit der Verarbeitung im Beschäftigungskontext	160
	12.3.1 Allgemeines	160
	12.3.2 Vertragserfüllung und Erfüllung einer rechtlichen Verpflichtung	161
	12.3.3 Wahrung berechtigter Interessen	162
	12.3.4 Einwilligung	162

12.3.5	Betriebsvereinbarungen	163
12.3.6	Verarbeitung besonderer Kategorien personenbezogener Daten im Beschäftigungskontext	167
12.4	Datenverarbeitung durch den Betriebsrat	169
12.5	Datenminimierung und Speicherung im Beschäftigungskontext	172
12.6	Datengeheimnis	173
12.7	Exkurs: Bewerber	174

13 Medienprivileg/Wissenschaftsprivileg

13.1	Medienprivileg	177
	13.1.1 Allgemeines	177
	13.1.2 Journalistische Zwecke	178
	13.1.3 Wissenschaftliche, künstlerische oder literarische Zwecke	179
	13.1.4 § 9 DSG	179
13.2	Wissenschaftsprivileg	181
	13.2.1 Allgemeines	181
	13.2.2 Öffnungsklausel für wissenschaftliche Forschung	182
	13.2.3 § 7 DSG	183
	13.2.4 Forschungsorganisationsgesetz (FOG)	183

14 Aufsichtsbehörden und europäische Zusammenarbeit

14.1	Datenschutzbehörde	185
	14.1.1 Allgemeines	185
	14.1.2 Organisation	185
	14.1.3 Aufgaben	187
	14.1.4 Befugnisse	188
	14.1.5 Ausschluss der Aufsicht über Gerichte	191
14.2	Datenschutzrat	191
	14.2.1 Aufgaben	191
	14.2.2 Zusammensetzung	192
	14.2.3 Verfahrensweise	192
14.3	Europäischer Datenschutzausschuss (EDSA)	193
	14.3.1 Allgemeines	193
	14.3.2 Zusammensetzung	193
	14.3.3 Verfahrensweise	193
	14.3.4 Organe	194
	14.3.5 Aufgaben des Datenschutzausschusses	194
14.4	Exkurs: Europäischer Datenschutzbeauftragter	195
14.5	Zuständigkeit, Zusammenarbeit und Kohärenzverfahren	196
	14.5.1 Allgemeine Zuständigkeit (Art 55)	196
	14.5.2 Zuständigkeit bei grenzüberschreitender Verarbeitung (Art 56)	197

14.5.3 Prüfungsschema Zuständigkeit 199
14.5.4 Zusammenarbeit der Aufsichtsbehörden 199
14.5.5 Kohärenzverfahren 202
14.6 Zusammenarbeit von Verantwortlichem und Auftragsverarbeiter mit Aufsichtsbehörden 205

15 Rechtsbehelfe, Haftung und Sanktionen

15.1 Vorbemerkungen 207
15.2 Rechtsbehelfe 207
    15.2.1 Beschwerde 207
    15.2.2 Gerichtlicher Rechtsbehelf gegen Aufsichtsbehörden 210
    15.2.3 Gerichtlicher Rechtsbehelf gegen Verantwortliche 211
    15.2.4 Vertretung von betroffenen Personen 213
    15.2.5 Aussetzung des Verfahrens 213
15.3 Haftung und Recht auf Schadenersatz 214
15.4 Geldbußen 217
    15.4.1 Vorbemerkungen 217
    15.4.2 Höhe der Geldbußen 218
    15.4.3 Strafbemessung 220
    15.4.4 Andere Sanktionen 222
    15.4.5 Haftung für Geldbußen 224

Weiterführende Literatur und sonstige Arbeitsbehelfe 227
Stichwortverzeichnis 231

Abkürzungsverzeichnis

ABGB	Allgemeines Bürgerliches Gesetzbuch
AEUV	Vertrag über die Arbeitsweise der Europäischen Union
AngG	Angestelltengesetz
ArbVG	Arbeitsverfassungsgesetz
ASchG	ArbeitnehmerInnenschutzgesetz
AZG	Arbeitszeitgesetz
BAO	Bundesabgabenordnung
BEinstG	Behinderteneinstellungsgesetz
BMVRDJ	Bundesministerium für Verfassung, Reformen, Deregulierung und Justiz
B-VG	Bundes-Verfassungsgesetz
BVwG	Bundesverwaltungsgericht
DSAG 2018	Datenschutz-Anpassungsgesetz 2018
DSB	Datenschutzbehörde
DSFA-AV	Datenschutz-Folgenabschätzung
DSG	Datenschutzgesetz (Novellierung des DSG 2000 durch das DSAG 2018)
DSG 1978	Datenschutzgesetz 1978
DSG 2000	Datenschutzgesetz 2000
DSGVO	Datenschutz-Grundverordnung
DSK	Datenschutzkommission
DS-RL	Datenschutz-Richtlinie (1995)
EDSA	Europäischer Datenschutzausschuss
EFZG	Entgeltfortzahlungsgesetz
EMRK	Europäische Menschrechtskonvention
ErwGr	Erwägungsgrund
EuGH	Europäischer Gerichtshof
EUV	Vertrag über die Europäische Union
GRC	Charta der Grundrechte der Europäischen Union
KYC	Know Your Costumer
LVwG	Landesverwaltungsgericht
MedienG	Mediengesetz
OGH	Oberster Gerichtshof
StGB	Strafgesetzbuch
StGG 1867	Staatsgrundgesetz 1867
StPO	Strafprozessordnung
TKG 2003	Telekommunikationsgesetz 2003
UGB	Unternehmensgesetzbuch
UrhG	Urheberrechtsgesetz
UrlG	Urlaubsgesetz
VfGH	Verfassungsgerichtshof
VwGH	Verwaltungsgerichtshof

1 Gegenstand des Datenschutzrechts und Grundrecht auf Datenschutz

1.1 Einführung

Die Bezeichnung „Datenschutz" ist insofern missverständlich, als sie wörtlich genommen nahelegt, dass es dabei um den technischen Schutz von Daten geht. Tatsächlich ist die IT-Sicherheit aber nur ein Teilbereich dieser Materie. Das Hauptziel des Datenschutzrechts besteht vielmehr im **Schutz der Privatsphäre des Menschen** bei der Verarbeitung personenbezogener Daten, insbesondere durch den Schutz vor missbräuchlicher Datenverarbeitung. Gleichzeitig soll aber **der freie Datenverkehr** ermöglicht werden. Diese beiden Schutzziele des Datenschutzrechts, die in einem Spannungsverhältnis zueinander stehen, finden sich bereits im Titel der Datenschutz-Grundverordnung („Verordnung (EU) 2016/679 des Europäischen Parlaments und des Rates vom 27. April 2016 zum Schutz natürlicher Personen bei der Verarbeitung personenbezogener Daten, zum freien Datenverkehr und zur Aufhebung der Richtlinie 95/46/EG").

1.2 Die historische Entwicklung des Datenschutzrechts in Österreich

Etwa seit Beginn der Siebzigerjahre wird versucht, diese schwer miteinander zu vereinbarenden Ziele in eigenen Datenschutzgesetzen zu regeln. In Österreich war dies das **Datenschutzgesetz 1978**, welches weltweit eine der ersten Kodifizierungen auf dem Gebiet des Datenschutzes darstellte. Es verankerte bereits den Schutz der Privatsphäre durch ein eigenes Grundrecht auf Datenschutz und führte verschiedene Informations- und Abwehrrechte für die von der Datenverarbeitung Betroffenen ein.

In der Praxis zeigte sich jedoch bald, dass die Bürger diese neuen Rechte kaum in Anspruch nahmen. Dies führte in den Achtzigerjahren zu einer neuen Sichtweise des Datenschutzes -nicht mehr als bloßes Abwehrrecht, sondern auch als Gestaltungsrecht. Das im „Volkszählungsurteil" des dtBVerfG 1983 erstmals festgehaltene **Grundrecht auf informationelle Selbstbestimmung** wurde in den folgenden Jahren zum Leitmotiv der europäischen Datenschutzentwicklung.

Die Wende zu einem modernen Datenschutzrecht fand durch die **europäische Datenschutzrichtlinie** (DS-RL; Richtlinie 95/46/EG des Europäischen Parlaments und des Rates vom 24. Oktober 1995 zum Schutz natürlicher Personen bei der Verarbeitung personenbezogener Daten und zum freien Datenverkehr) statt. Für Österreich bedeutete dies die Verpflichtung zu einer tiefgreifenden Umgestaltung der Datenschutzvorschriften durch das **DSG 2000**, welches mit etlichen Novellen bis zur direkten Anwendbarkeit der DSGVO in Geltung stand. Durch die **DSG-Nov 2010** wurde ein neues Kapitel über Videoüberwachung und ein elektronisches Meldeverfahren eingeführt. Mit der

DSG-Nov 2014 trat die Datenschutzbehörde als Kontrollstelle iSd Art 28 Abs 1 der DS-RL an die Stelle der bisherigen Datenschutzkommission.

EU-Richtlinien sind primär an die Mitgliedstaaten adressiert und nur bezüglich ihrer Zielsetzung verbindlich. Die einzelnen Mitgliedstaaten sind aber in der Auswahl der Form und der Mittel zur Erreichung dieser Ziele weitgehend frei. Richtlinien bedürfen somit einer innerstaatlichen Umsetzung (zumeist in Form eines nationalen Gesetzgebungsakts) – der Zeitraum für die Umsetzung wird in der Regel in der Richtlinie selbst festgelegt (siehe auch Art 288 Abs 3 AEUV). Anders als EU-Richtlinien sind EU-Verordnungen unmittelbar und direkt anwendbar. Es bedarf keiner innerstaatlichen Umsetzung der Norm.

Aufgrund der unterschiedlichen nationalen Umsetzungen der Datenschutzrichtlinie in den einzelnen Mitgliedstaaten, kam es zu einer **Zersplitterung des Datenschutzrechts innerhalb der EU**. Dieser Umstand beeinträchtigte den gemeinsamen Binnenmarkt, insbesondere den notwendigen grenzüberschreitenden Datenaustausch. Auch die unterschiedlichen Zuständigkeiten der jeweiligen Datenschutzbehörden trugen zu einer enormen Bürokratisierung bei, sodass bald schon der Ruf laut wurde, Großteile des Datenschutzrechts innerhalb der EU zu harmonisieren.

Gelungen ist dies – zumindest Großteils – nach mehreren Anläufen mit der **EU-Datenschutz-Grundverordnung** (DSGVO). Am 4. Mai 2016 wurde die DSGVO offiziell im Amtsblatt der Europäischen Union veröffentlicht. Die Verordnung trat am 24. Mai 2016 in Kraft. Nach einer zweijährigen Übergangsfrist wurde die Verordnung am **25. Mai 2018** in der gesamten Europäischen Union **verbindlich und unmittelbar anwendbar**.

Mit dieser neuen Rechtsgrundlage waren zwar zahlreiche Neuerungen im Detail verbunden, die bisher geltenden Grundsätze des europäischen Datenschutzrechts wurden aber durch die DSGVO keineswegs über Bord geworfen, sondern aktualisiert, modernisiert und weiterentwickelt. Die DSGVO besteht aus 99 Artikeln und 173 Erwägungsgründen. Wegen der vielen Kompromisse bei der Textierung des Gesetzestextes der DSGVO und der vielen unbestimmten Rechtsbegriffe (va bei den inhaltlich neuen Bestimmungen) spielen die Erwägungsgründe (ErwG) bei der Auslegung eine große Rolle (siehe Kapitel 2.1).

Die DSGVO enthält zahlreiche **Öffnungsklauseln**, die den Mitgliedstaaten neben den unmittelbar anwendbaren Bestimmungen an den entsprechenden Stellen einen gewissen Regelungsspielraum einräumen. Sie wird deshalb auch als sog **„hinkende" Verordnung** bezeichnet. In Österreich wurden diese Öffnungsklauseln im neuen **Datenschutzgesetz (DSG)** ausgeführt. In Bereichen, in denen Öffnungsklauseln bestehen, ist daher sowohl der Text der DSGVO als auch der Text des DSG heranzuziehen, um die in Österreich geltende Rechtslage zu eruieren.

Dabei sollte ursprünglich ein völlig neues DSG geschaffen werden, in dem das Grundrecht auf Datenschutz vereinfacht und auf natürliche Personen eingeschränkt sowie eine einheitliche Kompetenzgrundlage für den Bund in den allgemeinen Angelegenheiten des Schutzes personenbezogener Daten eingeführt werden hätte sollen. Dazu ist es aber mangels Zustandekommens der notwendigen Verfassungsmehrheit weder im **Datenschutz-Anpassungsge-**

setz 2018 (BGBl I 120/2017) noch im **Datenschutz-Deregulierungs-Gesetz** 2018 (BGBl I 24/2018) gekommen.

Durch BGBl I 14/2019 wurde immerhin eine neue, **einheitliche Kompetenzgrundlage für den Bund** geschaffen. Danach besteht seit 1. Januar 2020 in Art 10 Abs 1 Z 13 die Bundeskompetenz für „allgemeine Angelegenheiten des Schutzes personenbezogener Daten". Durch die Einschränkung auf allgemeine Angelegenheiten des Schutzes personenbezogener Daten bleibt die Zuständigkeit zur Erlassung von auf einen bestimmten Gegenstand bezogenen datenschutzrechtlichen (Sonder)Regelungen – wie bisher auch – unberührt. Die Regelungen betreffend allgemeine Angelegenheiten des Schutzes personenbezogener Daten werden auf den neuen Kompetenztatbestand in Art 10 Abs 1 Z 13 B-VG gestützt. Hingegen können spezifische datenschutzrechtliche Regelungen sowohl in Angelegenheiten der Bundesgesetzgebung als auch in Angelegenheiten der Landesgesetzgebung weiterhin auf Basis der Kompetenztatbestände der jeweiligen Materie erlassen werden (**materienspezifischer Datenschutz** als Annexmaterie). Beispiele dafür sind die sonderdatenschutzrechtlichen Vorschriften in den §§ 51 ff Sicherheitspolizeigesetz (SPG) oder in den Krankenanstaltengesetzen der Länder.

Mit Inkrafttreten der neuen Kompetenzbestimmung am 1. Jänner 2020 traten sowohl die Verfassungsbestimmungen der §§ 2 und 3 DSG als auch die bislang bestehenden Landesdatenschutzgesetze in allgemeinen Angelegenheiten des Schutzes personenbezogener Daten im nicht-automationsunterstützten Datenverkehr außer Kraft.

Neben der unmittelbar anwendbaren DSGVO ist die „**Datenschutz-Richtlinie Polizei und Strafjustiz**" RL (EU) 2016/680 für die Verarbeitung personenbezogener Daten durch zuständige Behörden zum Zweck der Verhütung, Ermittlung, Aufdeckung oder Verfolgung von Straftaten oder der Strafvollstreckung, einschließlich des Schutzes vor und der Abwehr von Gefahren für die öffentliche Sicherheit, sowie zum Zweck der nationalen Sicherheit, des Nachrichtendienstes und der militärischen Eigensicherung relevant. Diese Richtlinie wurde va im 3. Hauptstück des DSG in den §§ 36 bis 59 ins österreichische Recht umgesetzt.

> Bei der **Arbeit mit dem DSG** ist daher zu beachten, dass **weite Teile dieses Gesetzes**, die keine näheren Durchführungs- oder Ausführungsbestimmungen zur DSGVO enthalten, **nur für Datenverarbeitungen für Polizei und Strafjustiz anwendbar sind**, nicht aber für Datenverarbeitungen durch Private oder sonstige öffentliche Stellen. Dies gilt für die §§ 31 – 34 und 36 – 59.

1.3 Das Grundrecht auf Datenschutz

1.3.1 Europäische Grundrechte auf Datenschutz

Auf europäischer Ebene sieht die **Grundrechtecharta** der EU (GRC) in Art 7 ein Recht auf „Achtung des Privatlebens" und in Art 8 unter dem Titel „Schutz personenbezogener Daten" ein eigenes Grundrecht auf Datenschutz vor.

> **Artikel 8 – Schutz personenbezogener Daten**
> (1) Jede Person hat das Recht auf Schutz der sie betreffenden personenbezogenen Daten.
> (2) Diese Daten dürfen nur nach Treu und Glauben für festgelegte Zwecke und mit Einwilligung der betroffenen Person oder auf einer sonstigen gesetzlich geregelten legitimen Grundlage verarbeitet werden. Jede Person hat das Recht, Auskunft über die sie betreffenden erhobenen Daten zu erhalten und die Berichtigung der Daten zu erwirken.
> (3) Die Einhaltung dieser Vorschriften wird von einer unabhängigen Stelle überwacht.

Nach der Rsp des EuGH ist der persönliche Anwendungsbereich des Art 8 GRC („jede Person") so zu interpretieren, dass juristische Personen vom Schutzbereich des europäischen Grundrechts auf Datenschutz grundsätzlich nicht umfasst sind, außer es findet sich in der Firma der juristischen Person der Name einer natürlichen Person (EuGH 09.11.2010, verb Rs C-92/09, C-93/09 [Volker und Markus Schecke und Eifert]). Inhaltlich hat der EuGH in diesem Urteil im Zusammenhang mit der Veröffentlichung personenbezogener Daten über die Empfänger von Agrarbeihilfen die Grundrechtswidrigkeit eines Rechtsakts des Sekundärrechts festgestellt und diesen für ungültig erklärt.

Von der DSB wurde klargestellt, dass sich ein Beschwerdeführer nicht nur gegen Verantwortliche des hoheitlichen Bereichs, sondern auch gegen Rechtsträger des privaten Bereichs auf Art 8 GRC berufen kann. Dem europäischen Grundrecht auf Datenschutz nach Art 8 Abs 1 kommt also ebenso wie § 1 DSG Horizontalwirkung zu.

> **DSB 07.03.2019, DSB-D130.033/0003-DSB/2019**
> Ausgehend von diesen Überlegungen und aufgrund des Umstands, dass die DSGVO auch Verantwortliche des privaten (also des nicht-hoheitlichen) Bereichs direkt verpflichtet, vertritt die Datenschutzbehörde die Ansicht, dass dem Grundrecht auf Datenschutz nach Art 8 Abs 1 der GRC ebenso wie § 1 DSG Horizontalwirkung zukommt.
> Mit anderen Worten: Da der DSGVO ein allgemeines Grundrecht auf Datenschutz inhärent ist, welches ausdrücklich in Art 8 Abs 1 GRC verankert ist, kann eine betroffene Person im Ergebnis auch gegen Rechtsträger, die in Formen des Privatrechts eingerichtet sind, eine Beschwerde nach Art 77 Abs 1 DSGVO einbringen und diese Beschwerde auf eine Verletzung von Art 8 Abs 1 GRC stützen. Eine behauptete Verletzung der Grundsätze nach Art 5 und 6 DSGVO kann daher als behauptete Verletzung von Art 8 GRC geltend gemacht werden.

In engem Zusammenhang mit dem Grundrecht auf Datenschutz gemäß § 1 DSG und Art 8 GRC steht das **Grundrecht auf Achtung des Privat- und Familienlebens nach Art 8 EMRK**. Dies schon deshalb, weil in § 1 Abs 2 DSG für einen zulässigen Eingriff in das Grundrecht auf Datenschutz auf die in Art 8 Abs 2 EMRK angeführten Schutzgüter verwiesen wird (siehe dazu Kapitel 1.3.2.1)

Artikel 8 – Recht auf Achtung des Privat- und Familienlebens
(1) Jedermann hat Anspruch auf Achtung seines Privat- und Familienlebens, seiner Wohnung und seines Briefverkehrs.
(2) Der Eingriff einer öffentlichen Behörde in die Ausübung dieses Rechts ist nur statthaft, insoweit dieser Eingriff gesetzlich vorgesehen ist und eine Maßnahme darstellt, die in einer demokratischen Gesellschaft für die nationale Sicherheit, die öffentliche Ruhe und Ordnung, das wirtschaftliche Wohl des Landes, die Verteidigung der Ordnung und zur Verhinderung von strafbaren Handlungen, zum Schutz der Gesundheit und der Moral oder zum Schutz der Rechte und Freiheiten anderer notwendig ist.

Kurz zusammengefasst beinhaltet der Schutzbereich von Art 8 EMRK neben der **Wohnung** und dem **Briefverkehr** ganz allgemein das **Privat- und Familienleben**. Es ist ein Jedermannsrecht, das neben natürlichen auch juristischen Personen zukommt. Art 8 EMRK ist insofern weiter gefasst als § 1 DSG und Art 8 GRC, als er das Geschehen in der Wohnung und den Inhalt der Korrespondenz ganz unabhängig davon schützt, ob sie über bestimmte oder bestimmbare Personen Auskunft geben.

1.3.2 Grundrecht auf Datenschutz nach § 1 DSG

Die Verfassungsbestimmung des § 1 DSG regelt das Grundrecht auf Datenschutz.

Artikel 1 (Verfassungsbestimmung)
Grundrecht auf Datenschutz
§ 1. (1) Jedermann hat, insbesondere auch im Hinblick auf die Achtung seines Privat- und Familienlebens, Anspruch auf Geheimhaltung der ihn betreffenden personenbezogenen Daten, soweit ein schutzwürdiges Interesse daran besteht. Das Bestehen eines solchen Interesses ist ausgeschlossen, wenn Daten infolge ihrer allgemeinen Verfügbarkeit oder wegen ihrer mangelnden Rückführbarkeit auf den Betroffenen einem Geheimhaltungsanspruch nicht zugänglich sind.
(2) Soweit die Verwendung von personenbezogenen Daten nicht im lebenswichtigen Interesse des Betroffenen oder mit seiner Zustimmung erfolgt, sind Beschränkungen des Anspruchs auf Geheimhaltung nur zur Wahrung überwiegender berechtigter Interessen eines anderen zulässig, und zwar bei Eingriffen einer staatlichen Behörde nur auf Grund von Gesetzen, die aus den in Art. 8 Abs. 2 der Europäischen Konvention zum Schutze der Menschenrechte und Grundfreiheiten (EMRK), BGBl. Nr. 210/1958, genannten Gründen notwendig sind. Derartige Gesetze dürfen die Verwendung von Daten, die ihrer Art nach besonders schutzwürdig sind, nur zur Wahrung wichtiger öffentlicher Interessen vorsehen und müssen gleichzeitig angemessene Garantien für den Schutz der Geheimhaltungsinteressen der Betroffenen festlegen. Auch im Falle zulässiger Beschränkungen darf der Eingriff in das Grundrecht jeweils nur in der gelindesten, zum Ziel führenden Art vorgenommen werden.
(3) Jedermann hat, soweit ihn betreffende personenbezogene Daten zur automationsunterstützten Verarbeitung oder zur Verarbeitung in manuell, dh. ohne

Automationsunterstützung geführten Dateien bestimmt sind, nach Maßgabe gesetzlicher Bestimmungen
1. das Recht auf Auskunft darüber, wer welche Daten über ihn verarbeitet, woher die Daten stammen, und wozu sie verwendet werden, insbesondere auch, an wen sie übermittelt werden;
2. das Recht auf Richtigstellung unrichtiger Daten und das Recht auf Löschung unzulässigerweise verarbeiteter Daten.
(4) Beschränkungen der Rechte nach Abs. 3 sind nur unter den in Abs. 2 genannten Voraussetzungen zulässig.

Anders als die Überschrift vermuten lässt, gibt es **kein einheitliches Grundrecht** auf Datenschutz, das Grundrecht besteht vielmehr aus mehreren, unterschiedlichen Rechten. Im Einzelnen sind dies:
1. das Recht auf **Geheimhaltung** personenbezogener Daten (§ 1 Abs 1 DSG),
2. das Recht auf **Auskunft** (§ 1 Abs 3 Z 1 DSG),
3. das Recht auf **Richtigstellung** unrichtiger Daten (§ 1 Abs 3 Z 2 DSG),
4. das Recht auf **Löschung** unzulässiger Weise verarbeiteter Daten (§ 1 Abs 3 Z 2 DSG).

Mit Anwendbarkeit der Bestimmungen der DSGVO stellte sich die Frage des Schutzbereichs des Grundrechts auf Datenschutz nach § 1 DSG, welches im Vergleich zur Regelung im DSG 2000 keine inhaltliche Änderung erfahren hatte und daher weiterhin natürliche und juristische Personen gleichermaßen einbezieht. Der persönliche Schutzbereich der DSGVO hingegen umfasst nur natürliche Personen.

Die DSB entwickelte in ihrer Rechtsprechung den Lösungsansatz, eine verfassungskonforme Interpretation führe dazu, **dass juristischen Personen jedenfalls die in § 1 DSG normierten Rechte zukommen**, nicht aber jene Rechte, die nur in der DSGVO, nicht aber in § 1 DSG Deckung finden (wie etwa das Recht auf Einschränkung der Verarbeitung oder das Recht auf Datenübertragbarkeit).

 DSB 25.05.2020, 2020-0.191.240
Eine **juristische Person** (hier: eine GmbH) ist aktiv legitimiert, eine Beschwerde nach § 24 DSG vor der Datenschutzbehörde zu erheben, sofern sie eine Verletzung der durch § 1 DSG gewährleisteten Rechte behauptet.

DSB 13.09.2018, DSB-D216.713/0006-DSB/2018
Zwar schützt die DSGVO selbst nur natürliche Personen, jedoch ist in verfassungskonformer Interpretation davon auszugehen, dass die in § 1 DSG normierten Rechte **auch juristischen Personen** zukommen und diese sich folglich darauf berufen können. Da es sich bei der Beschwerdeführerin um eine juristische Person handelt, kann diese durch die Videoüberwachung denkunmöglich im Recht auf Geheimhaltung nach § 1 DSG verletzt werden, weil keine Daten der Beschwerdeführerin verarbeitet werden.

Dies hat zur Folge, dass sich juristische Personen (allerdings nur bei rein österreichischen Sachverhalten!) wegen einer behaupteten Verletzung in den Rechten auf Geheimhaltung, Auskunft, Richtigstellung und Löschung auf das

Grundrecht auf Datenschutz berufen und dieses vor der Datenschutzbehörde oder vor Gericht geltend machen können.

 DSB 19.7.2018, DSB-D123.089/0002-DSB/2018
[Hinweis der Datenschutzbehörde: **Grenzüberschreitender Fall**; daher Beurteilung ausschließlich auf Basis der DSGVO]: Zurückweisung der Beschwerde, da die Beschwerdeführerin eine Beschwerde betreffend Verletzung im Recht auf Löschung einbrachte und die zu löschenden Daten sich explizit auf die Beschwerdeführerin als juristische Person (GmbH) beziehen, und da eine juristische Person keine betroffene Person ist, die eine Datenschutzbeschwerde einbringen kann.

1.3.2.1 Recht auf Geheimhaltung personenbezogener Daten

Zentraler Ausgangspunkt des Datenschutzrechts ist das allgemeine Grundrecht auf Geheimhaltung personenbezogener Daten. Dieses datenschutzrechtliche „Basisgrundrecht" schützt den Betroffenen vor Ermittlung und Weitergabe seiner Daten. Es ist ein **„Jedermannsrecht"**, das für jede natürliche und juristische Person gilt, unabhängig von der Staatsbürgerschaft. Weil Träger dieses Grundrechts nicht nur Menschen, sondern auch juristische Personen sind, ist damit (in Österreich) auch ein Schutz von Wirtschaftsdaten verbunden. Wie erwähnt gab es allerdings bereits mehrere – bislang gescheiterte – Versuche, das österreichische Grundrecht an den Anwendungsbereich der DSGVO anzupassen und auf natürliche Personen einzuschränken.

Das Grundrecht auf Geheimhaltung nach § 1 Abs 1 DSG umfasst sämtliche personenbezogenen Daten, unabhängig von der Art ihrer Verwendung, also selbst das gesprochene Wort (vgl dazu zB VwGH 28.02.2018, Ra 2015/04/0087; DSK 20.07.2007, K121.269/0010-DSK/2007). Der Anwendungsbereich der „Begleit"-Grundrechte nach **§ 1 Abs 3 DSG** (Recht auf Auskunft, Richtigstellung und Löschung) ist hingegen enger, weil es sich hier um Daten handeln muss, die automationsunterstützt verarbeitet werden oder zur Verarbeitung in einer manuell geführten Datei bestimmt sind.

Grundsätzlich sind vom Schutzbereich des Grundrechts nur „personenbezogene Daten" umfasst (siehe dazu Kapitel 4.2). Nach dem Wortlaut des § 1 Abs 1 DSG ist das Vorliegen eines **„schutzwürdigen Geheimhaltungsinteresses"** weitere Voraussetzung für den Grundrechtsschutz. Nach § 1 Abs 1 Satz 2 DSG besteht dieses Interesse nicht, wenn die Daten allgemein verfügbar oder nicht auf eine Person rückführbar sind. Damit sollte klargestellt werden, dass kein „Quellenschutz" besteht und jedermann auf öffentliche Daten zugreifen und von ihnen Kenntnis nehmen darf. Sollten aber durch die Weiterverwendung allgemein zugänglicher Daten „neue" Informationen entstehen, ist die Zulässigkeit ihrer Generierung nach den rechtlichen Voraussetzungen der **Art 5–9 DSGVO** neu zu beurteilen. Der explizite Ausschluss der Schutzwürdigkeit von nicht auf eine Person rückführbare Daten stellt auf die Fälle ab, in denen zwar nicht der Verantwortliche selbst, aber Dritte die Betroffenen identifizieren können, also auf „pseudonymisierte Daten". Diese generellen Ausnahmen vom Grundrecht auf Geheimhaltung werden allerdings von der DSB im Hinblick auf die DSGVO einschränkend interpretiert.

DSB 23.04.2019, DSB-D123.626/0006-DSB/2018
Nach gefestigter Rsp der Datenschutzbehörde ist die ganz generelle Annahme des Nichtvorliegens einer **Verletzung schutzwürdiger Geheimhaltungsinteressen** für zulässigerweise veröffentlichte Daten nicht mit den Bestimmungen der DSGVO vereinbar.

Das Grundrecht auf Datenschutz wirkt nicht absolut, sondern kann durch bestimmte, nach § 1 Abs 2 DSG zulässige, Eingriffe aus folgenden Gründen beschränkt werden:
- Die Verwendung von personenbezogenen Daten liegt im **lebenswichtigen Interesse des Betroffenen**.
- Die Verwendung erfolgt mit seiner **Zustimmung**.
- Die Beschränkungen sind zur Wahrung **überwiegender berechtigter Interessen** eines anderen zulässig.

Die dritte Variante der Beschränkung unterscheidet zwischen dem öffentlichen und dem privaten Bereich: Im privaten Bereich ist für die Zulässigkeit eines Eingriffs in das Grundrecht (nur) eine Interessenabwägung zwischen Eingreifendem und Betroffenem im Einzelfall vorzunehmen. Der Gesetzgeber kann aber auch eine gesetzliche Grundlage vorsehen. Im **öffentlichen Bereich** hingegen bedarf es zusätzlich zu dieser Interessenabwägung immer einer **gesetzlichen Ermächtigung** für den Grundrechtseingriff. Dabei ist der Gesetzgeber an den materiellen Gesetzesvorbehalt des Art 8 Abs 2 EMRK (zB Maßnahmen für die nationale Sicherheit, die öffentliche Ruhe und Ordnung oder zum Schutz der Gesundheit) gebunden. Besonders schutzwürdige Daten (siehe dazu Kapitel 5.6) dürfen zudem nur zur Wahrung wichtiger öffentlicher Interessen verarbeitet werden. Die Gesetze, die zur Verarbeitung solcher Daten ermächtigen, müssen angemessene Garantien für den Schutz der Geheimhaltungsinteressen der Betroffenen festlegen.

Für alle Arten von Beschränkungen gilt, dass der **Eingriff** in das Grundrecht jeweils **nur** in der **gelindesten, zum Ziel führenden Art vorgenommen** werden darf. Nach der Rsp des VfGH muss jeder Grundrechtseingriff also verhältnismäßig sein, wobei das Element der Erforderlichkeit in **§ 1 Abs 2** letzter Satz besonders hervorgehoben wird. Zusätzlich verlangt der VfGH bei Eingriffsgesetzen eine ausreichende Bestimmtheit.

Bei der Frage, ob ein Eingriff in das Grundrecht auf Datenschutz gerechtfertigt ist oder nicht, ist zu unterscheiden, ob der **Eingriff durch den Gesetzgeber** oder **eine konkrete Datenverarbeitung** erfolgt. Im ersten Fall hat der VfGH die Verfassungskonformität **der gesetzlichen Grundlage für Datenverarbeitungen** zu beurteilen und das Gesetz allenfalls aufzuheben.

In folgenden Fällen hat der VfGH eine Verletzung des Grundrechts auf Geheimhaltung ausgesprochen und **die gesetzlichen Grundlagen aufgehoben**:

 VfGH 12.12.2019, G 164/2019
Verletzung im Recht auf Geheimhaltung durch die Verpflichtung "sämtlicher Behörden" zur Übermittlung personenbezogener Daten an die Länder in § 1 Abs 1 und 2 **Sozialhilfe-Statistikgesetz**.

VfGH 11.12.2019, G 72/2019, G 181/2019
Kfz-Kennzeichenerfassung und Bundestrojaner sind ua wegen der Verletzung von Art 8 Abs 2 MRK und § 1 DSG verfassungswidrig. Aufhebung von § 54 Abs 4b und § 57 Abs 2a **SPG** und § 98a Abs 2 erster Satz **StVO**.

VfSlg 19.892/2014
Verfassungswidrigkeit von Bestimmungen des **TKG 2003, der StPO und des SPG** über die **Vorratsdatenspeicherung** wegen unverhältnismäßigen Eingriffs in das Grundrecht auf Datenschutz und das Recht auf Privat- und Familienleben. Die Regelung über die Löschung von Daten ist nicht in einer Weise bestimmt, die dem Erfordernis einer gesetzlichen Regelung iSd § 1 Abs 2 DSG 2000 entspricht.

VfSlg 19.886/2014
Verfassungswidrigkeit von § 65 Abs 1 **SPG** idF BGBl I 13/2012 betreffend die Voraussetzungen für eine erkennungsdienstliche Behandlung, weil der Eingriff in das Grundrecht auf Datenschutz nicht hinreichend konkretisiert und begrenzt war.

VfSlg 19.801/2013
Aufhebung von § 140 Abs 3 **StPO** über die Verwendung von im Strafverfahren ermittelten personenbezogenen Daten als Beweismittel in anderen gerichtlichen und verwaltungsbehördlichen Verfahren wegen Verstoßes gegen das Grundrecht auf Datenschutz. Fehlen einer ausdrücklichen gesetzlichen Ermächtigung für eine Weiterverwendung dieser Daten.

VfSlg 19.738/2013
Die Regelung des § 67 Abs 1 erster Satz **SPG** über die Voraussetzung zur Ermittlung von DNA-Daten ist nicht hinreichend differenziert und nicht ausreichend präzise und daher verfassungswidrig.

VfSlg 12.228/1989
Die umfassende Veröffentlichungspflicht von Wirtschaftsdaten nach § 8 Abs 1 **BundesstatistikG** hat das Grundrecht auf Datenschutz verletzt.

In folgenden Fällen lag nach Ansicht des VfGH keine Verletzung des Grundrechts auf Datenschutz **durch ein Gesetz** vor:

VfSlg 19673/2012
Keine Verletzung im Recht auf Datenschutz durch Anordnung der **Übermittlung bestimmter Wirtschaftsdaten** von Elektrizitätsunternehmen **an die E-Control** zum Zweck einer Marktuntersuchung. Die gesetzliche Ermächtigung zur Datenerhebung im Zusammenhang mit den der E-Control als Regulierungsbehörde übertragenen Aufgaben der Überwachung und Aufsicht über den Elektrizitätsmarkt ist hinreichend determiniert.

VfSlg 19659/2012
Keine Verfassungswidrigkeit der in § 75 Abs 3 **StPO** angeordneten **Speicherfrist** von 60 Jahren für strafrechtsrelevante Daten.

VfSlg 18146/2007
Kein Verstoß der Regelung in der **StVO** über das automatische Geschwindigkeitsmesssystem **Section Control** gegen das Grundrecht auf Datenschutz.

VfSlg 17940/2006
Keine Verletzung des Grundrechts auf Datenschutz durch Regelungen über die **elektronische Datenübermittlung** zwischen der Abgabenverwaltung und der Sozialversicherungsanstalt der gewerblichen Wirtschaft hinsichtlich der pflichtversicherten selbständig Erwerbstätigen im **GSVG** und einer Ausführungsverordnung.

Auch neben der DSGVO hat das österreichische Grundrecht auf Datenschutz weiterhin **unmittelbare Drittwirkung**. Es verpflichtet neben dem Staat auch Private. Verletzungen des Grundrechts durch Verantwortliche des öffentlichen als auch des privaten Bereichs können mittels Beschwerde an die Datenschutzbehörde geltend gemacht werden.

In folgenden Fällen haben die DSB bzw das BVwG eine Verletzung des Grundrechts auf Geheimhaltung **durch eine konkrete Datenverarbeitung** festgestellt:

DSB 09.10.2019, DSB-D130.073/0008-DSB/2019
Dadurch, dass die Beschwerdegegnerin keine ausreichenden, Art 32 DSGVO entsprechenden Datensicherheitsmaßnahmen gesetzt hat (hier: **kein „Double-Opt-In-Verfahren"**), war es möglich, dass personenbezogene Daten des Beschwerdeführers – nämlich seine E-Mail-Adresse – unrechtmäßig verarbeitet wurden, was den Beschwerdeführer in seinem Grundrecht auf Geheimhaltung nach § 1 Abs 1 DSG verletzte.

BVwG 10.07.2019, W101 2140606-1
Verletzung im Recht auf Geheimhaltung durch **unvollständige Anonymisierung einer Aktenzahl**, die das Geburtsdatum der Beschwerdeführerin enthielt.

BVwG 05.03.2019, W230 2205165-1
Unzulässiges „Naming and Shaming" durch die **FMA**.

DSB 03.12.2018, DSB-D122.984/0003-DSB/2018
Verletzung im Recht auf Geheimhaltung dadurch, dass ein **Bescheid der Bezirkshauptmannschaft** samt den darin angeführten personenbezogenen Daten des Beschwerdeführers (Funktion, Name, postalische Anschrift, E-Mail-Adresse) mittels Link **auf einer Webseite** veröffentlicht wurde. Der Umstand, dass die vom Beschwerdegegner veröffentlichten personenbezogenen Daten des Beschwerdeführers ohnehin auf einer Webseite ersichtlich sind, kann nicht schon dazu führen, dass diese personenbezogenen Daten als allgemein verfügbar im Sinne des § 1 Abs 1 DSG gelten.

DSB 23.11.2018, DSB-D122.956/0007-DSB/2018
Smart Metering verletzt das Recht auf Geheimhaltung bei öffentlich-rechtlichen Wasserversorgern, weil ein Eingriff in das Grundrecht auf Geheimhaltung personenbezogener Daten nur auf Basis einer gesetzlichen Grundlage zulässig ist.

DSB 31.10.2018, DSB-D123.076/0003-DSB/2018
Verletzung im Recht auf Geheimhaltung dadurch, dass die Beschwerdegegnerin die auf einer **Website veröffentlichte Handynummer** des Beschwerdeführers zweckwidrig für Werbemaßnahmen verwendet hat.

DSB 27.09.2018, DSB-D550.084/0002-DSB/2018:
Verhängung einer Geldstrafe von EUR 300,-- gegen einen ungarischen Staatsbürger wegen Verwendung von **Dash-Cams** ohne geeignete Kennzeichnung. Insbesondere auch im Hinblick auf die Möglichkeit, Bildaufnahmen durch von Bewegungssensoren wahrgenommene Bewegungen unabhängig von einem allfälligen Unfallgeschehen auszulösen, besteht auf Seiten des Verantwortlichen kein berechtigtes Interesse am Betrieb der Bildaufnahme. Vielmehr überwiegt im vorliegenden Fall das grundrechtlich geschützte Recht auf Geheimhaltung iSd § 1 DSG der erfassten Verkehrsteilnehmer ein allfälliges Interesse am Betrieb der gegenständlichen Bildaufnahme.

DSB 04.06.2018, DSB-D122.831/0003-DSB/2018
Verletzung im Recht auf Geheimhaltung, weil es durch Krankenhausmitarbeiter unerlaubte Zugriffe auf den elektronischen Gesundheitsakt (die **elektronische Krankengeschichte**) gab.

DSB 28.05.2018, DSB-D216.471/0001-DSB/2018
Verletzung im Recht auf Geheimhaltung in Folge Speicherung von personenbezogenen Daten über einen gesetzlich zulässigen Zeitraum. Eine bloße **Verjährungsfrist von Abgabenschulden** rechtfertigt keine Speicherung von Daten.

In diesen Fällen lag hingegen **keine Verletzung** des Rechts auf Geheimhaltung vor:

 DSB 18.12.2019, DSB-D123.768/0004-DSB/2019
Die Datenschutzbehörde kommt daher zu dem Ergebnis, dass aufgrund der durchgeführten Interessensabwägung keine Verletzung im Recht auf Geheimhaltung vorliegt, da die berechtigten Interessen der Beschwerdegegnerin (Freiheit der Meinungsäußerung) gegenüber den dargelegten Beeinträchtigungen der berechtigten Interessen des Beschwerdeführers (Geheimhaltung an den verfahrensgegenständlichen Daten) gemäß § 1 Abs 2 DSG überwiegen.

DSB 27.08.2019, DSB-D123.942/0004-DSB/2019
Keine Verletzung im Recht auf Geheimhaltung durch eine **elektronische Zimmerbelegungserkennung** in einem Rehabilitationszentrum.

DSB 04.07.2019, DSB-D123.652/0001-DSB/2019
Die elektronische Erfassung von Zeit, Ort und Kfz-Kennzeichen zur Abwicklung einer **Parkraumbewirtschaftung in der Tiefgarage** eines Einkaufszentrums stellt eine Datenverarbeitung iSv Art 4 Z 2 DSGVO dar, für die allein der Betreiber des Einkaufszentrums verantwortlich ist. Es besteht keine Verletzung von berechtigten Geheimhaltungsinteressen nach § 1 DSG durch die Nutzung der Kfz-Kennzeichen-Daten als elektronische Parktickets. Die Verhältnismäßigkeit ist nicht schon allein deshalb zu verneinen, weil grundsätzlich Alternativen denkbar sind, welche mit einem geringeren Eingriff in das Grundrecht auf Geheimhaltung verbunden wären, wie etwa die Kontrolle durch einen Parkwächter.

DSB 23.04.2019, DSB-D123.626/0006-DSB/2018
Im vorliegenden Fall wurden die personenbezogenen **Daten aus dem Grundbuch durch den Immobilientreuhänder** verwendet, um den Beschwerdeführer bloß einmalig postalisch zu kontaktieren. Insgesamt kommt die Datenschutzbehörde zum Ergebnis, dass aufgrund der durchgeführten Interessenabwägung keine Verletzung im Recht auf Geheimhaltung vorliegt, da die berechtigten Inte-

ressen der Beschwerdegegnerin als Immobilientreuhänder gegenüber den Beeinträchtigungen der berechtigten Interessen des Beschwerdeführers überwiegen.

DSB 12.04.2019, DSB-D123.591/0003-DSB/2019
Die **Veröffentlichung einer E-Mail-Korrespondenz auf der Webseite einer Behörde** sowie die entsprechende Verlinkung auf Twitter stellen eine Verarbeitung im Sinne des Art 4 Z 2 DSGVO dar, wobei es sich bereits bei den Namen und der E-Mail-Adresse um personenbezogene Daten handelt. Das Bestehen eines schutzwürdigen Geheimhaltungsinteresses ist gemäß § 1 Abs 1 Satz 2 DSG ausgeschlossen, wenn die Daten bereits allgemein verfügbar sind. Veröffentlicht der betroffene Beschwerdeführer eine Textpassage auf Twitter, noch bevor der Beschwerdegegner diese auf seiner Webseite publiziert, ist die Veröffentlichung durch den Beschwerdeführer als allgemeine Verfügbarkeit zu werten, da es sich bei Twitter um eine Plattform handelt, deren Inhalte einem breiten Personenkreis frei zugänglich und öffentlich abrufbar sind.

DSB 09.04.2019, DSB-D123.589/0002-DSB/2019
Keine Verletzung im Recht auf Geheimhaltung dadurch, dass im Zuge der **Mängelbehebung durch einen Bauträger** aus dem mit der betroffenen Person geschlossenen Werkvertrag Name, E-Mail-Adresse und Telefonnummer der Beschwerdeführerin an ausführende Firmen übermittelt wurden.

DSB 07.03.2019, DSB-D123.154/0004-DSB/2019
Eine einmalige **Einsicht in den dienstlichen E-Mail-Account** zur Trennung beruflicher von privaten E-Mails bei einer Behörde ist nicht überschießend und verletzt daher nicht das Grundrecht auf Geheimhaltung.

DSB 15.01.2019, DSB-D123.527/0004-DSB/2018
Kein Recht auf Löschung eines Arztes aus einer **Ärztebewertungsplattform**: Aufgrund der durchgeführten Interessenabwägung liegt keine Verletzung im Recht auf Geheimhaltung vor, da die berechtigten Interessen der Portalbenutzer (also der Patienten) gegenüber den dargelegten Beeinträchtigungen der berechtigten Interessen des Beschwerdeführers überwiegen. Folglich ist die Verarbeitung personenbezogener Daten rechtmäßig und die Voraussetzung für eine Löschung nach Art 17 Abs 1 lit d DSGVO ist nicht erfüllt.

1.3.2.2 Die Rechte auf Auskunft, Richtigstellung und Löschung

Die weiteren nach § 1 Abs 3 DSG verfassungsgesetzlich gewährleisteten **Betroffenenrechte** beinhalten die Auskunft darüber, wer Daten verarbeitet, woher sie stammen, wozu sie verwendet und an wen sie übermittelt werden, weiters das Recht auf Richtigstellung unrichtiger Daten und das Recht auf Löschung unzulässigerweise verarbeiteter Daten. Diese Rechte stehen jedermann zu, soweit personenbezogene Daten automationsunterstützt oder manuell in einer Datei verarbeitet werden. Hier ist allerdings zu beachten, dass der VfGH bei einer Aufbewahrung von Papierakten, deren weitere Verwendung gegen Art 8 EMRK verstößt, unmittelbar aus dem Recht auf Geheimhaltung nach § 1 Abs 1 DSG ein „**Recht auf Aktenvernichtung**" abgeleitet hat (VfSlg 19.937/2014).

Diese Rechte sind allerdings nur „nach Maßgabe gesetzlicher Bestimmungen" eingeräumt. Dies bedeutet, dass der Gesetzgeber die nähere Reichweite dieser Rechte und die Modalitäten ihrer Durchsetzung zu regeln hat. Nach der Rsp des VfGH handelt es sich dabei um einen Ausgestaltungsauftrag, nicht aber um einen Ausgestaltungsvorbehalt. Derartige Regelungen ergeben sich für natürliche Personen unmittelbar aus der DSGVO. Zur Möglichkeit der Geltendmachung der Rechte auf Auskunft, Richtigstellung und Löschung durch juristische Personen siehe oben Kapitel 1.3.2.

DSB 25.05.2020, 2020-0.191.240, Rz 65
Im Ergebnis ist festzuhalten, dass die Beschwerdeführerin als **juristische Person aktiv legitimiert ist**, eine Beschwerde nach § 24 DSG vor der Datenschutzbehörde zu erheben, sofern sie eine Verletzung der durch § 1 DSG gewährleisteten Rechte behauptet.

DSB 23.07.2019, DSB-D123.822/0005-DSB/2019
Keine Verletzung im Recht auf Löschung, wenn dem Antrag auf **partielle Löschung** einzelner Datenfelder aus einem Kundenbindungsprogramm nicht Folge geleistet wird.

DSB 13.02.2018, DSB-D122.754/0002-DSB/2018
Verletzung im **Recht auf Auskunft** dadurch, dass der Auftraggeber dem Beschwerdeführer keine vollständige und keine allgemein verständliche Auskunft erteilt hat.

VfSlg 19.937/2014
Kein Löschungsrecht nach § 1 Abs 3 Z 2 DSG 2000 bei Papierakten eines Finanzamtes, die nicht als Datei iSd § 4 Z 6 DSG 2000 zu qualifizieren sind. Werden Papierakten aufbewahrt, deren weitere Verwendung gegen Art 8 EMRK verstößt, ergibt sich aus dem Recht auf Geheimhaltung ein **Recht auf physische Vernichtung der Papierakten** durch die Behörde.

VfSlg 16.986/2003
Verstoß des **generellen Ausschlusses des Auskunftsrechts** betreffend erkennungsdienstliche Daten (zB einer DNA-Untersuchung) im Sicherheitspolizeigesetz gegen das verfassungsgesetzlich gewährleistete Recht auf Auskunft nach dem Datenschutzgesetz

Kontrollfragen

- Was ist das Schutzobjekt des Datenschutzrechts?
- Seit wann gibt es in Österreich ein kodifiziertes Datenschutzregime?
- Wer ist vom Schutz des Grundrechts auf Datenschutz umfasst?
- Welche verfassungsgesetzlich gewährleisteten Grundrechte auf Datenschutz (oder artverwandte Grundrechte) kennen Sie? Welche unionsrechtlichen Grundrechte?
- Was sind typische datenschutzrechtliche Betroffenenrechte?
- Unter welchen Voraussetzungen ist ein Eingriff in das Grundrecht auf Datenschutz zulässig?

2 Systematik der DSGVO

2.1 Aufbau und Interpretation

Die DSGVO besteht aus **99 Artikeln und 173 Erwägungsgründen**. Wegen der vielen Kompromisse bei der Textierung des Gesetzestextes der DSGVO und der vielen unbestimmten Rechtsbegriffe (va bei den inhaltlich neuen Bestimmungen) spielen die der Verordnung vorangestellten **Erwägungsgründe** (ErwGr) bei der Auslegung eine große Rolle.

> Erwägungsgründe haben im Unionsrecht eine besondere Rechtsnatur. Sie sind zwar fester Bestandteil europäischer Rechtsakte, stehen aber selbst außerhalb des eigentlichen Normtextes. Sie geben wichtige Auskünfte über Zielsetzungen und – auch politische – Hintergründe für die Verabschiedung eines Rechtsaktes der Union. Sie sind somit auch ein Instrumentarium, das regelmäßig zur Auslegung einer unionsrechtlichen Norm herangezogen wird. Sie sind aber nach der Rechtsprechung des EuGH rechtlich nicht verbindlich, im Falle eines Widerspruchs der Texte ist vom Vorrang des Gesetzestextes vor den Erwägungsgründen auszugehen (EuGH 19.06.2014, C-345/13).

Die DSGVO besteht aus **11 Kapiteln**, aus denen sich die Grundstruktur der Verordnung ergibt:
- Kapitel I.   Allgemeine Bestimmungen (Art 1–4)
- Kapitel II.   Grundsätze (Art 5–11)
- Kapitel III.   Rechte der betroffenen Person (Art 12–23)
- Kapitel IV.   Verantwortlicher und Auftragsverarbeiter (Art 24–43)
- Kapitel V.   Übermittlung personenbezogener Daten an Drittländer oder an internationale Organisationen (Art 44–50)
- Kapitel VI.   Unabhängige Aufsichtsbehörden (Art 51–59)
- Kapitel VII.   Zusammenarbeit und Kohärenz (Art 60–76)
- Kapitel VIII. Rechtsbehelfe, Haftung und Sanktionen (Art 77–84)
- Kapitel IX.   Vorschriften für besondere Verarbeitungsfunktionen (Art 85–91)
- Kapitel X.   Delegierte Rechtsakte und Durchführungsrechtsakte (Art 92–93)
- Kapitel XI.   Schlussbestimmungen (Art 94–99)

Die DSGVO findet ihre Basis auf primärrechtlicher Ebene zum einen in den Art 7 und 8 GRC (Achtung des Privat- und Familienlebens, Schutz personenbezogener Daten) sowie in Art 16 AEUV und Art 39 EUV (Datenschutz und Gesetzgebungskompetenz der Union zum Datenschutz).

Gerade bei datenschutzrechtlichen Normen besteht wegen ihrer allgemeinen und technikneutralen Formulierung häufig ein erhöhter Auslegungsbedarf für den konkreten Einzelfall. Das liegt vor allem am schnellen technischen Fortschritt im Bereich der Datenverarbeitung, aber auch am gesellschaftlichen Wandel im Zusammenhang mit dem Umgang mit personenbezogenen Daten.

Begriffe wie „Big Data", „IoT – Internet of Things" oder „Cloud" waren noch vor wenigen Jahren weitgehend unbekannt oder zumindest ungebräuchlich. Da der Gesetzgeber der raschen technischen Entwicklung nicht laufend nachkommen kann, hat die Rechtsprechung auf dem Interpretationsweg die bestehenden Regelungen auf die gegebenen Sachverhalte anzuwenden – soweit dies der Wortlaut einer Bestimmung zulässt.

Da die DSGVO als EU-Verordnung zum **sekundären Unionsrecht** zählt, obliegt die Auslegungshoheit in letzter Konsequenz den zuständigen europäischen und nicht den nationalen Gerichten. Nationale Gerichte haben daher in Zweifelsfällen einen **Vorabentscheidungsantrag** an den Europäischen Gerichtshof (EuGH) zu richten (siehe dazu Art 267 AEUV). Wie auch bei nationalem österreichischem Recht ist bei der DSGVO primär der Wortlaut einer Gesetzesbestimmung relevant. Beachtenswert in diesem Zusammenhang ist allerdings der Umstand, dass alle Sprachfassungen der DSGVO gleichberechtigt sind. Da die Verhandlungen zur Schaffung der DSGVO allerdings in englischer Sprache erfolgten, kann es mitunter durchaus sinnvoll sein, bei Unklarheiten auf diese zurückzugreifen.

> Bedauerlicherweise beinhaltet die deutschsprachige Version der DSGVO einige Unschärfen und Fehler bei Übersetzungen. Schon aus diesem Grund ist es ratsam, zumindest bei komplexen Sachverhalten auch die englische Sprachfassung heranzuziehen.

Ergibt der Wortlaut der DSGVO kein eindeutiges Ergebnis, so hat die Auslegung nach dem Sinn und Zweck einer Bestimmung zu erfolgen (**teleologische Auslegung**) – so die ständige Rechtsprechung des EuGH. Hier sind vor allem die eingangs erwähnten ErwGr von entscheidender Bedeutung, da sie maßgebliche Informationen über die Zielsetzungen und Hintergründe einer auszulegenden Rechtsnorm enthalten. Im Rahmen der Verabschiedung eines europäischen Rechtsaktes, die sich meist über viele Jahre zieht, fließen oft Zielsetzungen und Hintergründe nicht mehr in den Gesetzestext selbst ein, sondern werden „nur" in den ErwGr thematisiert. Da diese einen Bestandteil des Rechtsaktes darstellen, dienen sie als Rechtserkenntnisquelle, schränken aber eine darüberhinausgehende Auslegung nach der ständigen Rechtsprechung des EuGH nicht ein.

2.2 Allgemeine Grundsätze der Datenverarbeitung

2.2.1 Vorbemerkungen

In Art 5 DSGVO finden sich die „Grundsätze" für die Verarbeitung personenbezogener Daten. Dabei handelt es sich nicht nur um allgemeine Grundsätze, die im nachfolgenden Gesetzestext einer detaillierten Konkretisierung bedürfen. Vielmehr bilden diese Grundsätze für sich **rechtsverbindliche Regelungen**, die konkret wirksam sind und bei der Prüfung der Rechtmäßigkeit einer Datenverarbeitung zu berücksichtigen sind.

Folgende Grundsätze (oft auch als „Datenschutzprinzipien" bezeichnet) finden sich in Art 5 DSGVO:
- Grundsatz der Rechtmäßigkeit, Verarbeitung nach Treu und Glauben, Transparenz (Art 5 Abs 1 lit a DSGVO);
- Grundsatz der Zweckbindung (Art 5 Abs 1 lit b DSGVO);
- Grundsatz der Datenminimierung (Art 5 Abs 1 lit c DSGVO);
- Grundsatz der Richtigkeit (Art 5 Abs 1 lit d DSGVO);
- Grundsatz der Speicherbegrenzung (Art 5 Abs 1 lit e DSGVO);
- Grundsatz der Integrität und Vertraulichkeit (Art 5 Abs 1 lit f DSGVO);
- Grundsatz der Rechenschaftspflicht (Art 5 Abs 2 DSGVO).

Im Schrifttum werden oft zwei weitere Grundsätze aus Art 25 DSGVO hinzugefügt:
- Datenschutz durch Technikgestaltung (Privacy by Design);
- Datenschutz durch datenschutzfreundliche Voreinstellung (Privacy by Default).

Wie bei generalklauselartigen Grundsätzen nicht anders zu erwarten, lässt die Formulierung der einzelnen Verarbeitungsgrundsätze einen großen **Interpretationsspielraum**. Damit wird der Rsp ermöglicht, bei der Beurteilung der Zulässigkeit von konkreten Datenverarbeitungen flexibel zu reagieren, was insbesondere wegen der raschen technischen Weiterentwicklung notwendig sein kann und wird.

Zum **Verhältnis** der allgemeinen Grundsätze des Art 5 **zu den Rechtmäßigkeitstatbeständen** des Art 6 hat der EuGH zu den (im Wesentlichen gleichlautenden Vorgängerbestimmungen der DS-RL) ausgesprochen, dass jede Verarbeitung personenbezogener Daten den (jetzt) in Art 5 aufgestellten Grundsätzen in Bezug auf die Qualität der Daten und einem der in (jetzt) Art 6 angeführten Grundsätze in Bezug auf die Zulässigkeit der Verarbeitung von Daten genügen muss (zB EuGH 16.12 2008, C-524/06 [Huber] Rz 48).

 BVwG 30.10.2019, W258 2216873-1
Die Verarbeitung personenbezogener Daten ist zulässig, wenn sie – unter Einhaltung der in Art 5 DSGVO genannten **Verarbeitungsgrundsätze** – auf Grund einer der in Art 6 DSGVO genannten **Erlaubnistatbestände** erfolgt.

2.2.2 Rechtmäßigkeit, Verarbeitung nach Treu und Glauben, Transparenz

Für jeden Datenverarbeitungsvorgang ist eine Rechtsgrundlage erforderlich. Sofern keine Rechtsgrundlage besteht, der die Verwendung zulässt, ist jede Verarbeitung personenbezogener Daten untersagt (sog. **Verbotsprinzip**, siehe auch Kapitel 5.2). Für eine rechtmäßige Verarbeitung personenbezogener Daten muss somit stets ein sog. **Erlaubnistatbestand** vorliegen (diese sind in Art 6 DSGVO geregelt, siehe Kapitel 5.3 ff).

Der Begriff der „Rechtmäßigkeit" ist nach den Rechtmäßigkeitstatbeständen des Art 6 DSGVO zu beurteilen (siehe dazu Kapitel 5.3). Deutlich schwieriger zu beantworten ist die Frage nach der Bedeutung des Terminus „**Treu und Glauben**". Am ehesten wird davon auszugehen sein, dass es sich dabei um eine Art **Auffangklausel** handelt, die im Falle einer Regelungslücke innerhalb der DSGVO herangezogen werden kann, um bei einem konkreten Sachverhalt dennoch die Rechtmäßigkeit einer Datenverarbeitung beurteilen zu können. So kann dieser Grundsatz zur Anwendung kommen, wenn beispielsweise im Sinne von Art 6 Abs 1 lit f DSGVO eine Datenverarbeitung aufgrund eines berechtigten Interesses des Verantwortlichen erfolgt. Der Grundsatz von Treu und Glauben wird dann die Grenze bilden, in welcher Weise die Güterabwägung zwischen den Interessen des Verantwortlichen und jenen der betroffenen Person vorzunehmen ist.

 DSB 23.07.2019, DSB-D123.822/0005-DSB/2019
Keine Verletzung des Grundsatzes der Verarbeitung nach **Treu und Glauben** dadurch, dass dem Antrag auf partielle Löschung einzelner Datenfelder aus einem Kundenbindungsprogramm nicht Folge geleistet wurde.

DSB 27.06.2019, DSB-D124.071/0005-DSB/2019
Das Löschen der personenbezogenen Daten nach Eingang eines Auskunftsbegehrens des Beschwerdeführers, um danach eine Negativauskunft zu erteilen, entspricht nicht dem Grundsatz der Verarbeitung nach **Treu und Glauben**.

Was den Grundsatz der **Transparenz** betrifft, so ist dieser neu in die DSGVO hinzugekommen. Ähnliches war weder im Grundsatzkatalog der DS-RL noch im DSG 2000 zu finden. Um einer betroffenen Person ausreichenden Datenschutz im Sinne ihrer informationellen Selbstbestimmung zu ermöglichen, ist das Kriterium der Transparenz essenziell. Nur wenn die betroffene Person ausreichende Informationen darüber erhält, dass ihre personenbezogenen Daten (möglicherweise) verarbeitet werden, kann sie ihre Betroffenenrechte (zB Auskunfts-, Berichtigungs- und Löschungsrecht) überhaupt erst ausüben. Daher ist es jedenfalls erforderlich, dass die betroffene Person sowohl ausreichende Informationen zur Identitätsfeststellung des jeweiligen Verantwortlichen als auch über den genauen Zweck der Datenverarbeitung erhält. Zahlreiche Bestimmungen innerhalb der DSGVO dienen zur Erhöhung der Transparenz (also des „Sichtbar-Seins" und des „Sichtbar-Machens"). Es sind dies vor allem die in den Art 13 und 14 festgeschriebenen detaillierten Informationspflichten auf Seiten des Verantwortlichen, die Meldungen im Falle einer Datenschutzverletzung sowohl an die betroffene Person als auch an die Aufsichtsbehörde (siehe Art 33 und 34 DSGVO) sowie das Erstellen des jährlichen Tätigkeitsberichts der Aufsichtsbehörde gem Art 59 DSGVO im Hinblick auf gemeldete Verstöße und die daraufhin ergriffenen Maßnahmen.

Auch im ErwGr 39 wird dieser Transparenzgrundsatz zusammengefasst. Für betroffene Personen sollte demnach Transparenz dahingehend bestehen, wie ihre personenbezogenen Daten erhoben, verwendet, eingesehen sowie in welchem Umfang die personenbezogenen Daten gegenwärtig bzw zukünftig verarbeitet werden. Der Grundsatz der Transparenz setzt voraus, dass alle Informationen und Mitteilungen zur Verarbeitung dieser personenbezogenen Daten leicht zugänglich und verständlich sowie in klarer und einfacher

Sprache abgefasst sind. Dieser Grundsatz betrifft insbesondere die Informationen über die Identität des Verantwortlichen und die Zwecke der Verarbeitung und sonstige Informationen, die eine faire und transparente Verarbeitung im Hinblick auf die betroffenen natürlichen Personen gewährleisten, sowie deren Recht, eine Bestätigung und Auskunft darüber zu erhalten, welche ihrer personenbezogenen Daten verarbeitet werden. Natürliche Personen sollten über die Risiken, Vorschriften, Garantien und Rechte im Zusammenhang mit der Verarbeitung personenbezogener Daten informiert und darüber aufgeklärt werden, wie sie ihre diesbezüglichen Rechte geltend machen können.

 BVwG 25.11.2019, W211 2210458-1
Verstoß gegen das **Transparenzgebot** des Art 5 Abs 1 lit a iVm Art 12 und Art 13 DSGVO, weil der Bf keine Kennzeichnung seiner Videoüberwachung vorgenommen hat.

2.2.3 Zweckbindung

Auch die **strikte Zweckbindung** einer Datenverarbeitung dient – ähnlich dem Grundsatz der Transparenz – dem Ziel, dass die betroffene Person ihre Betroffenenrechte wirksam durchsetzen kann. Nur dann, wenn die betroffene Person schon von Beginn an (also ab der Datenerhebung) über den Zweck der Verarbeitung informiert ist, kann sie die ihr durch die DSGVO eingeräumten Rechte auch tatsächlich ausüben. Der Zweck der Datenverarbeitung ist der betroffenen Person in präziser, transparenter, verständlicher und leicht zugänglicher Form in einer klaren und einfachen Sprache zur Verfügung zu stellen („**Laienverständlichkeit**"); dies gilt insbesondere für Informationen, die sich speziell an Kinder richten (siehe hierzu auch Art 12 Abs 1 DSGVO).

Der Verantwortliche muss den Zweck der Datenverarbeitung vorab festlegen, was noch nicht heißt, dass deshalb die Datenverarbeitung personenbezogener Daten bereits rechtmäßig und zulässig ist. Vielmehr muss für eine Rechtmäßigkeit der Verarbeitung zusätzlich einer der Erlaubnistatbestände des Art 6 DSGVO erfüllt sein. Allerdings muss der Zweck in sich selbst **legitim** sein; so entspricht zB eine Datenbank zum Zweck des Verkaufs illegaler Substanzen diesem Kriterium nicht. Im Rahmen der Rechtmäßigkeitsprüfung einer Datenverarbeitung ist in der Folge auch zu beurteilen, wie eng oder wie weit der festgelegte Zweck eingegrenzt werden muss. Zu weit bzw zu allgemein formulierte Zwecke va im Rahmen einer Einwilligungserklärung entsprechen den Kriterien einer Zweckfestlegung idR nicht.

Der festgelegte Zweck ist auch ein wichtiges Kriterium zur Bestimmung der Dauer der Speicherung personenbezogener Daten.

Der Account zu einem sozialen Netzwerk wird mit sämtlichen Daten gänzlich und unwiederbringlich zu eliminieren sein, wenn der Nutzer diesen löscht. Eine reine „Ausblendung" der Daten ist hier nicht gerechtfertigt, sieht man von einem kurzen „Nachdenkzeitraum" ab, in dem der Nutzer seinen Account wieder reaktivieren kann, ohne seine Daten neu auffüllen zu müssen.

Das Prinzip der strikten Zweckbindung wird durch Art 6 Abs 4 DSGVO durchbrochen. In dieser Bestimmung geht es darum, wann und unter welchen

Bedingungen eine Weiterverarbeitung von personenbezogenen Daten zu einem anderen Zweck zulässig ist (siehe dazu Kapitel 5.7). Unmittelbar aufgrund von Art 5 Abs 1 lit b DSGVO gilt eine **Weiterverarbeitung von Daten** für Archivzwecke im öffentlichen Interesse, für wissenschaftliche oder historische Forschungszwecke sowie für statistische Aufgabenstellungen nicht als unvereinbar mit den ursprünglichen Zwecken.

BVwG 30.10.2019, W258 2216873-1
Die Zweitbeschwerdeführerin verarbeitet im Zuge des Betriebs des **Gewerbes der Kreditauskunftei** historische Informationen über Zahlungsausfälle und Insolvenzverfahren des Erstbeschwerdeführers, um sie (potentiellen) Gläubigern bereitzustellen, damit diese das Risiko etwaiger Zahlungsausfälle bestimmen können. Dabei handelt es sich um einen festgelegten, eindeutigen und durch die Rechtsordnung **anerkannten** (§ 152 GewO) **Zweck**.

BVwG 03.04.2019, W258 2201288-1
Weitergabe von Patientendaten bei **Ordinationsaufgabe**:
So hat die Zweitbeschwerdeführerin die Patientendaten für einen bestimmten Zweck gespeichert, nämlich zur "Archivierung und allfällige Übernahme in die eigene Patientenkartei". Wird ein ehemaliger Patient des Erstbeschwerdeführers von der Zweitbeschwerdeführerin behandelt und verwendet sie für seine Behandlung die vom Erstbeschwerdeführer erhaltenen **Patientendaten**, übernimmt sie die Daten des Patienten in ihre eigene Patientenkartei zum Zwecke der "Verwaltung eigener Patienten". Eine solche Weiterverwendung für andere Zwecke ist aber – unabhängig vom Vorliegen eines Erlaubnistatbestandes (wie einer Einwilligung) nach Art 9 DSGVO – gemäß Art 5 Abs 1 lit b DSGVO nur zulässig, wenn bereits der Zweck der ursprünglichen Verwendung legitim, dh von der Rechtsordnung gebilligt gewesen ist. Da die Weitergabe der Patientendaten im Widerspruch zu § 51 Abs 4 ÄrzteG 1998 steht, so wird von der Rechtsordnung nur die Weitergabe der Patientendaten an den Kassenplanstellen- oder Ordinationsstättennachfolger gebilligt, ist dies aber gerade nicht der Fall. Die belangte Behörde hat der Zweitbeschwerdeführerin daher zu Recht die Rückgabe und Löschung aller Patientendaten aufgetragen, die sie vom Erstbeschwerdeführer erhalten hat.

DSB 18.12.2018, DSB-D550.015/0003-DSB/2018
Verstoß des Betriebs der **Bildaufnahme** gegen die in Art 5 DSGVO normierten Grundsätze, insbesondere da der Verantwortliche zur **Erreichung des von ihm verfolgten Zweckes** – nämlich dem vorbeugenden Schutz von Personen oder Sachen – die Kamera durch eine Anpassung des Blickwinkels auf eine Weise betreiben hätte können, wodurch ein Miterfassen der umliegenden öffentlichen Verkehrsflächen vermieden worden wäre.

2.2.4 Datenminimierung, Speicherbegrenzung

Die Grundsätze der Datenminimierung und der Speicherbegrenzung überschneiden sich in ihren Regelungsbereichen. Die personenbezogenen Daten sollen für die Zwecke, zu denen sie verarbeitet werden, angemessen und erheblich sowie auf das für die Zwecke ihrer Verarbeitung notwendige Maß beschränkt sein. Dies erfordert insbesondere, dass auch die **Speicherfrist** für personenbezogene Daten auf das **unbedingt erforderliche Mindestmaß** beschränkt bleibt. Personenbezogene Daten sollen nur verarbeitet werden dürfen, wenn der Zweck der Verarbeitung nicht in zumutbarer Weise durch andere Mittel erreicht werden kann. Um sicherzustellen, dass personenbezogene Daten nicht länger als notwendig gespeichert werden, sollte der Verantwortliche Fristen für ihre Löschung oder regelmäßige Überprüfungen vorsehen (ErwGr 39).

Hieraus folgt eindeutig, dass eine Speicherung von personenbezogenen Daten – sozusagen auf Vorrat – nicht mit dem Grundsatz der Datenminimierung in Einklang zu bringen ist. Dies bedeutet, dass Datenverarbeiter organisatorische Maßnahmen zu treffen haben, um regelmäßig festzustellen, ob gespeicherte personenbezogene Daten noch benötigt werden oder nicht – dann sind sie jedenfalls unwiederbringlich und gänzlich zu löschen.

In der Praxis stellen in diesem Zusammenhang **Back-up-Prozesse** der Datenverarbeiter ein Problem dar, da diese einen diametral anderen Zweck verfolgen. Der Sinn eines Back-ups liegt darin, möglichst lange und umfassend sämtliche Daten zu sichern. Sofern hier noch Technologien mit Aufzeichnungsbändern zum Einsatz gelangen, wird es im Rahmen eines kaskadenartigen Back-up-Konzepts (zB Stunden-/Tages-/Wochen-/Monats-/Jahressicherung) technisch-organisatorisch fast unmöglich sein, für eine unverzügliche Löschung der Daten im Back-up-System zu sorgen. Für diese Situation hat der österreichische Gesetzgeber in **§ 4 Abs 2 DSG** eine Regelung geschaffen, wonach in Fällen, in denen eine Löschung oder Berichtigung aus wirtschaftlichen oder technischen Gründen nicht unverzüglich, sondern nur zu bestimmten Zeitpunkten vorgenommen werden kann, eine Einschränkung der Verarbeitung iSd Art 18 DSGVO (siehe dazu Kapitel 7.7) ausreichend ist.

 BVwG 30.10.2019, W258 2216873-1
Die Zweitbeschwerdeführerin verarbeitet im Zuge des Betriebs des Gewerbes der Kreditauskunftei **historische Meldeadressen** des Erstbeschwerdeführers, die zuletzt am 30.06.2013 oder davor überprüft worden sind, um sie (potentiellen) Gläubigern bereitzustellen, damit diese das Risiko etwaiger Zahlungsausfälle bestimmen können. Sie begründet die Verarbeitung damit, dass historische Meldeadressen zur Identitätsprüfung und zur Vermeidung von Doppelanlagen betroffener Personen erforderlich seien. Diese Begründung steht aber im Widerspruch zum Verarbeitungsprinzip der „**Datenminimierung**" iSd Art 5 DSGVO, weil das – von der Zweitbeschwerdeführerin ebenfalls verarbeitete – Geburtsdatum der betroffenen Personen, ein wesentlich besseres Identifizierungsmerkmal darstellt.

DSB 01.10.2019, DSB-D124.567/0005-DSB/2019
Pflicht zur Löschung von 35 Jahre alten **Zahlungserfahrungsdaten** aus der Warnliste der Banken: Nur aktuelle Daten bzw jüngere Zahlungserfahrungen erlauben eine korrekte Einschätzung und sind im Sinne des Art 5 Abs 1 lit d DSGVO sachlich richtig und auf dem neuesten Stand. Bei 35 Jahre alten Zahlungserfahrungsdaten kann jedenfalls keine Rede davon sein, dass diese geeignet wären, ein aktuelles Bild der Realität abzugeben.

DSB 28.05.2018, DSB-D216.580/0002-DSB/2018
Die Speicherung von Daten im Hinblick auf eine **eventuell zukünftige Kontaktaufnahme** mit dem Beschwerdeführer, wenn dieser die Löschung seiner gesamten Daten verlangt und daraus zu schließen ist, dass eine derartige Kommunikation nicht mehr erfolgen wird, ist gemäß Art 17 Abs 1 lit a DSGVO nicht notwendig. Die zeitlich unbegrenzte Speicherung von personenbezogenen Daten für eine eventuell zukünftige Kontaktaufnahme stellt außerdem eine Verletzung des Grundsatzes der **Speicherbegrenzung** nach Art 5 Abs 1 lit e DSGVO dar.

2.2.5 Richtigkeit

Aus Sicht der betroffenen Person ist der **Grundsatz der Richtigkeit** ihrer personenbezogenen Daten deshalb überaus bedeutsam, weil durch die Daten ein diese Person betreffender Ist-Zustand, Eigenschaften oder ein sonstiger Sachverhalt rekonstruiert werden könnten. Daten wohnt daher – insbesondere wenn es sich um sehr umfassende Datensammlungen handelt (Big Data) – eine Art Repräsentationsfunktion inne.

Daraus folgt zwangsläufig eine Verpflichtung des jeweiligen datenverarbeitenden Verantwortlichen, dafür Sorge zu tragen, dass sich die Daten stets in einem korrekten Zustand befinden, dh ein richtiges Abbild der Wirklichkeit widerspiegeln. Daten müssen auf dem/den neuesten Stand gehalten oder gebracht werden, spätestens wenn eine betroffene Person ihre Betroffenenrechte im Sinne eines Berichtigungsantrags wahrnimmt (siehe Art 16 DSGVO).

Die Bedeutung der Richtigkeit personenbezogener Daten wird dann deutlich, wenn man an Daten denkt, die nicht nur die persönliche Intimsphäre einer betroffenen Person berühren, sondern auch mit direkten negativen Rechtsfolgen verbunden sind. So wäre es nachteilig, wenn Strafen aus dem Strafregister nach Tilgung nicht vollständig gelöscht werden oder falsche Bonitätsdaten bei einzelnen Kreditschutzverbänden hinterlegt sind, die dann in der Folge der betroffenen Person den Abschluss eines Alltagsgeschäfts (zB Handy-Vertrag, Aufnahme eines Kredits etc) erschweren oder gar verunmöglichen würden.

 DSB 01.10.2019, DSB-D124.567/0005-DSB/2019
Nur aktuelle Daten bzw **jüngere Zahlungserfahrungen** erlauben eine korrekte Einschätzung und sind daher iSd Art 5 Abs 1 lit d DSGVO sachlich **richtig** und auf dem neuesten Stand. Bei 35 Jahre alten Zahlungserfahrungsdaten kann jedenfalls keine Rede davon sein, dass diese geeignet wären, ein aktuelles Bild der Realität abzugeben.

2.2.6 Integrität und Vertraulichkeit

Dieser Grundsatz der Datenverarbeitung ist eng verwoben mit den Bestimmungen über die Datensicherheit bei der Verarbeitung (siehe insbesondere Art 32 DSGVO). Personenbezogene Daten sollten so verarbeitet werden, dass ihre Sicherheit und Vertraulichkeit hinreichend gewährleistet ist, wozu auch gehört, dass Unbefugte keinen Zugang zu den Daten haben und weder die Daten noch die Geräte, mit denen diese verarbeitet werden, benutzen können (ErwGr 39 letzter Satz).

2.2.7 Rechenschaftspflicht

Der Grundsatz der Rechenschaftspflicht legt die Verantwortung die Einhaltung sämtlicher Grundsätze der Datenverarbeitung in die Hände des Verantwortlichen (zu den Begriffen siehe Kapitel 4). Hiermit wird zum einen klargestellt, dass es sich bei den Grundsätzen der Datenverarbeitung nicht bloß um programmatische Ankündigungen im Gesetzestext handelt, sondern daraus direkt Pflichten des Verantwortlichen resultieren. Zum anderen wird durch die **Nachweispflicht** – der Verantwortliche muss die Einhaltung der Grundsätze entsprechend nachweisen können, wobei als Gegenüber dieser Nachweispflicht vor allem die jeweilige betroffene Person, aber auch die Aufsichtsbehörde in Betracht kommt – bereits eine Art Vorgriff auf weitere Pflichten des Verantwortlichen im Zusammenhang mit der Bereitstellung von Informationen genommen.

 DSB 14.01.2019, DSB-D123.224/0004-DSB/2018
Verletzung im Recht auf Auskunft durch eine GmbH, die wissenschaftliche Arbeiten und Gutachten nach wissenschaftlichen Methoden in den Bereichen der Steuer- und Wirtschaftsforschung und der zugehörigen Rechtsgebiete erstellt: Verantwortliche gemäß Art. 4 Z 7 DSGVO unterliegen der **Rechenschaftspflicht** nach Art 5 Abs 2 DSGVO und müssen damit in der Lage sein, die Einhaltung der Grundsätze für die Verarbeitung personenbezogener Daten nachzuweisen.

2.2.8 Technikgestaltung (Privacy by Design)

Dieser in Art 25 Abs 1 DSGVO normierte Grundsatz besagt zusammengefasst, dass der Verantwortliche im Rahmen der Datenverarbeitung dazu angehalten ist, prinzipiell datenschutzfreundliche Techniken einzusetzen, und dies auf möglichst jeder Stufe der Verarbeitung. Der Grundgedanke dieser Verpflichtung ist folgender: Was technisch verhindert und beschränkt werden kann, muss nicht mehr kontrolliert oder verboten werden. Die nachstehend angeführten Parameter können als zur Ausgestaltung oder Verbesserung der **„Privacy by Design"** geeignet angesehen werden.

In der DSGVO werden direkt oder indirekt benannt:
* technische Mittel zur Erhöhung der Datenminimierung, -sparsamkeit und -begrenzung;
* technische Mittel zur Pseudonymisierung der Daten (zum Begriff siehe Kapitel 4.2.4).
* Zugriffsschranken und -kontrollen in technischer und/oder organisatorischer Hinsicht;
* Unternehmenspolicies (insb Datenbank-Managementsysteme – DBMS);
* Prozesse zur Abwehr interner und/oder externer Datenangriffe (Cybercrime-Abwehr).

Welche Maßnahmen jeweils angemessen sind, ist im Rahmen einer Verhältnismäßigkeitsabwägung nach Art 25 Abs 1 DSGVO nach folgenden Kriterien zu beurteilen:

- Stand der Technik;
- Implementierungskosten;
- Art, Umfang und Zweck der Datenverarbeitung;
- die mit der Verarbeitung verbundenen Risiken für die Rechte und Freiheiten betroffener Personen hinsichtlich deren Schwere und Eintrittswahrscheinlichkeit.

 DSB 23.07.2019, DSB-D123.822/0005-DSB/2019
Partielle Löschung einzelner Datenfelder aus einem Kundenbindungsprogramm: Aspekte der Rechenschaftspflicht finden sich ferner im in Art 25 Abs 1 DSGVO verankerten Grundsatz „**Datenschutz durch Technik**", wonach die Mittel zur Verarbeitung, d.h. Produkte, Dienstleistungen und Anwendungen, sowohl zum Zeitpunkt der Festlegung der Mittel für die Verarbeitung als auch zum Zeitpunkt der eigentlichen Verarbeitung derArt zu wählen sind, dass die Anforderungen der DSGVO erfüllt werden können. Ausgehend von dieser Rechenschaftspflicht ist allgemein festzuhalten, dass sich ein Verantwortlicher der Einhaltung seiner durch die DSGVO auferlegten Pflichten nicht dadurch entziehen kann, indem er derArt ungeeignete technische und organisatorische Maßnahmen trifft, die es ihm u.a. verunmöglichen, den Anträgen von betroffenen Personen zu entsprechen. Im vorliegenden Fall hat die Beschwerdeführerin im Ergebnis dem partiellen Antrag auf Löschung und dem partiellen Antrag auf Widerspruch zurecht nicht entsprochen und war auch nicht gehalten, entsprechende technische und organisatorische Maßnahmen zu treffen, um dies zu ermöglichen.

2.2.9 Datenschutzfreundliche Voreinstellung (Privacy by Default)

Art 25 Abs 2 DSGVO verpflichtet den Verantwortlichen **geeignete technische und organisatorische Maßnahmen** zu treffen, die sicherstellen, dass durch Voreinstellungen grundsätzlich nur jene personenbezogene Daten verarbeitet werden, deren Verarbeitung für den jeweiligen Verarbeitungszweck erforderlich sind. Dies wohl im Hinblick auf die Menge der erhobenen Daten, den Umfang ihrer Verarbeitung sowie ihre Speicherfrist und Zugänglichkeit. Solche Maßnahmen müssen insb sicherstellen, dass personenbezogene Daten durch Voreinstellungen nicht ohne Eingreifen der betroffenen Person einer unbestimmten Anzahl von anderen Personen zugänglich gemacht werden können.

Allerdings ist zu beachten, dass der Verantwortliche in diesem Zusammenhang immer in einem Abhängigkeitsverhältnis zu den jeweiligen Technologien der Technikhersteller steht. Hier wird dem Verantwortlichen jedenfalls ein Ermessensspielraum eingeräumt werden müssen. So wird für den Fall, dass mehrere Technologieanbieter unterschiedliche Konzeptlösungen anbieten, der Verantwortliche hierbei nicht zwingend die datenschutzfreundlichste aussuchen müssen, da er – im Rahmen seiner Geschäftsgebarung – selbstverständlich auch andere Kriterien für den Erwerb einer bestimmten Lösung heranzuziehen hat. Es wird jedenfalls ausreichend sein, wenn er sich für eine Technologielösung entscheidet, die grundsätzlich geeignet ist, Voreinstellungen so vorzunehmen, dass eine Verarbeitung nur im Rahmen der Erforderlichkeit erfolgt. Keine Anwendung findet diese Regel – sinnvollerweise – im Falle von Informationspreisgaben, die gerade der öffentlichen weitreichenden

Publikation dienen sollen (zB Postings in Online-Zeitungen, Informationsportale oder Blogs).

> Zu den wichtigsten Adressaten in diesem Zusammenhang gehören wohl die Betreiber von „**Sozialen Netzwerken**". Sie werden durch die Bestimmung in Art 25 Abs 1 DSGVO dazu angehalten, bei ihren Nutzereinstellungen die Vorselektion von Publikationskriterien im Netzwerk so einzustellen, dass sie möglichst den datenschutzrechtlichen Interessen der betroffenen Person entsprechen. Der Nutzer muss die Kontrolle darüber haben, welchen Empfängern der Netzwerk-Plattform seine Informationen zugänglich sind und welchen nicht.

DSB 17.01.2018, DSB-D213.503/0004-DSB/2017
Empfehlung der DSB, das AMS möge sicherstellen, dass für Partnerinstitutionen des AMS tätige Trainer über das **eAMS-Konto** nicht mehr auf die Geschäftsfälle aller anderen Trainer und somit auf die Daten von deren Kursteilnehmern zugreifen können, insbesondere indem es die Partnerinstitutionen verpflichtet, das eService "Projekt-Veranstaltungszuordnung" zu verwenden, um somit eine technische Barriere zu errichten.

2.3 Öffnungsklauseln

Obwohl die DSGVO als EU-Verordnung unmittelbar und direkt auch für jeden einzelnen Bürger gültig ist, so schafft sie dennoch innerhalb des Unionsraums keine vollständige Harmonisierung des Datenschutzrechts. Innerhalb der DSGVO sind nämlich **69 sogenannte Öffnungsklauseln** vorgesehen, die es dem jeweiligen nationalen Gesetzgeber erlauben (oder diesen zum Teil auch verpflichten), eine innerstaatliche Ausgestaltung eines datenschutzrechtlichen Themenbereichs vorzunehmen.

Als ein Beispiel für eine derartige Öffnungsklausel kann auf Art 88 DSGVO verwiesen werden, der quasi den gesamten Beschäftigungsdatenschutz im Arbeitsverhältnis in seiner detaillierten Ausgestaltung dem jeweiligen nationalen Gesetzgeber überlässt (siehe dazu Kapitel 12). Ähnliches gilt für Datenverarbeitungen zu journalistischen, wissenschaftlichen, künstlerischen und literarischen Zwecken (siehe dazu Kapitel 13). Um in den Rechtsgebieten, für die derartige Öffnungsklauseln bestehen, eine datenschutzrechtliche Fragestellung umfassend lösen zu können, bedarf es daher nicht nur einer Analyse des Textes der DSGVO, sondern auch einer Befassung mit den jeweiligen nationalen Datenschutzbestimmungen. Diese können im österreichischen DSG, aber ebenso gut auch in den jeweiligen Materiengesetzen zu finden sein.

Kontrollfragen:

- Was versteht man unter der Rechtmäßigkeit einer Datenverarbeitung?
- Was ist die Zweckbindung einer Datenverarbeitung?
- Welche Bedeutung hat der Datenschutz durch Technikgestaltung? Welche Beispiele würden Ihnen hierzu einfallen?
- Was versteht man unter den sog. „datenschutzfreundlichen Voreinstellungen"?
- Welche Bedeutung haben die sog. Öffnungsklauseln? In welchen Bereichen gibt es Öffnungsklauseln?

3 Anwendungsbereiche

3.1 Sachlicher Anwendungsbereich

3.1.1 Einführung

Für die Anwendbarkeit der DSGVO auf eine konkrete Datenverarbeitung sind auf sachlicher Ebene (zum räumlichen Anwendungsbereich siehe Kapitel 3.2) folgende Kriterien maßgebend (Art 2 DSGVO):

- Es muss sich um eine **ganz oder teilweise automatisierte Verarbeitung** personenbezogener Daten handeln (siehe hierzu Kapitel 4.2 und 4.3).
- Im Falle einer nichtautomatisierten Verarbeitung müssen diese in einem **Dateisystem** gespeichert sein oder werden.
- Es darf **kein Ausschließungsgrund** gem Art 2 Abs 2 DSGVO vorliegen.
- Es dürfen **keine vorrangigen Regelungen** anwendbar sein, die die Anwendung der DSGVO ausschließen.

3.1.2 Ganz oder teilweise automatisierte Verarbeitung

Typischerweise liegt dann eine automatisierte Verarbeitung vor, wenn diese computerunterstützt erfolgt. Der etwas veraltete Begriff „automatisiert" wird insbesondere deshalb verwendet, um die Technologieneutralität des Datenschutzes in den Vordergrund zu stellen und um zu erreichen, dass die Anwendung der DSGVO nicht von einer bestimmten gegenwärtigen Technik abhängig ist (siehe auch ErwGr 15).

> Erfasst sind daher Computer und Datenverarbeitungsanlagen jeder Größenordnung, vom PC bis zur rechenzentrumunterstützten Cloud-Anwendung, aber auch Smartphones, Tablets, Kopierer (diese arbeiten heute zumeist digital und verfügen über eine eigene Festplatte und ein Operating System) sowie Überwachungsanlagen (zB aufzeichnende Videoüberwachung) etc.

 OGH 20.12.2018, 6 Ob 131/18k
Eine **automatisierte Verarbeitung** liegt immer dann vor, wenn Datenverarbeitungsanlagen zum Einsatz kommen, wobei unerheblich ist, ob die Dateien in irgendeiner Weise strukturiert abgespeichert sind. Damit führt jede Benutzung von Computer, Internet oder E-Mail zur Anwendbarkeit der Verordnung, sobald personenbezogene Daten involviert sind.

3.1.3 Nichtautomatisierte Verarbeitung

Sofern eine Datenverarbeitung „manuell" – also ohne Computerunterstützung – erfolgt, muss für die Anwendung der DSGVO ein weiteres Kriterium erfüllt sein: nach Art 2 Abs 1 müssen nichtautomatisierte Daten in einem „**Dateisystem**" gespeichert werden. Art 4 Z 6 DSGVO definiert dieses Dateisystem als „*jede strukturierte Sammlung personenbezogener Daten, die nach bestimmten Kriterien zugänglich sind, unabhängig davon, ob diese Sammlung* zentral, dezentral oder nach funktionalen oder geografischen Gesichtspunkten geordnet geführt wird."

Von einer „**strukturierten Sammlung**" personenbezogener Daten kann dann gesprochen werden, wenn die Daten hinsichtlich ihres personenbezogenen Inhalts einer gewissen Ordnung unterliegen. Dabei kommt es nach der bisher vorliegenden Rsp des EuGH auf eine „leichte Wiederauffindbarkeit" an. Dies trifft jedenfalls auf alphabetisch nach Namen sortierte Karteikarten oder Listen zu. Eine bloß chronologische Ordnung (zB in einem Gerichtsakt) hingegen beinhaltet kein personenbezogenes Strukturelement, dasselbe gilt auch für Inhaltsverzeichnisse oder Deckblätter, denen keine Struktur zugrunde liegt.

Liegt eine strukturierte Datensammlung vor und sind die darin enthaltenen personenbezogenen Daten daher nach bestimmten Kriterien zugänglich, ist die DSGVO auf ein derartiges „Karteisystem" anwendbar. Wird also eine ungeordnete Dateiensammlung – wenn auch nachträglich – in der Folge computerunterstützt gespeichert (zB durch Scannen oder Abfotografieren) oder strukturiert (zB in Aktenordnern) abgelegt, kommt es wiederum zu einer Anwendung der DSGVO.

Somit fallen zB eine lose Zettelsammlung oder „Post-it"-Nachrichten aus dem Anwendungsbereich der DSGVO heraus, nicht aber zB eine nach Namen geordnete Ablage.

 BVwG 25.06.2019, W258 2187426-1
Finanzunterlagen und **Verfahrensakt**en, die lediglich physisch durch Trennblätter getrennt bzw nach Ordnungsnummern sortiert in Ordnern abgelegt sind, erreichen nicht den für die Anwendung der DSGVO erforderlichen Ordnungsgrad.

EuGH 10.07.2018, C-25/17 (Johovan Todistajat) Rz 57
Mit dem Erfordernis, dass die Sammlung personenbezogener Daten "nach bestimmten Kriterien strukturiert" sein muss, ist nur gemeint, dass die Daten über eine bestimmte Person **leicht wiederauffindbar** sind.

VfSlg 18.300/2007; VwGH 17.02.2010, 2009/17/0064
Ein Kopienakt (**Papierakt**) einer Polizeidienststelle ist keine Datei.

DSK 21.08.2001, K120.734/014-DSK/2001
Vorliegen einer Datei, wenn **Tachographschreiben** und Tagesarbeitsblätter in einer Form verwahrt werden, die einen Zugriff an Hand des Namens eines Buslenkers jederzeit ermöglichen.

OGH 28.06.2000, 6 Ob 148/00h
Bei einem **Gutachten** eines medizinischen Sachverständigen aus einem Vorprozess handelt es sich mangels Suchkriterium um keine Datei.

3.1.4 Ausschließungsgründe

Datenverarbeitung außerhalb des Unionsrechts
Die DSGVO findet keinerlei unmittelbare Anwendung auf Datenverarbeitungsvorgänge im Rahmen einer Tätigkeit, die nicht in den Anwendungsbereich des Unionsrechts fällt (Art 2 Abs 2 lit a DSGVO). Diese Bestimmung nimmt vorwiegend eine klarstellende Funktion dahingehend ein, dass durch die DSGVO nicht die Gesetzgebungskompetenzen der Union erweitert werden. Diese Gesetzgebungskompetenzen sind in Art 3, 4 und 6 AEUV (Vertrag über die Arbeitsweise der Europäischen Union) geregelt und wurden im Vertrag von Lissabon festgelegt. Unterschieden wird dort zwischen ausschließlichen Zuständigkeiten der Union, geteilten Zuständigkeiten und unterstützenden Zuständigkeiten.

Der Umfang der Bereiche, in denen die DSGVO aufgrund dieses Ausnahmetatbestandes nicht zur Anwendung gelangt, ist letztendlich recht klein. Erfasst werden nämlich jedenfalls sämtliche Tätigkeiten der Mitgliedstaaten im – durchaus sehr großen – Anwendungsbereich des Unionsrechts, und zwar unabhängig davon, ob diese Tätigkeiten der Durchführung des Unionsrechts dienen oder eben nur Unionsrecht kompetenzrechtlich „tangieren".

Beispiele für Bereiche, die nicht in den Anwendungsbereich des Unionsrechts fallen, sind Angelegenheiten der nationalen Sicherheit oder der Landesverteidigung. Daneben fällt auch der Bereich der Gesetzgebung nicht in den Anwendungsbereich der DSGVO, sehr wohl aber die Parlamentsverwaltung.

 EuGH 09.07.2020, C-272/19 (Land Hessen)
Die vom **Petitionsausschuss** des Hessischen Landtags vorgenommene Verarbeitung personenbezogener Daten (hier: Behandlung von individuellen Bürgeranliegen/Petitionen) unterliegt der DSGVO.

Datenverarbeitung durch die Mitgliedstaaten im Bereich der gemeinsamen Außen- und Sicherheitspolitik
Obgleich die Bestimmungen der DSGVO für sämtliche Angelegenheiten aus der gemeinsamen Außen- und Sicherheitspolitik (GASP) nicht zur Anwendung gelangen, finden die Bestimmungen in Art 7 und 8 GRC durchaus Anwendung. Etwaige Datenschutzverstöße könnten daher direkt auf diese Grundrechte gestützt werden.

Datenverarbeitung für rein persönliche oder familiäre Tätigkeiten
Sofern eine natürliche Person zur Ausübung ausschließlich persönlicher oder familiärer Tätigkeiten personenbezogene Daten verarbeitet, sind diese nicht vom Anwendungsbereich der DSGVO umfasst. Dieser Ausnahmetatbestand ist von großer praktischer Bedeutung, da sonst auch die automationsunterstützte Verarbeitung zB von Adress- und Kontaktdaten des Verwandtschafts-, Freundes- bzw Bekanntenkreises, aber auch private Fotos und Videos unter den Anwendungsbereich der DSGVO/des DSG fallen würden. Diese Bestimmung wird auch als **„Haushaltsausnahme"** (engl „household exemption") bezeichnet.

Die Reichweite der für das tägliche Leben bedeutsamen **„Haushaltsausnahme"** ist allerdings in der DSGVO nicht klar umschrieben. Nach ErwGr 18 sind darunter Verarbeitungen zur Ausübung ausschließlich persönlicher oder familiärer Tätigkeiten ohne Bezug zu einer beruflichen oder wirtschaftlichen Tätigkeit zu verstehen. Besonders vage bleibt die Aussage in Bezug auf **soziale Netzwerke**: „Als persönliche oder familiäre Tätigkeiten könnte auch das Führen eines Schriftverkehrs oder von Anschriftenverzeichnissen oder die Nutzung sozialer Netze und Online-Tätigkeiten im Rahmen solcher Tätigkeiten gelten." Jedenfalls gilt die DSGVO für die Betreiber von sozialen Netzwerken.

Beispiele: Im Urlaub gefertigte Fotos oder Videos, der Versand von SMS an Freunde oder Familienmitglieder sowie das Führen eines (elektronischen) Tagebuchs unterliegen nicht der DSGVO. Werden Kontaktdaten von Familienmitgliedern oder Freunden in einem Smartphone oder E-Mail-Adressbuch am PC gespeichert, ist die DSGVO nicht anwendbar. Handelt es sich bei diesen Kontakten allerdings um Kunden oder Geschäftspartner, gilt die DSGVO. Die ausschließlich private Nutzung von Messenger-Diensten, wie WhatsApp oder Skype, ist vom Anwendungsbereich der DSGVO ausgenommen. Ein privates Posting auf der Facebook-Pinnwand oder über Twitter, das uneingeschränkt im Internet abrufbar ist und personenbezogene Daten Dritter enthält, unterliegt hingegen der DSGVO.

Die bisherige Judikatur geht von einer sehr restriktiven Auslegung dieser Ausnahme vom Anwendungsbereich der DSGVO aus.

OGH 27.11.2019, 6 Ob 150/19f
Da im vorliegenden Fall auch der **öffentliche Zugangsweg zu den Gärten** gefilmt wird, kommt eine Anwendung des Haushaltsprivilegs nicht in Betracht.

BVwG 25.06.2019, W258 2187426-1
Familienfotos für die **Erstellung eines Fotobuchs**, das die Bf privat verwendet bzw verschenkt hat, wurden für persönliche und familiäre Tätigkeiten iSd Art 2 Abs 2 lit c DSGVO verwendet.

EuGH 14.02.2019, C-345/17 (Buivids)
Die Haushaltsausnahme ist auf **Filmaufnahmen in einer Polizeistation**, die ohne Zugangsbeschränkungen auf YouTube veröffentlicht wurde, nicht anwendbar.

OGH 20.12.2018, 6 Ob 131/18k
Der Beklagte hat dadurch, dass er Daten der Klägerin sowohl **der Sachverständigen** als auch **dem Pflegschaftsgericht** zur Verfügung stellte, den persönlich-familiären Bereich überschritten, sodass er sich nicht mehr auf den Ausnahmetatbestand des Art 2 Absatz 2 lit c DSGVO berufen kann.

EuGH 10.07.2018, C-25/17 (Jehovan todistajat)
Die **Verkündigungstätigkeit einer Religionsgemeinschaft** (hier: der Zeugen Jehovas und ihrer Mitglieder) stellt keine unter die Household Exemption des Art 3 Abs 2 zweite Alternative RL 95/46/EG (jetzt: Art 2 Abs 2 lit c DSGVO) fallende Datenverarbeitung dar, wenn die Mitglieder zumindest einen Teil der

erhobenen Daten einem potenziell unbegrenzten Personenkreis durch Weitergabe an die Gemeinschaft zugänglich machen.

Datenverarbeitung zur Verhütung, Ermittlung, Aufdeckung oder Verfolgung von Straftaten

Die DSGVO findet nach Art 2 Abs 2 lit d DSGVO keine Anwendung, wenn es um Datenverarbeitungen im Zusammenhang mit der Verfolgung von Straftaten und die Strafvollstreckung geht, sofern diese Verarbeitung durch eine Behörde erfolgt. Siehe hierzu das 3. Hauptstück des DSG, das die Datenschutz-Richtlinie Polizei und Strafjustiz 2016/680 umsetzt und ein eigenes Datenschutzrecht für polizeiliche bzw sicherheits- und strafrechtliche Agenden vorsieht.

Sofern Private eine solche Verarbeitung durchführen (zB Privatdetektive), kann es sogar zu einer verschärften Anwendung der DSGVO/des DSG kommen, da strafrechtlich relevante Daten iSv Art 10 DSGVO (siehe Kapitel 4.2.3) verarbeitet werden.

 LVwG Tir 22.08.2019, LVwG-2019/26/1589-1
Die **Lenkerauskunft** nach § 103 Abs 2 KFG fällt unter die Ausnahmebestimmung des Art 2 Abs 2 lit d DSGVO. Die DSGVO ist folglich bei Lenkerauskünften nach § 103 Abs 2 KFG nicht anwendbar.

Datenverarbeitung durch die Organe, Einrichtungen, Ämter und Agenturen der Europäischen Union

Für Tätigkeiten im Zusammenhang mit der Verarbeitung personenbezogener Daten durch die Organe der Union gilt an Stelle der DSGVO die Verordnung (EU) 2017/1725, mit der die VO 45/2001, auf die in Art 2 Abs 3 hingewiesen wird, aufgehoben wurde.

Unberührtheit der E-Commerce-Richtlinie

In Art 2 Abs 4 DSGVO wird ausdrücklich festgehalten, dass die Anwendung der Richtlinie über den elektronischen Geschäftsverkehr 2000/31/EG (sog. „E-Commerce-Richtlinie") unberührt bleibt. Besonders erwähnt sind die Art 12 bis 15 dieser Richtlinie, die die Verantwortlichkeit und Haftung von Vermittlungsdienst-Anbietern zum Inhalt haben. So ist zB ein Diensteanbieter insofern haftungsrechtlich privilegiert, als er für eine reine Durchleitung von Informationen nicht haftet, ebenso wenig für eine automatische kurzzeitige Zwischenspeicherung („Caching"). Außerdem genießen Host-Provider bestimmte Haftungsprivilegien und haben keine allgemeine umfassende Überwachungspflicht.

ePrivacy-Richtlinie bzw ePrivacy-Verordnung

Die ePrivacy-Richtlinie, die Regelungen zum Thema elektronische Kommunikationsdienste enthält (Richtlinie 2002/58/EG), hätte durch eine neue Verordnung ersetzt werden sollen. Das ursprünglich zeitgleich mit der DSGVO am 25.5.2018 geplante Inkrafttreten ist allerdings auf unbestimmte Zeit verschoben worden. Als lex specialis zur DSGVO wird eine zukünftige ePrivacy-Verordnung gegenüber der DSGVO vorrangig anzuwenden sein. Inhaltlich sollen durch die neue Verordnung nicht nur die „klassischen" elektronischen Kommunikationsdienste geregelt werden, sondern auch digitale Angebote wie zB VoIP („Voice over IP"), Messanger-Dienste oder IoT („Internet of Things").

3.2 Räumlicher Anwendungsbereich

3.2.1 Einführung

Wenn der sachliche Anwendungsbereich (siehe Kapitel 3.1) der DSGVO eröffnet ist, muss zusätzlich noch eruiert werden, ob auch die Kriterien der räumlichen Anwendung erfüllt sind. Im Vergleich zur Datenschutzrichtlinie und zum DSG 2000 wurde die Definition des **räumlichen Anwendungsbereichs der DSGVO** sowohl vereinfacht als auch erweitert (Art 3 DSGVO). Das ist insofern sachgerecht, als die technische Fortentwicklung gerade in den Bereichen des Outsourcings und Cloud-Computings derArt rasant ist, dass Landesgrenzen keine sinnvolle Anwendungsbegrenzung für datenschutzrechtliche Normen mehr darstellen. Wo die technisch-physikalische Datenverarbeitung und -speicherung örtlich tatsächlich erfolgt, ist zur Nebensache geworden.

Was räumliche Anknüpfungspunkte von Rechtsnormen generell betrifft, so wird hier oft auf das **Territorialitätsprinzip** (rechtlich relevante Handlungen in einem bestimmten örtlichen Gebiet definieren die Anwendung von bestimmten Rechtsnormen) und das Sitz- bzw Niederlassungsprinzip (es gilt das Recht des Staates, in dem die ausführende Stelle ihren Sitz oder ihre Niederlassung hat) zurückgegriffen. Die DSGVO kombiniert diese Prinzipien zum Schutz der Unionsbürger und fügt noch ein weiteres Anwendungsprinzip hinzu: das **Marktortprinzip**.

Im Rahmen des sog. Sitzprinzips wird festgelegt, dass immer dann, wenn eine datenverarbeitende Stelle ihren Sitz innerhalb der Union hat, jedenfalls die DSGVO anzuwenden ist. Obwohl der Begriff „Sitz" nicht explizit definiert wird, geht dieser jedoch im vorhandenen Begriff der „Niederlassung" auf, da jeder satzungsgemäße Sitz eines Unternehmens auch als eine Form der Niederlassung zu qualifizieren sein wird.

Prinzipiell können nachstehende zwei Anwendungsfälle des Sitz- bzw Niederlassungsprinzips im Zusammenhang mit datenschutzrechtlichen Normen unterschieden werden:
- Die Verarbeitung von personenbezogenen Daten findet durch eine Niederlassung des Verantwortlichen oder Auftragsverarbeiters statt, der sich innerhalb des Unionsgebiets befindet, und zwar unabhängig davon, welche Personengruppen betroffen sind;
- die Verarbeitung von personenbezogenen Daten findet für eine Niederlassung statt, die sich innerhalb des Unionsgebiets befindet, die Verarbeitung selbst wird aber von jemandem durchgeführt, der sich außerhalb des Unionsgebiets befindet.

Zwei Beispiele sollen diese räumlichen Anknüpfungspunkte verdeutlichen:

Beispiel 1: Ein US-amerikanisches Unternehmen hat eine Niederlassung in Österreich und verarbeitet dort personenbezogene Daten. Nach Art 3 Abs 1 DS-GVO ist jedenfalls die DSGVO anzuwenden (Niederlassung bzw Sitz des Verantwortlichen oder Auftragsverarbeiters liegt innerhalb der Union), selbst wenn in dieser Niederlassung ausschließlich Daten von Personengruppen aus den USA verarbeitet werden.

Beispiel 2: Ein US-amerikanisches Unternehmen hat eine Niederlassung in Österreich, die Kundendaten dieser Niederlassung werden allerdings zentral vom US-amerikanischen Mutterunternehmen verarbeitet. Da das Unternehmen eine Niederlassung innerhalb des Unionsgebiets hat und für diese auch Datenverarbeitungen durchgeführt werden (wenn auch außerhalb des Unionsgebiets), findet die DSGVO Anwendung.

3.2.2 Verarbeitung durch Niederlassungen innerhalb der Union

Wie schon eingangs erwähnt, umfasst Art 3 Abs 1 DSGVO jede Art der Verarbeitung personenbezogener Daten, soweit diese im Rahmen der **Tätigkeiten einer Niederlassung** eines Verantwortlichen oder Auftragsverarbeiters in der Union erfolgt, unabhängig davon, ob die Verarbeitung selbst in der Union stattfindet.

Zunächst muss es sich daher um die „Verarbeitung" von „personenbezogenen Daten" handeln; diesbezüglich kann auf die Definitionen in Art 4 DSGVO verwiesen werden (siehe Kapitel 4.2 und 4.3). Weiters erfordert die Bestimmung eine Verarbeitung „im Rahmen der Tätigkeiten einer Niederlassung" in der Union. Auf den Ort der Verarbeitung kommt es allerdings nicht an (so kann der Server, der zur Datenverarbeitung herangezogen wird, sich auch außerhalb der EU befinden). Relevant ist in diesem Zusammenhang nur, ob der Verantwortliche oder Auftragsverarbeiter innerhalb des Unionsgebiets niedergelassen ist.

Der Begriff der Niederlassung ist in der DSGVO selbst nicht festgelegt. In ErwGr 22 findet sich allerdings dazu folgende Aussage:

> (...) Eine Niederlassung setzt die effektive und tatsächliche Ausübung einer Tätigkeit durch eine feste Einrichtung voraus. Die Rechtsform einer solchen Einrichtung, gleich, ob es sich um eine Zweigstelle oder eine Tochtergesellschaft mit eigener Rechtspersönlichkeit handelt, ist dabei nicht ausschlaggebend.

Diese Formulierung deckt sich weitgehend mit jener in der DS-RL, sodass diesbezüglich auch auf die bereits ergangene Rechtsprechung des EuGH zurückgegriffen werden kann. Dabei ist wiederum festzuhalten, dass der EuGH keine großen Ansprüche an das Genügen einer Niederlassung setzt. Bereits eine **minimale Präsenz in Form eines Vertreters, ein kleines Büro udgl** kann im Sinn der DS-RL eine effektive und tatsächliche Tätigkeitsausübung darstellen. Es muss auch kein formaler Sitz in der Union vorliegen, vielmehr reicht jede feste „Einrichtung" aus (EuGH 1.10.2015, C-230/14 [weltimmo]).

Weiters kann fraglich sein, was unter den „Tätigkeiten einer Niederlassung" zu verstehen ist; dies vor allem dann, wenn die tatsächliche Verarbeitung außerhalb des Unionsgebiets erfolgt. Hier hat der EuGH – ebenfalls im Rahmen der Rechtsprechung zur DS-RL – festgehalten, dass diese Tätigkeiten keineswegs datenverarbeitender Natur sein müssen. Vielmehr ist es ausreichend, dass die Tätigkeiten der Niederlassung die Verarbeitung durch ein – außerhalb des Unionsgebiets liegendes – konzernverbundenes Unternehmen wirtschaftlich fördern (EuGH 13.5.2014, C 131/12 [Google Spain und Google]).

3.2.3 Verarbeitung durch Niederlassungen außerhalb der Union

Art 3 Abs 2 DSGVO normiert das sog. **Marktortprinzip,** was zu einer sehr verbraucherfreundlichen Erweiterung des Anwendungsbereichs der DSGVO führt. In ErwGr 23 wird das insofern erklärt, als der in der DSGVO gewährleistete Schutz nicht geschmälert werden oder wegfallen soll, wenn die Verarbeitung personenbezogener Daten von betroffenen Personen, die sich in der Union befinden, durch einen nicht in der Union niedergelassenen Verantwortlichen oder Auftragsverarbeiter dazu dient,
- diesen betroffenen Personen gegen Entgelt oder unentgeltlich Waren oder Dienstleistungen anzubieten oder
- das Verhalten dieser betroffenen Personen zu beobachten, soweit ihr Verhalten in der Union erfolgt.

Keine Anwendung findet die DSGVO aber bei einem bloßen Datentransit (zB über einen Router, der sich innerhalb des Unionsgebiets befindet), sofern die Daten nicht im datenschutzrechtlichen Sinne verarbeitet werden.

Das Anbieten von Waren oder Dienstleistungen umfasst in diesem Zusammenhang die aus den äußeren Umständen des Online-Angebots zu erfassende Absicht, dass der Verantwortliche oder Auftragsverarbeiter dieses **Angebot (auch) für Personen in einem oder mehreren Mitgliedstaaten der Union** vorgesehen hat. Die bloße Erreichbarkeit einer Anbieter-Website oder einer E-Mail-Adresse reicht hierfür nicht aus. Vielmehr kommt es auf die konkrete inhaltliche Gestaltung des Online-Angebots an, wobei insb auch die Kriterien „Sprache", „Währungsangaben" und „Geschäftsbedingungen" Aufschluss geben können.

Auch unentgeltliche Dienstleistungen können eine Anwendung der DSGVO auslösen, was vor allem hinsichtlich sozialer Netzwerke, Internetsuchmaschinen oder Gratis-Clouds (Gratis-Storage) von Bedeutung ist.

 DSB 22.08.2019, DSB-D130.206/0006-DSB/2019
Die Beschwerdegegnerin ist zwar nicht in der Union niedergelassen (sondern in der Schweiz), jedoch steht die Verarbeitung der personenbezogenen Daten des Beschwerdeführers (zumindest Vor- und Nachname sowie dessen E-Mail-Adresse), welcher in Österreich wohnhaft ist, in Zusammenhang mit dem Anbieten von Waren bzw Dienstleistungen (gegenständlich: **Betrieb einer deutschsprachigen Buchungsplattform** unter der Domain – https://www.alpen***.at/ sohin einer österreichischen Toplevel-Domain – sowie das Angebot zur Teilnahme an

einem Newsletter mit aktuellen Reiseangeboten). Vor diesem Hintergrund findet die DSGVO gemäß Art 3 Abs 2 lit a DSGVO in räumlicher Hinsicht Anwendung.

> **DSB 07.03.2019, DSB-D130.033/0003-DSB/2019**
> Die Beschwerdegegnerin zwar nicht in der Union niedergelassen (sondern in den USA), jedoch steht die Verarbeitung der Daten des Beschwerdeführers, welcher in Österreich wohnhaft ist, **in Zusammenhang mit dem Anbieten von Waren bzw Dienstleistungen** (gegenständlich: Angebot zur Teilnahme an einer Eventveranstaltung in Deutschland), weshalb die DSGVO gemäß Art 3 Abs 2 lit a DSGVO in räumlicher Hinsicht Anwendung findet.

Was das zweite tatbestandsmäßige Kriterium der „Verhaltensbeobachtung" betrifft, das zu einer weltweiten Anwendung der DSGVO führen könnte, sei auf ErwGr 24 verwiesen. Dort heißt es:

> (...) Ob eine Verarbeitungstätigkeit der Beobachtung des Verhaltens von betroffenen Personen gilt, sollte daran festgemacht werden, ob ihre Internetaktivitäten nachvollzogen werden, einschließlich der möglichen nachfolgenden Verwendung von Techniken zur Verarbeitung personenbezogener Daten, durch die von einer natürlichen Person ein Profil erstellt wird, das insbesondere die Grundlage für sie betreffende Entscheidungen bildet oder anhand dessen ihre persönlichen Vorlieben, Verhaltensweisen oder Gepflogenheiten analysiert oder vorausgesagt werden sollen.

Gemeint sind also vor allem Techniken zur **Nachverfolgung von Internetaktivitäten** (Tracking, Profiling, Targeting), wobei es auf den Zweck dieser Nachverfolgung nicht ankommt. Für die etwaige Anwendung der DSGVO spielt es daher keine Rolle, ob diese Analysemaßnahmen letztendlich wirtschaftlicher, politischer, soziologischer, wissenschaftlicher oder sonstiger Natur sind.

3.2.4 Verarbeitung durch diplomatische oder konsularische Vertretungen

Nach Art 3 Abs 3 DSGVO findet die Verordnung auf die Verarbeitung von personenbezogenen Daten durch einen nicht in der Union niedergelassenen Verantwortlichen dann Anwendung, wenn diese an einem Ort erfolgt, der aufgrund des Völkerrechts dem Recht eines Mitgliedstaates unterliegt. Das bedeutet, dass sich der Ort geografisch zwar in einem Drittstaat befindet, diese Institutionen aber völkerrechtlich nicht dem Recht dieses Drittstaates unterworfen sind. Nach ErwGr 25 sind dies vor allem **diplomatische und konsularische Vertretungen** eines Mitgliedstaates (zB diplomatische Vertretung der Republik Österreich in den USA). Für diese Institutionen gelten prinzipiell die Bestimmungen aus der DSGVO entsprechend.

> ### Kontrollfragen
> - Welche Arten der Datenverarbeitung sind durch die DSGVO abgedeckt?
> - Welche Ausnahmen gibt es vom Anwendungsbereich der DSGVO?
> - Was versteht man unter der „Haushaltsausnahme"?
> - Was besagt das Territorialitäts-, Marktort- und Sitzprinzip?

4 Wesentliche Begriffsbestimmungen in der DSGVO

4.1 Allgemeines

Art 4 DSGVO beinhaltet eine Reihe an Legaldefinitionen, deren Anzahl deutlich über die in der früheren Datenschutzrichtlinie hinausgeht. Neu definiert wurden vor allem jene Begriffe, die sich aus dem zwischenzeitlichen Fortschritt der Technik ergeben haben, sofern Themen des Datenschutzes betroffen sind. So finden sich etwa Begriffsdefinitionen von „Profiling", „Pseudonymisierung" sowie „genetischen Daten" oder „biometrischen Daten".

Im Rahmen dieses Kapitels sollen nur die relevantesten Begriffsbestimmungen einer näheren Darstellung unterzogen werden. Darüber hinaus wird auf den Verordnungstext des Art 4 DSGVO verwiesen.

4.2 Personenbezogene Daten

4.2.1 Definition

Nach Art 4 Z 1 DSGVO handelt es sich bei „personenbezogenen Daten" um Informationen, die eine natürliche Person **identifizieren** oder zumindest **identifizierbar** machen.

Eindeutig identifiziert ist eine Person, wenn die Identität der Person unmittelbar aus der Information selbst hervorgeht, wie etwa bei direkter Namensnennung („primäre Identifikationsmerkmale"). Identifizierbar ist eine Person hingegen dann, wenn die Information zwar für sich genommen nicht ausreichend ist, um sie einer Person zuzuordnen, dies aber möglich wird, wenn eine Verknüpfung mit weiteren Informationen erfolgt. In der Begriffsdefinition des Art 4 Z 1 wird ausdrücklich darauf hingewiesen, dass eine Person insbesondere mittels Zuordnung zu einer Kennung wie einem Namen, zu einer Kennnummer, zu Standortdaten, zu einer Online-Kennung oder zu einem oder mehreren besonderen Merkmalen, die Ausdruck der physischen, physiologischen, genetischen, psychischen, wirtschaftlichen, kulturellen oder sozialen Identität identifizierbar wird. Der Begriff der personenbezogenen Daten ist damit sehr weit gefasst.

Äußerst praxisrelevant ist die Frage, unter welchen Gesichtspunkten zu beurteilen ist, ob eine natürliche Person für einen Verantwortlichen als „identifizierbar" einzustufen ist, weil damit das Regelungsregime der DSGVO/des DSG anwendbar wird.

Hier versucht ErwGr 26, Leitlinien vorzugeben:

> (...) Um festzustellen, ob eine natürliche Person identifizierbar ist, sollten **alle Mittel berücksichtigt werden**, die von dem Verantwortlichen oder einer anderen Person nach **allgemeinem Ermessen wahrscheinlich genutzt werden**, um die natürliche Person direkt oder indirekt zu identifizieren, wie beispielsweise das Aussondern. Bei der Feststellung, ob Mittel nach allgemeinem Ermessen wahrscheinlich zur Identifizierung der natürlichen Person genutzt werden, soll-

ten alle objektiven Faktoren, wie die Kosten der Identifizierung und der dafür erforderliche Zeitaufwand, herangezogen werden, wobei die zum Zeitpunkt der Verarbeitung verfügbare Technologie und technologische Entwicklungen zu berücksichtigen sind. (...)

Die wichtige Frage, inwieweit das Wissen und die Mittel Dritter zur Identifizierung von Personen bei dieser Beurteilung zu berücksichtigen sind, ist noch nicht abschließend geklärt: Entweder man stellt bei der Beurteilung des Personenbezugs bloß auf die Perspektive des jeweils Verantwortlichen ab (**relativer Personenbezug**) oder der Verantwortliche hat sich auch zurechnen zu lassen, was irgendein beliebiger Dritter weiß (**absoluter Personenbezug**). Die DS-GVO bietet keine klare Aussage dazu, wobei die Formulierung des ErwGr 26 (siehe oben) eher darauf hindeutet, dass eine absolute Betrachtung anzustellen ist, wobei auch klargestellt wird, dass die Nutzung der Mittel durch den Dritten nach „allgemeinem Ermessen wahrscheinlich" zu sein hat. Dies spricht wiederum für ein relativeres Verständnis, da der Dritte wohl im konkreten Fall zumindest die Möglichkeit haben muss, mit den Daten in Berührung zu kommen. Es ist also davon auszugehen, dass sich Verantwortliche bei der Beurteilung des Personenbezugs nicht das gesamte „Weltwissen" zurechnen lassen müssen.

Ein gutes Beispiel in diesem Zusammenhang stellt die Speicherung einer IP-Adresse dar. Ob IP-Adressen einen Personenbezug aufweisen, hängt von der Identifizierbarkeit der die IP-Adresse nutzenden natürlichen Person ab. **IP-Adressen** sind dann personenbezogene Daten, wenn mit rechtlich zulässigen Mitteln zu den gespeicherten Daten ein Personenbezug herstellbar ist. Dem Internetprovider (Access-Provider) einer sich im Internet „bewegenden" natürlichen Person wird es idR ein Leichtes sein, die Daten der IP-Adresse zu einem bestimmten Zeitpunkt mit den Kontaktdaten der natürlichen Person zu verknüpfen. Für den Internetprovider ist somit die im Internet „surfende" Person jedenfalls identifizierbar; er verfügt hierbei über das notwendige Zusatzwissen, für ihn sind die Daten jedenfalls personenbezogen. Obgleich es technisch problemlos möglich ist, dass auch zB der Webseitenbetreiber die IP-Adresse durch die Eruierung von Trackingdaten erkennen kann, so verfügt er in der Regel nicht über das notwendige Zusatzwissen in Form der zugehörigen Kontaktdaten. Für ihn wäre die „surfende" Person nicht ohne weiteres identifizierbar. Der EuGH hat dazu allerdings festgehalten, dass auch für den Webseitenbetreiber ein Personenbezug vorliegt, wenn er rechtliche Mittel hat, die Herausgabe von Daten, die eine Identifizierung möglich machen, vom Internetprovider zu verlangen (EuGH 19. 10. 2016, C-582/14 [Breyer]).

BVwG 03.09.2019, W214 2219944-1

Ein Fußballtrainer fertigt **Videoaufnahme von Spielerinnen in der Dusche** an: Im gegenständlichen Fall wurde zumindest eine Videoaufnahme der mitbeteiligten Parteien angefertigt, auf der diese eindeutig erkennbar sind. Damit handelt es sich um personenbezogene Daten iSd Art. 4 Z 1 DSGVO, die vom Beschwerdeführer automationsunterstützt verarbeitet wurden.

DSB 27.08.2019, DSB-D123.942/0004-DSB/2019
Elektronische **Zimmerbelegungserkennung in einem Rehabilitationszentrum**: Es wurde von der Beschwerdegegnerin nicht bestritten, dass die erfassten Daten dem Beschwerdeführer zugeordnet werden konnten und dass die Datenverarbeitung in ihrer Gesamtauswirkung es ermöglichte festzustellen, ob sich der Beschwerdeführer in seinem Zimmer befand. Das Erfordernis der Identifizierbarkeit und Rückführbarkeit der Daten ist folglich erfüllt (Art. 4 Z 1 DSGVO, § 1 Abs 1 DSG).

BVwG 22.08.2019, W256 2213660-1
Die – auf keine solche Zusatzinformationen gestützte – **bloße Vermutung, dass Daten einer bestimmten Person zugeordnet werden könnten**, kann demnach keine Identifizierbarkeit und damit keinen Personenbezug begründen.

DSB 02.04.2019, DSB-D123.482/0005-DSB/2019
Der Antwortsatz des Terminals an der Kasse der Beschwerdegegnerin enthält keine Kundendaten, sondern lediglich die Terminal-ID sowie das Datum und die Uhrzeit. Beim **Hinweis „kein Stammkunde"** sowie der **Terminal-ID** dem Datum und der Uhrzeit handelt es sich ohne Hinzutreten weiterer Daten um keine Information, die sich auf eine identifizierte oder identifizierbare natürliche Person beziehen kann.

OGH 13.08.2018, 14 Os 103/02
Der Antragsteller begehrte die nachträgliche Anonymisierung sämtlicher Fahrgestellnummern in einer im Rechtsinformationssystem des Bundes (RIS) veröffentlichten OGH Entscheidung:
Die **Fahrgestellnummer eines Kfz** ist nicht personenbezogen.

BVwG 11.06.2018, W211 2161456-1
Die **Sozialversicherungsnummer** ist ohne Zweifel **ein personenbezogenes Datum** im Sinne des § 4 Z 1 DSG 2000 sowie im Sinne des Art 4 Z 1 DSGVO, an dem die versicherte Person ein schutzwürdiges Geheimhaltungsinteresse hat. Dabei macht es keinen Unterschied, ob die gesamte (10-stellige) Sozialversicherungsnummer oder nur die ersten vier oder letzten sechs (Geburtsdatum der versicherten Person) Stellen verwendet werden, weil schon eine einzelne Stelle ein personenbezogenes Datum im Sinne des § 4 Z 1 DSG 2000 (bzw. korrespondierend des Art 4 Z 1 DSGVO) ist.

BGH 16.05.2017, VI ZR 135/13
Auf Grundlage des EuGH-Urteils vom 19.10.2016, C-582/14, sprach der Bundesgerichtshof (BGH) aus, dass **dynamische IP-Adressen** personenbezogene Daten darstellen. Dies sind Ziffernfolgen, die bei jeder Einwahl vernetzten Computern zugewiesen werden, um deren Kommunikation im Internet zu ermöglichen.

Anders als das DSG 2000 schützt die DSGVO ausschließlich Daten **natürlicher Personen** (Ausnahme: Verfassungsbestimmung in § 1 DSG). Juristische Personen oder diesen ähnliche Rechtsinstitute mit eigener eingeschränkter Unternehmenspersönlichkeit (zB Personengesellschaften wie OG oder KG) sind vom Anwendungsbereich der DSGVO ausgenommen. Obwohl die DSGVO die Mitgliedstaaten formal nicht daran hindert, auf nationaler Ebene weiterhin auch juristische Personen in den Datenschutz miteinzubeziehen, könnte dies doch dem rechtpolitischen Willen hinter der DSGVO, nämlich der weitreichenden Harmonisierung des Datenschutzrechts innerhalb der Union, entgegenstehen. Die herrschende Meinung geht jedenfalls von einer derartigen Dispositionsbefugnis des jeweiligen nationalen Gesetzgebers aus. Wenngleich die Angaben zu einer juristischen Person nicht personenbezogen im Sinne der DSGVO sind (zB Firmenbuchdaten), so können (und werden in der Regel auch) diese mitunter Angaben über einzelne natürliche Personen enthalten (Geschäftsführer im Firmenbuch, eingetragene Prokuristen oder personelle Gesellschafter). Diese Daten sind dann als personenbezogen zu betrachten.

 DSB 19.7.2018, DSB-D123.089/0002-DSB/2018
[Hinweis der Datenschutzbehörde: Grenzüberschreitender Fall; daher Beurteilung ausschließlich auf Basis der DSGVO]: Zurückweisung der Beschwerde, da die Beschwerdeführerin eine Beschwerde betreffend Verletzung im Recht auf Löschung einbrachte und die zu löschenden Daten sich explizit auf die Beschwerdeführerin als juristische Person (GmbH) beziehen, und da eine **juristische Person keine betroffene Person ist, die eine Datenschutzbeschwerde einbringen kann.**

Nicht in den Anwendungsbereich der DSGVO fallen die **personenbezogenen Daten Verstorbener** (siehe hierzu ErwGr 27 – das Datenschutzrecht umfasst nur den Zeitraum von der Geburt bis zum Tod). Allerdings können auch hier die einzelnen Nationalstaaten Sonderbestimmungen erlassen, was aber in Österreich im DSG bislang nicht erfolgt ist.

 DSK 17.10.2012, K121.842/0008-DSK/2012
Kein Datenschutz für Verstorbene: Was die Daten des Peter K*** angeht, so gilt hier der Grundsatz, dass **Verstorbenen kein Recht auf Datenschutz zukommt.** Das Grundrecht auf Datenschutz ist ein höchstpersönliches Recht, das mit dem Tod des Betroffenen erlischt und nicht auf Rechtsnachfolger übergeht.

4.2.2 Besondere Kategorien personenbezogener Daten

Art 9 DSGVO regelt die Datenverarbeitung „besonderer Kategorien personenbezogener Daten" (in Österreich bisher und auch weiterhin als „**sensible Daten**" bezeichnet) und legt fest, welche Kategorien von Daten darunterfallen. Es handelt sich um Daten, deren Verarbeitung für die betroffene Person mit **besonders hohen Risiken** verbunden ist, was die Einhaltung der Grund- und Freiheitsrechte betrifft (siehe auch ErwGr 51). Gemäß Art 9 Abs 1 DSGVO gehören hierzu personenbezogene Daten, aus denen
- die **rassische und ethnische** Herkunft,
- **religiöse oder weltanschauliche** Überzeugungen,
- oder die **Gewerkschaftszugehörigkeit** hervorgehen;
- sowie die Verarbeitung von **genetischen Daten**,
- **biometrischen Daten** zur eindeutigen Identifizierung einer natürlichen Person,
- **Gesundheitsdaten** oder Daten zum **Sexualleben** oder der **sexuellen Orientierung**.

LG Feldkirch 07.08.2019, 57 Cg 30/19b
Unzulässige Verarbeitung der **Parteienaffinität** durch die Post als Adressverlag: Aus Sicht des Gerichts handelt es sich bei den von der beklagten Partei mittels Marketinganalyseverfahren ermittelten Affinitäten aufgrund der Tatsache, dass diese in weiterer Folge dem Kläger als Individuum zugeschrieben wurden, klar um sich auf eine identifizierte natürliche Person beziehende Informationen, sohin um personenbezogene Daten. Auch die Frage, ob die Parteiaffinitäten unter die besonderen Kategorien personenbezogener Daten fallen, ist aus Sicht des Gerichts klar zu bejahen, da es sich um **Abbildungen politischer Meinungen** handelt.

OLG Linz 17.07.2019, 12 Ra 46/19z
Die in einer betriebsinternen E-Mail enthaltene **Mitteilung** über den vorzeitigen Ruhestand eines Mitarbeiters, weil er **„krankheitsbedingt nicht mehr als Buslenker geeignet ist", ist eine Verarbeitung von Gesundheitsdaten**, die der verantwortliche Betriebsinhaber nach Art 9 Abs 2 lit b DSGVO durch ein rechtliches Interesse hinsichtlich jedes einzelnen Empfängers der E-Mail rechtfertigen muss. Dabei sind insb die Grundsätze der Datensparsamkeit und der Verhältnismäßigkeit zu beachten.

OGH 23.05.2019, 6 Ob A 1/18t
Rekonstruierung von Daten auf einem Firmenlaptop, den der Geschäftsführer nach seiner Entlassung an den Arbeitgeber retournierte: Da es im vorliegenden Fall **keine Anhaltspunkte dafür** gibt, **dass sensible Daten in den Honorarnoten, in den E-Mails oder in der Übersicht über die Ordnerstruktur enthalten wären**, es sich somit lediglich um nicht sensible Daten handelt, wäre die Rechtmäßigkeit der Verarbeitung der Daten nicht nach Art 9 DSGVO, sondern nach Art 6 DSGVO zu beurteilen.

DSB 12.04.2019, DSB-D123.591/0003-DSB/2019
Veröffentlichung einer E-Mail-Korrespondenz auf der Webseite einer Behörde sowie die entsprechende Verlinkung auf Twitter – der Beschwerdegegner kritisierte, dass sich der Beschwerdeführer während seiner Recherchen nicht ausreichend um eine Stellungnahme bemüht hatte: Die verfahrensgegenständlichen Textpassagen sind Anfragen des Beschwerdeführers, samt entsprechender detaillierter Erläuterungen und Anmerkungen durch den Beschwerdegegner und sind diese Textpassagen in ihrer Gesamtheit jedenfalls mit dem Beschwerdeführer untrennbar verknüpft. Es handelt sich daher auch hier um personenbezogene Daten nach Art 4 Z 1 DSGVO. Anders als der Beschwerdeführer vorbringt, sind diese personenbezogenen Daten jedoch **nicht auch als sensible Daten gemäß Art 9 DSGVO zu werten,** da aus ihnen bei verständiger Würdigung **keine politische Meinung ableitbar ist.**

DSB 09.04.2019, DSB-D123.526/0001-DSB/2019
Bisher war umstritten, ob die Sozialversicherungsnummer ein Gesundheitsdatum darstellt und damit unter die besonderen Datenkategorien des Art 9 DSGVO fällt. Die DSB vertritt die Ansicht, dass die **Sozialversicherungsnummer** aufgrund der Tatsache, dass aufgrund dieser Ziffernkombination nicht auf den Gesundheits- oder Krankenzustand von Personen geschlossen werden kann, **kein Gesundheitsdatum** darstellt.

OGH 20.12.2018, 6 Ob 131/18k
Die im vorliegenden Fall vom Beklagten dem Pflegschaftsgericht vorgelegten Daten (**Gesundheit der Klägerin, ihr Sexualleben, Empfängnisverhütung, ihre Gefühlswelt, Eheprobleme und Therapien**), die auf einem PC gespeichert waren, sind von Art 9 DSGVO erfasste „**sensible Daten**".

DSB 07.06.2018, DSB-D202.207/0001-DSB/2018
Die ehemalige Datenschutzkommission hat bereits mehrfach festgestellt, dass Bilddaten (bestimmbare) personenbezogene Daten sind. Diese Erwägungen lassen sich auch auf Art. 4 Z 1 DSGVO umlegen. Gleichzeitig liegt mit diesen **Bilddaten** aber **keine Verarbeitung besonderer Kategorien personenbezogener Daten** iSd Art 9 DSGVO vor.

Art 9 Abs 1 DSGVO sieht ein **generelles Verarbeitungsverbot** für die besonderen Kategorien von Daten vor, enthält aber in Abs 2 eine Reihe von Ausnahmen von diesem Verbot (siehe Kapitel 5.7). Weiters ist in Abs 4 eine Öffnungsklausel vorgesehen, die es dem jeweiligen nationalen Gesetzgeber ermöglicht, spezifische Regelungen im Zusammenhang mit genetischen, biometrischen oder Gesundheitsdaten zu schaffen. Siehe hierzu zB § 10 DSG, der es erlaubt, im Katastrophenfall unter erleichterten Bedingungen Verantwortlichen des öffentlichen Bereichs, Hilfsorganisationen und auch nahen Angehörigen Daten zu übermitteln. Allerdings darf es sich hier ausschließlich um den Zweck der Katastrophenabhilfe handeln bzw bei nahen Angehörigen um Informationen betreffend den Gesundheits- und Rettungszustand der betroffenen Person.

4.2.3 Personenbezogene Daten über strafrechtliche Verurteilungen und Straftaten

Art 10 normiert besondere Voraussetzungen für die Verarbeitung von personenbezogenen Daten über strafrechtliche Verurteilungen und Straftaten oder damit zusammenhängenden Sicherungsmaßnahmen („**strafrechtlich relevante Daten**"). Die Gründe für einen höheren Schutz dieser Datenarten liegen in einer (uU langfristigen) Stigmatisierungswirkung und dem damit verbundenen hohen Diskriminierungspotential, weil solche Daten idR mit einem Unwerturteil über die betroffene Person verbunden sind. Dennoch besteht in bestimmten Situationen – auch abseits der behördlichen und gerichtlichen Strafverfolgung – ein Interesse an der Verarbeitung von strafrechtlich relevanten Daten, zB durch einen potenziellen Arbeitgeber im Zuge von Bewerbungen, durch einen Rechtsanwalt als Strafverteidiger oder durch Privatdetektive.

Ar 10 sieht vor, dass die Verarbeitung strafrechtlich relevanter Daten oder damit zusammenhängender Sicherungsmaßregeln
- **nur unter behördlicher Aufsicht** vorgenommen werden oder
- wenn dies nach dem Unionsrecht oder dem **Recht der Mitgliedstaaten**, das geeignete Garantien für die Rechte und Freiheiten der betroffenen Personen vorsieht, **zulässig** ist (siehe im Detail ErwGr 19 sowie Kapitel 5.5).

4.2.4 Pseudonymisierung und Anonymisierung

Wie schon der Wortlaut des Begriffes „personenbezogene Daten" nahelegt, sind derartige Daten einer bestimmten identifizierbaren Person zugeordnet oder können ihr zumindest – mit nicht erheblichem Aufwand – zugeordnet werden. Die **Pseudonymisierung** wird in Art 4 Z 5 definiert als „die Verarbeitung personenbezogener Daten in einer Weise, dass die personenbezogenen Daten ohne Hinzuziehung zusätzlicher Informationen nicht mehr einer spezifischen betroffenen Person zugeordnet werden können, sofern diese zusätzlichen Informationen gesondert aufbewahrt werden und technischen und organisatorischen Maßnahmen unterliegen, die gewährleisten, dass die personenbezogenen Daten nicht einer identifizierten oder identifizierbaren natürlichen Person zugewiesen werden". Die Pseudonymisierung ist damit eine Maßnahme, die eine Verarbeitung personenbezogener Daten weniger **risikoreich gestaltet** und damit zu den **Maßnahmen der Datensicherheit und Datensparsamkeit** zählt. Pseudonymisierte Daten bleiben somit personenbezogen und fallen in den Anwendungsbereich der DSGVO.

Anonymen Daten hingegen **fehlt der Personenbezug**, sie können einem Menschen nicht zugeordnet werden. Ob ein Datum anonym ist, ist nach Maßgabe des ErwGr 26 (siehe Kapitel 4.2.1) zu beurteilen. In der DSGVO sind keine technischen Vorgaben der Anonymisierung definiert, es ist auf den jeweils verfügbaren Stand der Technik abzustellen. Weiters ist zwischen **anonymen und anonymisierten Daten** zu differenzieren: Anonyme Daten hatten nie einen Personenbezug, bei anonymisierten Daten wurde der Personenbezug vom Verantwortlichen unwiederbringlich beseitigt. Durch Anonymisierung bleibt der Gehalt eines Datensatzes erhalten, lässt aber keine Zuordnung des Inhalts zu einer bestimmten oder bestimmbaren Person mehr zu (beispielsweise bei Aggregierung von Daten zu einem Gruppendatensatz, sodass keinerlei Zuordnung mehr möglich ist).

In der Praxis wird teilweise zu rasch davon ausgegangen, Daten seien anonym oder anonymisiert, weil das Identifizierungsdatum fehle. Denn sofern eine Re-Identifizierung möglich ist, liegt eine Pseudonymisierung der Daten vor, aber keine Anonymisierung. Anonym veröffentlichte Statistikdaten in Branchen mit wenigen Unternehmen oder über kleinere Gruppen können etwa durchaus weiterhin als personenbezogene Daten dem Datenschutz unterliegen.

 DSB 14.01.2019, DSB-D123.224/0004-DSB/2018
Im vorliegenden Fall wurden für wissenschaftliche in den Bereichen der Steuer- und Wirtschaftsforschung bspw. Aussagen über den Wohnort, die familiäre und wirtschaftliche Situation, soziale Kontakte der Beschwerdeführerin sowie Interessen, Hobbies, die Zugehörigkeit zu Clubs oder einer Stammrunde zum einen direkt, zum anderen indirekt über den Bezug zum Ehemann der Beschwerdeführerin ableitbar. Diese Daten sind grundsätzlich geeignet, einen **Personenbezug** zur Beschwerdeführerin (vgl Art 4 Z 1 DSGVO) herzustellen. Fraglich ist jedoch, **für wen die Person identifizierbar sei muss**, damit ein Datum als personenbezogen gilt. Im vorliegenden Fall muss davon ausgegangen werden, dass durch die Kombination mehrerer Eigenschaften der Kreis der potenziell Betroffenen so-

weit eingeengt werden kann, dass nur noch die Beschwerdeführerin übrigbleibt und damit eindeutig identifizierbar wird.

Im Falle von pseudonymisierten Daten ist also eine Re-Identifizierung der betroffenen Person möglich, im Fall von anonymisierten Daten nur mit erheblichem Aufwand bzw der Allgemeinheit nicht zugänglichen Methoden. Bei **anonymisierten Daten** gelangen die **DSGVO oder sonstige datenschutzrechtliche Materiengesetze überhaupt nicht zur Anwendung** (weil gar keine „personenbezogenen Daten" vorliegen), bei **pseudonymisierten Daten** ist gemäß ErwGr 28 ein **geringeres Risiko für die Beeinträchtigung** der Rechte der betroffenen Person zu erkennen, sodass die Datenverarbeitung einem geringeren Schutzmaßstab unterliegt.

> (28) Die Anwendung der Pseudonymisierung auf personenbezogene Daten kann die Risiken für die betroffenen Personen senken und die Verantwortlichen und die Auftragsverarbeiter bei der Einhaltung ihrer Datenschutzpflichten unterstützen. Durch die ausdrückliche Einführung der „Pseudonymisierung" in dieser Verordnung ist nicht beabsichtigt, andere Datenschutzmaßnahmen auszuschließen.

 DSB 08.11.2019, DSB-D122.970/0004-DSB/2019
Verletzung im Recht auf Löschung dadurch, dass die Beschwerdegegnerin das pseudonymisierte Nutzerprofil nicht gelöscht, sondern den Bf stattdessen aufgefordert hat, ein Formular auszufüllen und dabei seine vollständigen Namens- und Adressdaten bekanntzugeben sowie Angaben zu früheren Kontakten zu machen oder nicht näher bezeichnete „Unterlagen" zur Bescheinigung seiner Identität vorzulegen. **Eine Identifizierung der betroffenen Person darf dabei nur insoweit stattfinden, als sie notwendig ist, um die Berechtigung zur Ausübung des Löschungsrechts zu überprüfen.**

OGH 11.10.2018, 12 Ns 29/18p
Ist die Nachvollziehbarkeit einer OGH-Entscheidung auch bei Anonymisierung von Geburtstag, Geburtsmonat und Vornamen des Opfers **gewährleistet**, ist dem **Antrag auf nachträgliche Anonymisierung** dieser Daten im Rechtsinformationssystem des Bundes (RIS) **Folge zu geben.**

DSB 13.09.2018, DSB-D123.070/0005-DSB/2018
Hinsichtlich einer Verletzung des Grundrechts auf Geheimhaltung durch eine „unterlassene Pseudonymisierung" ist festzuhalten, dass aus der DSGVO **kein Recht abzuleiten** ist, **wonach eine betroffene Person spezifische Datensicherheitsmaßnahmen** iSv Art 32 DSGVO von einem Verantwortlichen **verlangen könnte.**

OGH 13.08.2018, 14 Os 103/02
Der Antragsteller begehrte die nachträgliche Anonymisierung sämtlicher Fahrgestellnummern in einer im Rechtsinformationssystem des Bundes (RIS) veröffentlichten OGH Entscheidung: **Die in der Entscheidung veröffentlichte Fahrgestellnummer** des nach dem Antragsvorbringen nunmehr im Eigentum des Antragstellers stehenden PKW **stellt kein einer Anonymisierung zugängliches Datum** iSd § 15 Abs 4 OGHG dar.

4.2.5 Profiling

Art 4 Z 4 DSGVO definiert den Begriff Profiling wie folgt: „Profiling" [ist] jede Art der automatisierten Verarbeitung personenbezogener Daten, die darin besteht, dass diese personenbezogenen Daten **verwendet** werden, um **bestimmte persönliche Aspekte**, die sich auf eine natürliche Person beziehen, **zu bewerten**, insbesondere um Aspekte bezüglich **Arbeitsleistung, wirtschaftliche Lage, Gesundheit, persönliche Vorlieben, Interessen, Zuverlässigkeit, Verhalten, Aufenthaltsort oder Ortswechsel** dieser natürlichen Person zu **analysieren oder vorherzusagen**;

Profiling ist eine automatische Datenverarbeitungstechnik, bei der ein Profil für eine Person erstellt wird (va zur Bewertung von persönlichen Aspekten über die Person oder zur Erstellung einer Analyse oder Vorhersage bezüglich ihrer Vorlieben, Verhaltensweisen oder Einstellung). „Profil" bezieht sich auf einen Datensatz, der eine Kategorie von Personen charakterisiert, die dazu bestimmt ist, auf eine Person angewendet zu werden. Die Anwendungsbereiche sind vielfältig von der Erstellung von Kunden- und Benutzerprofilen bis hin zu Bewegungs-, Verhaltens-, Täter- oder Persönlichkeitsprofilen.

Um aus vorhandenen Daten Vorhersagen treffen zu können, werden Wahrscheinlichkeitsanalysen aus Daten erstellt. Aufgrund von Mustern und Gesetzmäßigkeiten in den Basisdaten werden unter Zugrundelegung statistisch mathematischer Verfahren etwa Prognosen über das mögliche künftige Verhalten einer Person erstellt. Dies können „Kaufprognosen" sein, aber auch Bonitätsprognosen, wie das Kredit-Scoring.

Vom Profiling sind automatisierte Entscheidungen im Einzelfall zu unterscheiden. Nach Art 22 Abs 1 wird zwar Profiling als Beispiel für eine automatisierte Verarbeitung angeführt, auf der eine derartige Entscheidung beruhen kann, es müssen aber noch zusätzliche Voraussetzungen erfüllt sein, damit eine automatisierte Entscheidung iSd Art 22 vorliegt (siehe Kapitel 7.10). Daneben ist zu beachten, dass der betroffenen Person nach Art 21 Abs 2 im Falle von Profiling, das mit einer Direktwerbung in Verbindung steht, ein absolutes Widerspruchsrecht eingeräumt wird (siehe Kapitel 7.9).

4.3 Verarbeitung

Art 4 Z 2 DSGVO definiert die „Verarbeitung" von personenbezogenen Daten als **jeden** mit oder ohne Hilfe automatisierter Verfahren **ausgeführten Vorgang** oder jede solche Vorgangsreihe im Zusammenhang mit personenbezogenen Daten wie
- das Erheben, das Erfassen;
- die Organisation, das Ordnen, die Speicherung, die Anpassung oder Veränderung, das Auslesen, das Abfragen, die Verwendung;
- die Offenlegung durch Übermittlung, Verbreitung oder eine andere Form der Bereitstellung;
- den Abgleich oder die Verknüpfung;
- die Einschränkung, das Löschen oder die Vernichtung der Daten.

Die Aufzählung in Art 4 Z 2 DSGVO enthält eine Auflistung unterschiedlicher Verarbeitungsschritte, die allerdings nicht abschließend ist. Jede Handlung oder jeder Vorgang, der eine Einwirkung auf personenbezogene Daten nach sich zieht, fällt unter den Begriff der „Verarbeitung". Das ist im Sinne eines umfassenden Datenschutzes auch sachgerecht, weil damit Zweifelsfragen hinsichtlich des Vorliegens einer Verarbeitung von personenbezogenen Daten und der damit zusammenhängenden Frage, ob die DSGVO anwendbar ist oder nicht, von vornherein weitgehend ausgeschlossen werden.

Weiters spielt es keinerlei Rolle, ob die verarbeitende Handlung direkt als datenschutzrechtlich relevanter Vorgang betrieben wird oder die Verarbeitung nur eine Nebentätigkeit oder Konsequenz einer sonstigen Handlung darstellt.

 OGH 24.07.2019, 6 Ob 45/19i

Die **Gewährung von Akteneinsicht** durch das Gericht ist allerdings **gleichzeitig als Verarbeitung im Sinn der Legaldefinition des Art 4 Z 2 DSGVO zu qualifizieren** ("Offenlegung durch Übermittlung"), sofern sie im Zusammenhang mit "personenbezogenen Daten" im Sinn des Art 4 Z 1 DSGVO steht. Die DSGVO ist daher auf die Gewährung von Akteneinsicht durch ein österreichisches Gericht anzuwenden, wenn die Akteneinsicht Informationen umfasst, die sich auf eine identifizierte oder identifizierbare natürliche Person beziehen (vgl Art 4 Z 1 DSGVO).

DSB 23.04.2019, DSB-D123.626/0006-DSB/2018

Erhebung von personenbezogenen Daten aus dem Grundbuch (öffentliches Register) um den Bf postalisch zwecks möglichem Eigentumserwerbs an einer dem Beschwerdeführer gehörenden Immobilie zu kontaktieren: Es ist zu berücksichtigen, dass sich die vorliegende Verwendung der personenbezogenen Daten aus dem Grundbuch **nicht auf die bloße Reproduktion** beschränkt. Sofern zulässigerweise veröffentlichte Daten nicht bloß reproduziert werden, **sondern ein neues Element mit diesen Daten verknüpft wird** – wie etwa die Schaffung eines informationellen Mehrwerts oder gegenständlich die Verwendung der Daten zur möglichen Akquise von Liegenschaften im Rahmen des Gewerbes als Immobilientreuhänder -, handelt es sich bei dieser Verknüpfung um eine Verarbeitung gemäß Art. 4 Z 2 DSGVO.

DSB 15.01.2019, DSB-D123.527/0004-DSB/2018

Arztsuche- und Bewertungsportal, in welchem die Berufsadresse, Telefonnummer, Ordinationszeiten, Diplome und Zertifikate sowie der Name des Beschwerdeführers in Form eines Arztprofils veröffentlicht werden, die von einer Webpage der Ärztekammer stammen. Dem Bf ist dahingehend beizupflichten, da sich die Beschwerdegegnerin **nicht auf eine bloße Reproduktion** der Datensätze iSv § 27 Abs 1 ÄrzteG 1998 beschränkt, sondern diese mit der Möglichkeit der Abgabe einer Bewertung sowie eines Erfahrungsberichts kombiniert, wobei mehrere unterschiedliche Detailbewertungen auch eine Gesamtbewertung bilden. Dadurch schafft die Beschwerdegegnerin einen informationellen Mehrwert, womit es sich um neue – über die Datensätze gemäß § 27 Abs 1 ÄrzteG 1998 hinausgehende – personenbezogene Daten des Beschwerdeführers handelt, die verarbeitet werden. Eine **derartige Kombination ist jedenfalls vom Begriff der Verarbeitung** gemäß Art. 4 Z 2 DSGVO **umfasst** und bedarf eines Erlaubnistatbestandes gemäß Art 6 DSGVO.

4.4 Betroffene Person

Die „**betroffene Person**" ist in Art 4 DSGVO nicht eigens definiert, die Begriffsbestimmung ergibt sich vielmehr aus der Definition der personenbezogenen Daten als alle Informationen, die sich auf eine identifizierte oder identifizierbare natürliche Person (im Folgenden „betroffene Person") beziehen. Sie ist jene natürliche Person, auf die sich im Zeitraum von Geburt bis zu ihrem Tod die „personenbezogenen Daten" beziehen und sie identifizieren oder identifizierbar – also bestimmbar machen (in der engl. Version der DSGVO wird hier auch treffender der Begriff *„identifiable"* benutzt). Nach dem Tod erlischt das Recht auf Datenschutz, wobei nicht außer Acht gelassen werden darf, dass ein postmortaler Schutz aufgrund anderer Gesetze durchaus bestehen bleibt. Die betroffene Person ist das **zentrale Schutzobjekt** der DSGVO.

4.5 Verantwortlicher

4.5.1 Begriff „Verantwortlicher"

„Verantwortlicher" nach Art 4 Z 7 DSGVO ist die natürliche oder juristische Person, Behörde, Einrichtung oder andere Stelle, die allein oder gemeinsam mit anderen **über die Zwecke und Mittel der Verarbeitung** von personenbezogenen Daten **entscheidet**. Der Begriff des Verantwortlichen (im DSG 2000 als „Auftraggeber" bezeichnet) dient in erster Linie dazu, zu bestimmen, **wer für die Einhaltung der Datenschutzbestimmungen verantwortlich** ist und an wen sich die betroffene Person bei der Geltendmachung ihrer Rechte in der Praxis wenden kann.

Der Verantwortliche ist somit jenes Subjekt, das die Kontrolle über die Verarbeitung von personenbezogenen Daten innehat und auch über die Entscheidungshoheit verfügt, zu welchem Zweck und mit welchen Mitteln die Datenverarbeitung erfolgen soll. Er ist der **primäre Adressat**, an den sich die **Verpflichtungen aus der DSGVO/dem DSG** zum Schutz von personenbezogenen Daten richten. Er ist derjenige, der umfassende Informations- und Handlungspflichten gegenüber der betroffenen Person wahrzunehmen hat, für ausreichende Datensicherheit sorgen muss und ggf auch eine Datenschutz-Folgenabschätzung durchzuführen hat. Der Verantwortliche untersteht dabei der Kontrolle der zuständigen Aufsichtsbehörde, die auch umfassende Maßnahmen und Bußgelder gegen ihn verhängen kann. Des Weiteren ist er der primäre Adressat von **Haftungsansprüchen** gegenüber einer betroffenen Person, die durch eine in der Sphäre des Verantwortlichen gelegene, rechtswidrige Datenverarbeitung entstanden sind.

Im Vergleich zur alten Rechtslage nach dem DSG 2000 ist es insofern zu Änderungen gekommen, weil Personengemeinschaften ohne Rechtspersönlichkeit (wie zB die GesbR oder Eigentümergemeinschaften) nicht unter den Begriff „juristische Person" fallen und sie auch nicht mehr explizit in Art 4 Z 7 DSGVO angeführt werden.

4.5.2 Gemeinsam Verantwortliche

Mit dem Tatbestandselement „**die allein oder gemeinsam mit anderen**" wird zum Ausdruck gebracht, dass in Konstellationen, in denen mehrere Parteien an einer Datenverarbeitung mitwirken, nicht zwingend nur eine, sondern auch **mehrere Parteien** die Rolle des Verantwortlichen einnehmen können. Eine **gemeinsame Verantwortlichkeit** liegt gem. Art 26 DSGVO vor, wenn zwei oder mehrere (eigenständige) Verantwortliche gemeinsam die Zwecke der und die Mittel zur Datenverarbeitung festlegen (arbeitsteilige Datenverarbeitung). Beispiele dafür sind zB eine gemeinsam geführte Kunden- oder Marketingdatenbank oder eine gemeinsame Buchungsplattform von unterschiedlichen Reiseveranstaltung und Unternehmen die Nebenleistungen anbieten (Hotels, Mietwagen oder Veranstaltungsbuchung). In diesem Fall muss der Schwerpunkt der Prüfung auf der Frage liegen, ob mehr als eine Partei über die Zwecke und die wesentlichen Elemente der Mittel entscheidet. Für diesen Fall verpflichtet Art 26 DSGVO sämtliche Verantwortliche dazu, eine **transparente Vereinbarung untereinander** abzuschließen, in der geregelt wird, wer welche Rechte und Pflichten aus der DSGVO zu übernehmen hat. Diese Vereinbarung ist hinsichtlich ihrer wesentlichen Bestimmungen der betroffenen Person zur Verfügung zu stellen. Weiters wird in Art 26 Abs 3 DSGVO festgehalten, dass die betroffene Person jedenfalls ihre Rechte im Rahmen der DSGVO gegenüber jedem einzelnen der Verantwortlichen geltend machen kann (Solidarverantwortung).

 BVwG 27.09.2018, W214 2196366-2
Gerichtlich beeidete Sachverständige sind zumindest **gemeinsam mit dem Gericht,** das sie mit der Gutachtenserstellung beauftragt hat, **als Verantwortliche iSd Art 4 Z 7 DSGVO zu betrachten,** weil sie selbständig und eigenverantwortlich über wesentliche Aspekte der Mittel der Verarbeitung von personenbezogenen Daten entscheiden.

EuGH 10.07.2018, C-25/17
Eine **Religionsgemeinschaft ist mit ihren als Verkünder tätigen Mitgliedern gemeinsam für die Verarbeitung Verantwortliche** iSv Art 2 lit d RL 95/46/EG, wenn diese in einer religiösen Verkündigungstätigkeit besteht, bei der die Mitglieder von Tür zu Tür gehen, Bewohner ansprechen, sich Notizen machen und diese "Tür-zu-Tür-Evangelisierung" von der Gemeinschaft organisiert und koordiniert wird.

EuGH 05.06.2018, C-210/16
Hinsichtlich der Verarbeitung von personenbezogenen Daten der Facebook-Nutzer und der Personen, die eine der auf Facebook unterhaltenen **Fanpages** besuchen, fällt in der Europäischen Union in erster Linie **Facebook** Ireland unter den Begriff des „für die Verarbeitung Verantwortlichen". Der Begriff des „für die Verarbeitung Verantwortlichen" in Art 2 lit d DS-RL umfasst **aber auch den Betreiber einer** bei einem sozialen Netzwerk unterhaltenen **Fanpage** (= gemeinsame Verantwortliche).

4.5.3 Entscheidung über Zwecke und Mittel

Zur Beurteilung der Fähigkeit **„über Zwecke und Mittel zu entscheiden"** wurden von der Art 29-Datenschutzgruppe (siehe dazu XII.1.c) folgende **drei Kategorien** entwickelt:
1. Die Verantwortung aufgrund einer ausdrücklichen rechtlichen Zuständigkeit;
2. die Verantwortung aufgrund einer implizierten Zuständigkeit (zB Arbeitgeber in Bezug auf Daten ihrer Mitarbeiter);
3. die Verantwortung aufgrund eines tatsächlichen Einflusses (zB vertragliche Beziehungen oder eine tatsächlich von einer Partei ausgeübte Kontrolle).

Beim **„Zweck"** der Datenverarbeitung wird auf das erwartete Ergebnis abgestellt, das beabsichtigt ist oder die geplanten Aktionen leitet, bei den **„Mitteln"** auf die Art und Weise, wie das Ergebnis oder Ziel erreicht wird. Den Verantwortlichen treffen va folgende Pflichten:
* Verantwortung für die Zulässigkeit der Verarbeitung von Daten,
* Vorkehrungen zur Datensicherheit,
* Verzeichnisführungspflicht,
* (allenfalls) Durchführen einer Datenschutz-Folgenabschätzung,
* (allenfalls) Bestellung eines Datenschutzbeauftragten,
* Informationspflicht, Auskunftspflicht, Pflicht zur Richtigstellung und Löschung.

> **Beispiele:** Bei Überlassung von Daten an einen Rechtsanwalt zur Einbringung einer Mahnklage wird der **Rechtsanwalt** datenschutzrechtlicher Auftraggeber (jetzt: **Verantwortlicher**) (DSB 27.10.2014, DSB-D122.215/0004-DSB/2014). **Wirtschaftsprüfer und Steuerberater** sind durch die **Eigenverantwortung** in Ausübung ihres Berufes, **auch wenn** es sich dabei nur um die **Lohnabrechnung** handelt, datenschutzrechtliche Auftraggeber (jetzt: **Verantwortliche**) (DSB 22.01.2018, DSB-D122.767/0001-DSB/2018). Als **Verantwortliche** werden von der Art 29-Datenschutzgruppe zB weiters qualifiziert: Der **Anbieter einer Telekommunikationsdienstleistung** hinsichtlich der Verkehrs- und Rechnungsdaten, der **Gebäudeeigentümer** bei einer **Videoüberwachung**, Personalvermittler und Soziale Netzwerke.

 EuGH 09.07.2020, C-272/19 (Land Hessen)
Die Definition des Begriffs „Verantwortlicher" ist nicht auf Behörden beschränkt, sondern hinreichend weit, um jede Stelle, die allein oder gemeinsam mit anderen über die Zwecke und Mittel der Verarbeitung entscheidet, einzuschließen. Folglich ist der **Petitionsausschuss des Hessischen Landtags** insoweit, als dieser Ausschuss allein oder gemeinsam mit anderen über die Zwecke und Mittel der Verarbeitung entscheidet, als **„Verantwortlicher"** iSv von Art 4 Z 7 einzustufen.

DSB 18.12.2019, DSB-D123.768/0004-DSB/2019
Eine **Gemeinde als Betreiberin eines öffentlich-zugänglichen Facebook-Profils** ist als **datenschutzrechtlicher Verantwortlicher** nach Art. 4 Z 7 DS-GVO zu qualifizieren, da sie über Zwecke (Teilen von Inhalten) und Mittel (Einsatz eines öffentlich-zugänglichen Facebook-Profils) entscheidet.

DSB 04.12.2019, DSB-D084.1389/0001-DSB/2019
Der **Betriebsrat** ist **eigener Verantwortlicher**, soweit er für Zwecke der kollektiven Vertretung der Arbeitnehmerschaft personenbezogene Daten verarbeitet.

OGH 27.11.2019, 6 Ob 150/19f
Der **Betreiber einer Überwachungskamera**, mit der der zu den Gärten von zwei Wohnungen aufgenommen wurde, ist **als Verantwortlicher anzusehen**, weil er die Verfügungsgewalt über die Kamera hat und diese auch über sein Handy bedienen kann und somit bestimmt, wann welcher Bereich gefilmt wird.

BVwG 25.11.2019, W211 2210458-1
Im konkreten Fall wurden die wesentlichen **Entscheidungen über die Anschaffung, die Montage und den Betrieb der Videoanlage des Kebab-Standes** nicht von der Eigentümerin und Gewerbeberechtigungsinhaberin, sondern **vom faktischen Geschäftsführer** getroffen, weshalb diesem **die Stellung des Verantwortlichen** nach Art 4 Z 7 DSGVO zukommt.

BVwG 03.09.2019, W214 2219944-1
Ein **Fußballtrainer, der heimlich Videoaufnahmen von Spielerinnen in der Dusche anfertigt, hat** als **Verantwortlicher** nach Art 4 Z 7 DSGVO die Entscheidung getroffen, den Aufnahmemodus des Smartphones zu aktivieren und dieses derArt auszurichten, dass die Duschkabine vom Aufnahmebereich erfasst war.

DSB 07.08.2019, DSB-D123.737/0003-DSB/2019
Verletzung im Grundrecht auf Geheimhaltung durch die Stadt N***, indem die Namen der Beschwerdeführer derArt verknüpft werden, dass bei Eingeben dieser Daten als Suchparameter in einer Suchmaschine sofort das entsprechende pdf-Dokument (Ladung zur Bauverhandlung) angezeigt wird:
Das **Aufscheinen** der gegenständlichen Kundmachung bei Verwendung der **Suchmaschine Google fällt nicht in den Verantwortungsbereich der Beschwerdegegnerin**. Eine **Entscheidungsgewalt** der Beschwerdegegnerin hinsichtlich der Verwendung von Daten für die Google-Suchergebnisse ist **nicht ersichtlich**. Der EuGH hat bereits im Urteil vom 13.5.2014, C-131/12 festgehalten, dass ein **Suchmaschinenbetreiber** als **eigenständiger datenschutzrechtlich Verantwortlicher** zu qualifizieren ist. Eine behauptete Verletzung im Recht auf Geheimhaltung durch Anzeigen von personenbezogenen Daten als Treffer im Rahmen einer Google-Suche kann im gegenständlichen Verfahren nicht behandelt werden. Eine Beschwerde müsste diesbezüglich gegen den Betreiber der Suchmaschine Google als Verantwortlichen für die Datenverarbeitung gerichtet werden.

EuGH 29.07.2019, C-40/17 (Fashion ID)
Der **Betreiber einer Website**, der ein **Social Plug-in einbindet**, das den Browser des Besuchers dieser Website veranlasst, Inhalte des Anbieters dieses Plug-in anzufordern und hierzu personenbezogene Daten des Nutzers an diesen Anbieter zu übermitteln, **kann als für die Verarbeitung Verantwortlicher** nach Art 2 lit d der RL 95/46/EG **angesehen werden**. Diese Verantwortlichkeit ist jedoch auf den Vorgang oder die Vorgänge der Verarbeitung personenbezogener Daten beschränkt, für den bzw für die er tatsächlich über die Zwecke und Mittel entscheidet, dh das Erheben der Daten und deren Weitergabe durch Übermittlung.

BVwG 27.09.2018, W214 2127449-1
Ein **Rechtsanwalt** ist **Verantwortlicher** iSv Art 4 Z 7 DSGVO.

EuGH 05.06.2018, C-210/16 (Wirtschaftsakademie Schleswig-Holstein)
Im vorliegenden Fall entscheidet in erster Linie **Facebook Ireland** über die Zwecke und Mittel der Verarbeitung der personenbezogenen Daten der Facebook-Nutzer und der Personen, die die auf Facebook unterhaltenen Fanpages besucht haben, und somit unter den Begriff des „**für die Verarbeitung Verantwortlichen**" im Sinne von Art 2 lit d DS-RL fallen, was in der vorliegenden Rechtssache nicht in Zweifel gezogen wird.

EuGH 13.05.2014, C-131/12 (Google Spain und Google)
Der **Suchmaschinenbetreiber** (hier: **Google**), ist als „**Verantwortlicher**" im Sinne von Art 2 lit d DS-RL anzusehen.

4.6 Auftragsverarbeiter

„**Auftragsverarbeiter**" (im DSG 2000 als „**Dienstleister**" bezeichnet) ist in Art 4 Z 8 DSGVO definiert als eine natürliche oder juristische Person, Behörde, Einrichtung oder andere Stelle, die personenbezogene Daten **im Auftrag des Verantwortlichen verarbeitet**. Auftragsverarbeiter handeln im Auftrag und im Interesse des Verantwortlichen. Da es die Aufgabe eines Auftragsverarbeiters ist, die vom Auftraggeber **erteilten Weisungen** hinsichtlich des Zwecks der Verarbeitung und der wesentlichen Elemente der Mittel zu **befolgen**, wird die **Rechtmäßigkeit** der Datenverarbeitungstätigkeit des Auftragsverarbeiters **durch den erteilten Auftrag** bestimmt. Ein Auftragsverarbeiter, der den Rahmen der ihm übertragenen Aufgaben überschreitet und/oder selbst eine nennenswerte Rolle bei der Entscheidung über die Zwecke und die wesentlichen Mittel der Verarbeitung übernimmt, ist hingegen als Verantwortlicher zu qualifizieren.

Zwischen dem Verantwortlichen und einem Auftragsverarbeiter ist ein **Auftragsverarbeitungsvertrag** nach Art 28 DSGVO abzuschließen, der die Details des konkreten Verhältnisses bestimmt (siehe dazu näher in Kapitel 8).

Als Auftragsverarbeiter wurden von der Art 29-Datenschutzgruppe zB qualifiziert: Reine Hosting-Dienste von Internetanbietern, ausgelagerte Postdienstleistungen, Callcenter, der Anbieter einer Telekommunikationsdienstleistung hinsichtlich der übermittelten Inhaltsdaten.

Um das Verhältnis zwischen Verantwortlichem, Auftragsverarbeiter und betroffener Person besser darlegen zu können, wird eine „klassische" Cloud-Anwendung als grafisches Beispiel dargestellt.

Wesentliche Begriffsbestimmungen in der DSGVO

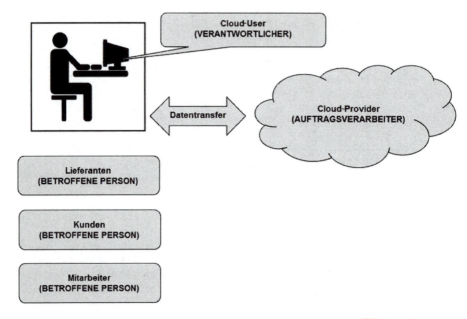

In der oben angeführten Abbildung werden von einem Cloud-User diverse personenbezogene Daten (wie zB Lieferanten-, Kunden- oder Mitarbeiterdaten) mittels eines Cloud-Providers verarbeitet. Der Cloud-User definiert den Zweck und die Mittel der Datenverarbeitung und gilt somit nach der DSGVO als Verantwortlicher. Der Cloud-Provider ist lediglich der verlängerte Arm des Cloud-Users. Er verarbeitet die Daten in seinem Rechenzentrum für diesen, verwendet sie aber in keiner Weise für eigene Zwecke und gilt somit als Auftragsverarbeiter.

Schließlich definiert die Zuordnung der einzelnen personenbezogenen Daten zu den Lieferanten, Kunden und Mitarbeitern die betroffene Person, wobei darauf hinzuweisen wäre, dass hinsichtlich der Lieferanten- und Kundendaten grundsätzlich nur die Daten natürlicher Personen dem Anwendungsbereich der DSGVO unterworfen sein können.

 DSB 04.07.2019, DSB-D123.652/0001-DSB/2019
Die **Garagengesellschaft, die zur Abwicklung einer Parkraumbewirtschaftung** in der Tiefgarage eines Einkaufszentrums eine Bildverarbeitung (hier: elektronische Erfassung von Zeit, Ort und Kfz-Kennzeichen) durchführt, ist **lediglich Auftragsverarbeiterin** iSv Art 4 Z 8 DSGVO.

BVwG 25.06.2019, W258 2187426-1
Beurteilung einer Detektei als Auftragsverarbeiter: Die Erstbeschwerdeführerin hat den grundsätzlichen Auftrag zur Observation des Zweitbeschwerdeführers gegeben und die Mittel, zwar auf Vorschlag der Detektei aber letztverantwortlich, bestimmt. Sie hat festgelegt, wann sich eine Überwachung des Zweitbeschwerdeführers lohnen würde und dann eine Observation in Auftrag gegeben. Die GPS-Überwachung hat sie über Vorschlag freigegeben und gegen den Willen der Detektei verlängert. Die Rolle der Detektei war beratend und

ausführend, eine maßgebliche eigenverantwortliche Entscheidungsgewalt der Detektei ist nicht hervorgekommen.

DSB 13.05.2019, DSB-D123.688/0003-DSB/2018
Auskunfteien nach **§ 152 GewO sind als Verantwortliche** und nicht als Auftragsverarbeiter **zu qualifizieren, da** die Daten nicht bloß im Auftrag des jeweiligen Kunden verarbeitet werden, sondern eine Verarbeitung unabhängig davon im Rahmen der Ausübung des Gewerbes nach der GewO durchgeführt wird.

DSB 14.01.2019, DSB-D123.224/0004-DSB/2018
Die Beschwerdegegnerin erstellt wissenschaftliche Arbeiten und Gutachten in den Bereichen der Steuer- und Wirtschaftsforschung; Verfahrensgegenständlich traf die Beschwerdegegnerin die Entscheidung, die von Dritten übermittelten Daten zu verwenden. Für die Eigenständigkeit der datenverarbeitenden Stelle sprechen darüber hinaus ein Eigeninteresse an der Datenverarbeitung sowie über die technische Durchführung der Verarbeitung hinausgehende vertragliche Leistungen in Form der selbstständigen und weisungsfreien Erstellung einer steuerrechtlichen Stellungnahme. Die Weisungsunabhängigkeit von einem Auftraggeber ergibt sich bereits aus dem Wesensmerkmal der Tätigkeit der Beschwerdegegnerin als Verfasserin von „wissenschaftlichen Arbeiten sowie Gutachten nach wissenschaftlichen Methoden in den Bereichen der Steuer- und Wirtschaftsforschung". Die Beschwerdegegnerin hat damit **Leistungen mit eigenem Entscheidungsspielraum** erbracht, eine **umfassende Weisungsmöglichkeit durch den Auftraggeber** bzw. eine Kontrolle der Rechtmäßigkeit der Datenverarbeitung durch diese ist im Verfahren vor der Datenschutzbehörde **nicht hervorgekommen**.

Kontrollfragen:

- Was sind personenbezogene Daten?
- Was ist der Unterschied zwischen „pseudonymisierten" und „anonymisierten" Daten?
- Gibt es besondere Arten von personenbezogenen Daten, die einen höheren Schutz genießen?
- Wie verläuft die Abgrenzung zwischen Verantwortlichem und Auftragsverarbeiter?
- Welche Rechtsfolgen hat die Qualifikation als Verantwortlicher?
- Welche Pflichten treffen den Auftragsverarbeiter?
- Welche Rechtsfolgen treten ein, wenn ein Auftragsverarbeiter die Datenverarbeitung auch für eigene Zwecke verwendet?

5 Rechtmäßigkeit der Verarbeitung

5.1 Vorbemerkungen

Neben der Einhaltung der in Kapitel 2.2 bereits dargestellten Grundsätze des Art 5 DSGVO bedarf jede Verarbeitung von personenbezogenen Daten einer Rechtfertigung. Die DSGVO enthält in Art 6 eine **Auflistung von Rechtmäßigkeitstatbeständen** (Erlaubnistatbeständen) für alle Arten personenbezogener Daten und taxative Ausnahmen vom generellen Verarbeitungsverbot der besonderen Kategorien von personenbezogenen Daten in Art 9 Abs 2. Dabei beginnt die Prüfung der Zulässigkeit konkreter Datenverarbeitungen durch die DSB und die Gerichte idR bei Art 6 bzw Art 9 Abs 2. Erst danach wird (meist recht kursorisch) die Einhaltung der allgemeinen Grundsätze geprüft, teilweise werden die passenden allgemeinen Grundsätze auch gleichzeitig mit den Rechtmäßigkeitstatbeständen in die Argumentation miteinbezogen. Daher sind die Bestimmungen über die Rechtmäßigkeit der Verarbeitung von personenbezogenen Daten von zentraler Bedeutung für die rechtliche Beurteilung der Zulässigkeit jeder Datenverarbeitung. Art 6 ist eine der **Kernbestimmungen** der DSGVO.

Neben den Rechtmäßigkeitstatbeständen sieht Art 6 DSGVO in Abs 2 und 3 die Möglichkeit für die Nationalstaaten zur Schaffung von Sonderdatenschutzrecht vor (sog. „Flexibilisierungsklausel" – siehe dazu Kapitel 5.5) und regelt (unsystematisch) in Abs 4 die Weiterverwendung von Daten zu einem anderen Zweck (siehe dazu Kapitel 5.8).

5.2 Verbotsprinzip

Nach dem Grundkonzept des Datenschutzrechts besteht **ein generelles Verbot der Verarbeitung** von personenbezogenen Daten. Dieses Verbot steht allerdings unter Erlaubnisvorbehalt. Eine Erlaubnis zur Verarbeitung von personenbezogenen Daten ergibt sich bei Vorliegen eines Erlaubnistatbestandes. Soweit das Grundkonzept. Allerdings ist dieses Verbotsprinzip in Zeiten der allgegenwärtigen Datenverarbeitung in seiner Auswirkung stark zu relativieren, weil die Erlaubnistatbestände va bei nicht-sensiblen Daten entsprechend weit reichen. Dies wird auch durch den Titel der DSGVO deutlich, in dem als eines der Ziele der Verordnung neben dem Schutz personenbezogener Daten auch der „freie Datenverkehr" angeführt wird.

5.3 Erlaubnistatbestände

Die Erlaubnistatbestände in Art 6 Abs 1 DSGVO sind zwar abschließend aufgezählt, eröffnen aber durch die Interessenabwägung (lit f) eine flexible Beurteilungsmöglichkeit im konkreten Einzelfall. Nach Art 6 Abs 1 DSGVO ist eine Datenverarbeitung nur rechtmäßig, wenn mindestens eine der nachstehenden Bedingungen erfüllt ist. Die im Vergleich zur DS-RL neu eingefügte Passage, wonach **„mindestens eine"** der aufgelisteten Bedingungen vorliegen muss, stellt klar, dass die einzelnen Tatbestände auch nebeneinander bestehen können, das Vorliegen eines einzigen davon aber genügt:

- Die betroffene Person hat ihre **Einwilligung** zu der Verarbeitung, der sie betreffenden personenbezogenen Daten für einen oder mehrere bestimmte Zwecke gegeben (lit a).
- Die Verarbeitung ist für die **Erfüllung eines Vertrags**, dessen Vertragspartei die betroffene Person ist, oder zur Durchführung vorvertraglicher Maßnahmen erforderlich, die auf Anfrage der betroffenen Person erfolgen (lit b).
- Die Verarbeitung ist zur **Erfüllung einer rechtlichen Verpflichtung** erforderlich, der der Verantwortliche unterliegt (lit c).
- Die Verarbeitung ist erforderlich, um **lebenswichtige Interessen** der betroffenen Person oder einer anderen natürlichen Person zu **schützen** (lit d).
- Die Verarbeitung ist für die Wahrnehmung einer Aufgabe erforderlich, die im **öffentlichen Interesse** liegt oder in **Ausübung öffentlicher Gewalt** erfolgt, die dem Verantwortlichen übertragen wurde (lit e).
- Die Verarbeitung ist zur **Wahrung der berechtigten Interessen des Verantwortlichen** oder eines Dritten erforderlich, sofern nicht die Interessen oder Grundrechte und Grundfreiheiten der betroffenen Person, die den Schutz personenbezogener Daten erfordern, überwiegen, insbesondere dann, wenn es sich bei der betroffenen Person um ein Kind handelt (lit f).

Zu beachten ist bei dieser Aufzählung, dass sich aus der Reihenfolge **keine Rangordnung** unter den sechs Rechtmäßigkeitstatbeständen ergibt. Insbesondere ist aus der Auflistung der Einwilligung an erster Stelle kein Vorrang dieses Erlaubnistatbestandes abzuleiten.

 DSB 23.01.2019, DSB-D123.342/0001-DSB/2019
Was die Beschwerdeführerin jedoch übersieht, ist, dass es für die Rechtmäßigkeit der Verarbeitung nicht notwendigerweise in jedem Fall der Zustimmung der betroffenen Person bedarf. So sehen § 1 DSG wie auch Art 6 DSGVO vor, dass eine Verarbeitung personenbezogener Daten (unter anderem) auch dann rechtmäßig ist, wenn sie zur **Wahrung überwiegender berechtigter Interessen** eines anderen (siehe § 1 Abs 2 iVm Abs 3 und Abs 4 DSG sowie Art 6 Abs 1 lit f DSGVO) erforderlich ist.

5.4 Die einzelnen Rechtmäßigkeitstatbestände

5.4.1 Vorbemerkung

Im Folgenden werden die Rechtmäßigkeitstatbestände in der Reihenfolge ihrer Anführung in Art 6 Abs 1 DSGVO näher besprochen. Es ist aber darauf hinzuweisen, dass die Einwilligung wegen ihrer jederzeitigen Widerrufbarkeit keine dauerhafte, sondern häufig eine bloß vorübergehende Rechtsgrundlage für eine Datenverarbeitung darstellt. In der unternehmerischen Praxis empfiehlt es sich daher, zunächst zu prüfen, ob eine konkrete Verarbeitung durch die Vertragserfüllung (lit b), eine rechtliche Verpflichtung (lit c) oder eine Interessenabwägung (lit f) gerechtfertigt werden kann. Erst wenn diese Rechtfertigungsgründe nicht herangezogen werden können, sollte die Datenverarbeitung auf eine Einwilligung gestützt werden.

5.4.2 Einwilligung (lit a)

Allgemeines

Als ersten Rechtmäßigkeitstatbestand sieht die DSGVO die Einwilligung (im DSG 2000 und in § 1 DSG als „Zustimmung" bezeichnet) der betroffenen Person vor. Die datenschutzrechtliche Einwilligung spielt eine wichtige Rolle im Datenschutzrecht, weil sie die durch das Grundrecht auf Datenschutz gewährte Kontrolle des Einzelnen über die Verarbeitung seiner Daten auf Ebene der DSGVO realisiert. Im Zusammenhang mit dem Rechtfertigungstatbestand der Einwilligung kann man daher tatsächlich von einem **informationellen Selbstbestimmungsrecht** der betroffenen Person sprechen. Bei den weiteren Erlaubnistatbeständen liegt die Entscheidung über die Zulässigkeit der Verarbeitung allerdings nicht bei der betroffenen Person.

Die Einwilligung ist ein Erlaubnistatbestand, der in der betrieblichen Praxis dann zur Anwendung kommt, wenn eine Datenverarbeitung auf keinen anderen Rechtmäßigkeitstatbestand gestützt werden kann. Die Vorteile der Einwilligung liegen darin, dass die Einholung der Einwilligung einerseits **Transparenz** für die betroffene Person schafft und andererseits **keine Abwägungsentscheidung** durch den Verantwortlichen voraussetzt, anders als etwa der Tatbestand des berechtigten Interesses gemäß Art 6 Abs 1 lit f. Nicht übersehen werden darf aber, dass die Einwilligung aufgrund ihrer jederzeitigen Widerrufbarkeit (siehe unten) keine dauerhafte, sondern bloß eine vorübergehende Rechtsgrundlage für eine Datenverarbeitung darstellt.

Definition

Art 4 Z 11 DSGVO enthält die Definition des Einwilligungsbegriffs, welcher als „jede freiwillig für den bestimmten Fall, in informierter Weise und unmissverständlich abgegebene Willensbekundung in Form einer Erklärung oder einer sonstigen eindeutigen bestätigenden Handlung, mit der die betroffene Person zu verstehen gibt, dass sie mit der Verarbeitung der sie betreffenden personenbezogenen Daten einverstanden ist", festgelegt wird.

Form

Die Einwilligung ist in Form einer unmissverständlichen Willensbekundung durch Erklärung oder eine sonstige eindeutige bestätigende Handlung abzugeben. Wie in ErwGr 32 ausgeführt, besteht daher **kein Schriftformerfordernis** für eine gültige Einwilligung, diese kann auch elektronisch oder durch mündliche Erklärung erfolgen. Dies könnte etwa durch Anklicken eines Kästchens beim Besuch einer Internetseite, durch die Auswahl technischer Einstellungen für Dienste der Informationsgesellschaft oder durch eine andere Erklärung oder Verhaltensweise geschehen, mit der die betroffene Person in dem jeweiligen Kontext eindeutig ihr Einverständnis mit der beabsichtigten Verarbeitung ihrer personenbezogenen Daten signalisiert („**Opt-in**").

Stillschweigen, bereits angekreuzte Kästchen („**Opt-out**") oder Untätigkeit der betroffenen Person hingegen stellen keine gültige Einwilligung dar. Wird die betroffene Person auf elektronischem Weg zur Einwilligung aufgefordert, so muss die Aufforderung in klarer und knapper Form und ohne unnötige Unterbrechung des Dienstes, für den die Einwilligung gegeben wird, erfolgen.

EuGH 01.10.2019, C-673/17 (Planet49)
Sowohl nach der Datenschutzrichtlinie zur elektronischen Kommunikation RL 2002/58/EG also auch nach der DSGVO liegt dann **keine wirksame Einwilligung** vor, wenn die Speicherung von Informationen oder der Zugriff auf Informationen, die bereits im Endgerät des Nutzers einer Website gespeichert sind, mittels Cookies durch ein voreingestelltes Ankreuzkästchen erlaubt wird, das der Nutzer zur Verweigerung seiner Einwilligung abwählen muss.

Informiertheit und Zweckbindung
Die betroffene Person hat die Einwilligung in **Kenntnis der Sachlage** abzugeben. Das bedeutet auch, dass es der betroffenen Person zumutbar sein muss, den Inhalt der Einwilligung zur Kenntnis zu nehmen und zu verstehen. Dies wäre beispielsweise nicht der Fall, wenn die notwendigen Informationen sehr umfangreich, unverständlich oder unbestimmt sind oder an verschiedenen Stellen innerhalb eines Dokuments oder sogar in verschiedenen Dokumenten gesucht werden müssen.

Nach Durchsicht der Einwilligungserklärung muss dem Einwilligenden klar sein, (i) wer seine Daten verarbeiten wird, (ii) welche Daten verarbeitet werden und (iii) zu welchem Zweck die Daten verarbeitet werden. Sollte eine Weitergabe der Daten an Dritte oder eine Übermittlung in ein Drittland geplant sein, sind auch Informationen dazu aufzunehmen.

Die Einwilligung darf zudem **nicht pauschal** abgegeben werden, sondern hat für den bestimmten Fall zu erfolgen. Blanko-Einwilligungen erfüllen dieses Kriterium keinesfalls. Nach Art 6 Abs 1 lit a DSGVO hat sich die Einwilligung zudem auf einen oder mehrere bestimmte Zwecke zu beziehen. In ErwGr 32 wird klargestellt, dass sich eine Einwilligung auf alle zu demselben Zweck oder denselben Zwecken vorgenommenen Verarbeitungsvorgänge beziehen kann. Wenn die Verarbeitung allerdings mehreren Zwecken dient, muss für alle diese Verarbeitungszwecke eine Einwilligung gegeben werden.

DSB 16.11.2018, DSB-D213.692/0001-DSB/2018
Die Verantwortliche verpflichtet betroffene Personen mit dem Formular "Einwilligungserklärung zur Datenverarbeitung – Datenschutz-Gesetz" zu einer **gesetzwidrigen Einwilligung**, indem
a) die Einwilligungserklärung Tatbestände erfasst, die keiner Einwilligung unterliegen, jedoch den Anschein erwecken, dass hierfür eine Einwilligung zu erteilen ist, und
b) der Einwilligungserklärung nicht mit hinreichender Klarheit zu entnehmen ist, für welche Datenverarbeitungen die Einwilligung die Rechtsgrundlage ist.

Freiwilligkeit/Ungleichgewichtsverhältnisse/Koppelungsverbot
Die Einwilligung soll freiwillig abgegeben werden, dh die betroffene Person muss eine **echte Wahl** haben, in die Verarbeitung ihrer Daten einzuwilligen

oder nicht. Das Vorliegen der Freiwilligkeit wird in verschiedenen Konstellationen infrage gestellt, wenn die Entscheidungsfreiheit der betroffenen Partei eingeschränkt ist, beispielsweise im Fall von Über- und Unterordnungsverhältnissen oder wenn die Abgabe der Einwilligung an Leistungen oder Vorteile gekoppelt ist.

Nicht im Verordnungstext, sondern nur in den Erwägungsgründen (ErwGr 43) wird festgehalten, dass die Einwilligung in besonderen Fällen, wenn zwischen der betroffenen Person und dem Verantwortlichen ein **klares Ungleichgewicht** besteht, insbesondere wenn es sich bei dem Verantwortlichen um eine Behörde handelt und es deshalb in Anbetracht aller Umstände in dem speziellen Fall unwahrscheinlich ist, dass die Einwilligung freiwillig gegeben wurde, keine gültige Rechtsgrundlage liefern sollte. Im Sinne dieses Gedankens könnten auch Einwilligungen von Verbrauchern oder Einwilligungen im Rahmen eines Arbeitsverhältnisses von Ungültigkeit bedroht sein (zur Datenverarbeitung im Beschäftigungskontext siehe Kapitel 12). Es ist aber davon auszugehen, dass Einwilligungen im Rahmen des Beschäftigungskontextes weiterhin grundsätzlich möglich sind (siehe dazu Kapitel 12.3.4).

Mit dem **Koppelungsverbot** des Art 7 Abs 4 DSGVO wird zudem untersagt, vertragliche Leistungen (einschließlich Dienstleistungen) davon abhängig zu machen, dass die betroffene Person in die Verarbeitung von personenbezogenen Daten einwilligt, obwohl diese Einwilligung zur Vertragserfüllung nicht notwendig ist. Eine Einwilligung soll nur dann als „freiwillig" gelten, wenn die betroffene Person in der Lage ist, die Einwilligung zu verweigern, ohne Nachteile zu erleiden. Jede Androhung von Nachteilen für den Fall der Nichterteilung oder des Widerrufs einer Einwilligung setzt diese damit dem Risiko aus, als unfreiwillig und damit ungültig eingestuft zu werden.

Beim Kauf eines Geräts in einem Online-Shop ist es daher unzulässig, wenn den Online-AGBs zum Abschluss eines Kaufvertrags und der Verwendung für Marketingzwecke (unter anderem für Gewinnspiele und Spendenaktionen) nur gemeinsam per Checkbox zugestimmt werden kann. Dem Kunden muss eine Handlungsalternative ermöglicht werden, die nicht darin liegen darf, auf den Abschluss des Geschäfts gänzlich verzichten zu müssen. Vielmehr muss eine Möglichkeit bestehen, das Geschäft ohne die Einwilligung zur Datenverwendung – ohne nennenswerte Benachteiligung – abschließen zu können.

 OGH 24.10.2019, 6 Ob 56/19g
Die in Klausel 9 vorgesehene Datenweitergabe dient dem Versand eines Newsletters, sie ist daher für die Durchführung des Vermittlungsvertrags nicht erforderlich. Die Zustimmungserklärung ist in den AGB der Beklagten enthalten; sie ist dadurch mit dem Abschluss des Vermittlungsvertrags betreffend die Gutscheine im dargelegten Sinn gekoppelt.

DSB 16.04.2019, DSB-D213.679/0003-DSB/2018
Im konkreten Fall stellen die Fahrt mit der Sommerrodelbahn und die Abbildung durch die Actioncam einen gemeinsamen und einheitlichen Vertragsgegenstand dar. Die Einwilligung zur Fotoaufnahme und damit in eine Verarbeitung personenbezogener Daten ist an die Erfüllung eines Vertrages und somit

an die Benutzung der Sommerrodelbahn "gekoppelt", obwohl die Einwilligung für die Erfüllung des Vertrages – die Benützung der Sommerrodelbahn gegen Entgelt – nicht notwendig oder erforderlich ist. Eine echte oder freie Wahl, ob man von der Kamera aufgenommen wird, besteht nicht. Gibt eine betroffene Person keine Einwilligung zur Aufnahme ab, so besteht die Konsequenz und der eindeutige Nachteil darin, die Sommerrodelbahn nicht benutzen zu können.

> **DSB 30.11.2018, DSB-D122.931/0003-DSB/2018**
> Die Abgabe der **Einwilligung zur Verwendung von Cookies** für die Zwecke der Webanalyse und digitaler Werbemaßnahmen erfolgt freiwillig, wenn als Alternative ein bezahltes Abonnement ohne Werbung und ohne Cookies zu einem günstigen Preis angeboten wird.

> **OGH 31.08.2018, 6 Ob 140/18h**
> Wenn der **Vertragsabschluss durch Koppelung** von der Einwilligung in die Verarbeitung vertragsunabhängiger personenbezogener Daten **abhängig gemacht wird**, ist sowohl nach alter als auch nach neuer Rechtslage von **fehlender Freiwilligkeit** auszugehen, sofern nicht im Einzelfall besondere Umstände dennoch für eine freiwillige Zustimmung sprechen.

Nachweis der Erteilung der Einwilligung

Art 7 Abs 1 DSGVO normiert, dass der Verantwortliche nachweisen können muss, dass die betroffene Person ihre Einwilligung zu der Verarbeitung ihrer personenbezogenen Daten erteilt hat. Diese Bestimmung dient der Steigerung der Transparenz und stellt eine Konkretisierung der allgemeinen Rechenschaftspflicht gemäß Art 5 Abs 2 DSGVO dar. In der Praxis bedeutet die Nachweispflicht, dass die Einholung einer Einwilligungserklärung in schriftlicher Form aus Gründen der Beweisbarkeit zu empfehlen ist, auch wenn nach der DSGVO grundsätzlich kein Schriftformerfordernis für Einwilligungserklärungen besteht. Im Ergebnis liegt damit die Beweislast für das Vorliegen einer gültigen Einwilligung beim Verantwortlichen.

Die Nachweispflicht umfasst neben dem Nachweis über das Vorliegen einer Einwilligung auch den Nachweis, dass den Anforderungen des Art 4 Z 11 DSGVO (freiwillig, für den bestimmten Fall, in informierter Weise und unmissverständlich abgegebene Willensbekundung) sowie des Art 6 Abs 1 lit a DSGVO (für einen oder mehrere bestimmte Zwecke) entsprochen wurde.

Trennungsgebot und Transparenzgebot für Einwilligungen im Rahmen von AGBs

Art 7 Abs 2 DSGVO legt fest, dass bei Einwilligung der betroffenen Person „durch eine schriftliche Erklärung, die noch andere Sachverhalte betrifft", das Ersuchen um Einwilligung in verständlicher und leicht zugänglicher Form in einer klaren und einfachen Sprache und so erfolgen muss, dass es von den anderen Sachverhalten klar zu unterscheiden ist.

Diese Regelung betrifft im Wesentlichen Fälle, in denen datenschutzrechtliche Einwilligungserklärungen in Allgemeinen Geschäftsbedingungen (AGB), Antragsformularen oder Verträgen enthalten sind. Das Kriterium der „Unterscheidbarkeit von anderen Sachverhalten" zielt auf die **grafische Gestaltung des Textes** ab, sodass die Verwendung von Fettdruck oder Umrandungen der

Einwilligung zur Trennung vom übrigen Text ratsam ist. Dieses Erfordernis hat eine **Warnfunktion** gegenüber der betroffenen Person, die sich der Rechtsfolgen der Erteilung der Einwilligung bewusst werden soll. Die inhaltlichen Vorgaben der „klaren und einfachen Sprache" sowie „in verständlicher Form" dienen der Transparenz und verdeutlichen, dass eine Einwilligung nur dann wirksam erteilt werden kann, wenn dem Einwilligenden der Inhalt der Erklärung klar ist.

 OGH 31.08.2018, 6 Ob 140/18h
Allein aus der Gestaltung und Gliederung der AGB (und dem **Unterbleiben einer Hervorhebung**) ist daher im Ergebnis keine Intransparenz der betroffenen Klauseln abzuleiten. Andernfalls wären Klauseln am Ende der AGB immer als intransparent anzusehen. Dass dies nicht im Sinne des Gesetzgebers wäre, liegt auf der Hand

> DSB 31.07.2018, DSB-D213.642/0002-DSB/2018
> Die vorformulierte Einwilligungserklärung ist einer Form aufgebaut, die der betroffenen Person den Eindruck vermittelt, lediglich entscheiden zu können durch welches Medium sie Marketing-Zusendungen erhalten möchte, nämlich per Post, per elektronischem Übermittlungsweg oder per Telefon.
> Zudem trägt die Platzierung der Einwilligungserklärung direkt vor der Unterschrift, welche die Anmeldung zur Mitgliedschaft bestätigt, zur weiteren Undeutlichkeit bei.
> Auch durch den, im unmittelbaren textlichen Zusammenhang stehenden Hinweis auf die Widerrufsmöglichkeit wird der Eindruck vermittelt, einer Datenverarbeitung zu Marketingzwecken jedenfalls zustimmen zu müssen und erst durch die Möglichkeit eines Widerrufs eine Datenverarbeitung zu solchen Zwecken unterbinden zu können (**unzulässige „opt-out"-Lösung**).

Die Rechtsfolge für den Verstoß von Teilen der Erklärung gegen die DSGVO ist deren Unwirksamkeit, rechtskonforme Teile der Erklärung bleiben aufrecht.

Widerrufsmöglichkeit

Art 7 Abs 3 DSGVO sieht ausdrücklich das Recht der betroffenen Person vor, ihre Einwilligung jederzeit zu widerrufen. Durch den Widerruf der Einwilligung wird die Rechtmäßigkeit, der aufgrund der Einwilligung bis zum Widerruf erfolgten Verarbeitung nicht berührt („ex-nunc"-Wirkung des Widerrufs). Die betroffene Person ist **vor Abgabe der Einwilligung von der Widerrufsmöglichkeit in Kenntnis zu setzen**. Der Widerruf der Einwilligung muss so einfach wie die Erteilung der Einwilligung sein.

Wie die Einwilligung selbst ist auch das Widerrufsrecht **Ausfluss des Selbstbestimmungsrechts** der betroffenen Person. Das Widerrufsrecht ist unbeschränkt und bedarf keiner Begründung durch den Widerrufenden. Neben der Tatsache, dass dieses Widerrufsrecht nunmehr ausdrücklich gesetzlich verankert wurde, ist bemerkenswert, dass nach Art 13 Abs 2 lit c auch eine Informationspflicht des Betroffenen über das Bestehen und die Rechtswirkungen des Widerrufsrechts besteht.

Einwilligung durch Kinder
Gänzlich neu ist die Bestimmung des Art 8 DSGVO, welcher die Einwilligung von Kindern in die Verarbeitung ihrer personenbezogenen Daten regelt. Die Voraussetzungen dieser Regelung treten im Anwendungsfall zu den oben dargestellten generellen Voraussetzungen für eine gültige Einwilligung hinzu.

Aus den Erwägungsgründen ergibt sich der Hintergrund der Regelung, nämlich dass Kinder sich der Risiken, Folgen, Vorsichtsmaßnahmen und ihrer Rechte bei der Verarbeitung personenbezogener Daten weniger bewusst sein dürften. Dies betrifft insbesondere die Verwendung personenbezogener Daten von Kindern für Werbezwecke oder für die Erstellung von Persönlichkeits- oder Nutzerprofilen und die Erhebung von Daten von Kindern bei der Nutzung von Diensten, die Kindern direkt angeboten werden.

Art 8 DSGVO findet allerdings nur dann Anwendung, wenn die Datenverarbeitung auf einer Einwilligung beruht und diese Einwilligung gegenüber einem Anbieter eines Dienstes der Informationsgesellschaft erfolgt und das Angebot des Anbieters sich direkt an das Kind wendet. Als **Dienste der Informationsgesellschaft** sind beispielsweise Online-Informationsdienste, Online-Spiele, soziale Netzwerke oder Kommunikationsnetzwerke anzusehen. An ein Kind gerichtet ist ein Angebot dann, wenn Darstellung und Ansprache erkennbar auf Kinder zugeschnitten sind. Das Anbieten von Waren für Kinder bedeutet noch nicht, dass sich das Angebot auch an Kinder wendet.

Sind diese Voraussetzungen erfüllt, muss die eine **Einwilligung vom Erziehungsberechtigten des Kindes erteilt** oder von diesem autorisiert werden (diese beiden Alternativen gehen aus der englischen Sprachfassung klarer hervor als aus der deutschen). Dies gilt für Kinder und Minderjährige bis zum vollendeten 16. Lebensjahr, wobei es den Mitgliedstaaten freisteht, die Altersgrenze bis zur festen Untergrenze des vollendeten 13. Lebensjahres zu senken. Der österreichische Gesetzgeber hat die Altersgrenze in § 4 Abs 4 DSG mit der Vollendung des 14. Lebensjahres angesetzt. Dies entspricht der im ABGB normierten Abgrenzung zwischen mündigen und unmündigen Minderjährigen.

Der für die Verarbeitung Verantwortliche hat unter Berücksichtigung der verfügbaren Technik angemessene Anstrengungen zu unternehmen, um in solchen Fällen nachzuprüfen, dass die Einwilligung durch den Träger der elterlichen Verantwortung für das Kind oder mit dessen Zustimmung erteilt wurde.

Außerhalb der von dieser Bestimmung erfassten Online-Dienste bleibt damit aber die bisherige Rechtsunsicherheit betreffend die genauen Voraussetzungen für die datenschutzrechtliche Einwilligungsfähigkeit Minderjähriger weiter bestehen. In der Judikatur wie auch in der Fachliteratur wird dazu auf die individuelle Einsichts- und Urteilsfähigkeit abgestellt.

Bestehende Einwilligungen
Schließlich ist noch auf ErwGr 171 und § 69 Abs 9 DSG hinzuweisen: Wenn Verarbeitungen auf Einwilligungen gemäß der DS-RL (bzw auf Zustimmungen nach § 4 Z 11 DSG 2000) beruhen, muss **keine neuerliche Einwilligung** erteilt werden, wenn die Art der bereits erteilten Einwilligung den Bedingun-

gen der DSGVO entspricht. Dies wird bei ordnungsgemäß eingeholten Zustimmungen nach altem Recht idR der Fall sein.

5.4.3 Exkurs: Cookies

Cookies sind Textinformationen, die von einer besuchten Website auf dem Rechner des Nutzers hinterlegt werden. Sie dienen der späteren Identifizierung und der auf den Nutzer angepassten Benützung einer Website. So werden Internetnutzer bei neuerlichen Aufrufen von Internetseiten wiedererkannt und insbesondere Informationen über Themen und Produkte genutzt, für die sich die Internetnutzer bei ihren bisherigen Besuchen interessiert haben. Der Einsatzbereich von Cookies ist breit gefächert und reicht von Online-Shops, Suchmaschinen und sozialen Netzwerken bis hin zu zielgerichteter personalisierter Werbung.

Die „E-Privacy-Richtlinie" hat sich den Schutz personenbezogener Daten bei elektronischer Kommunikation zum Ziel gesetzt. Sie wurde in Österreich, soweit Cookies betroffen sind, mit § 96 Abs 3 TKG 2003 wirksam umgesetzt.

Generell verpflichtet die Umsetzung die Betreiber öffentlicher Kommunikationsdienste und Anbieter eines Dienstes der Informationsgesellschaft, die Teilnehmer oder Nutzer darüber zu informieren, **welche personenbezogenen Daten** ermittelt, verarbeitet und übermittelt werden, auf **welcher Rechtsgrundlage** und für **welche Zwecke** dies erfolgt und für **wie lange** die Daten gespeichert werden.

Der Einsatz von bestimmten Cookies (va Analyse- und Werbecookies) ist zudem nur zulässig, wenn der Teilnehmer oder Nutzer seine Einwilligung dazu erteilt hat.

Da der Wortlaut der Richtlinie relativ schwammig formuliert ist, entschieden sich Österreich und die meisten anderen Länder zu einer Umsetzung der Einwilligung mittels „Opt-in". Folglich bedarf es einer aktiven Handlung oder anderen aktiven Verhaltensweise des Nutzers. Das Klicken auf eine Schaltfläche oder einen Hyperlink oder das Anhaken einer Checkbox werden als geeignete Mittel angesehen. Jedenfalls muss der Nutzer unmissverständlich darüber in Kenntnis gesetzt werden, mit welcher Handlung er in die Cookie-Verwendung einwilligen kann. Diese Informationen müssen so lange auf der Website zu sehen sein, bis der Nutzer seine Einwilligung erteilt hat. Keine gültige Zustimmungserklärung liegt vor, wenn der Nutzer eine Website öffnet, auf der Informationen über die Verwendung der Cookies angezeigt werden, und der Nutzer ohne aktive Handlung auf der Startseite verbleibt.

 EuGH 01.10.2019, C-673/17 (Planet49)
Sowohl nach der Datenschutzrichtlinie zur elektronischen Kommunikation RL 2002/58/EG also auch der DSGVO liegt dann keine wirksame Einwilligung vor, wenn die Speicherung von Informationen oder der Zugriff auf Informationen, die bereits im Endgerät des Nutzers einer Website gespeichert sind, mittels Cookies durch ein **voreingestelltes Ankreuzkästchen** erlaubt wird, dass der Nutzer zur Verweigerung seiner Einwilligung abwählen muss.

5.4.4 Vertragserfüllung (lit b)

Eine Datenverarbeitung ist zulässig, wenn sie für die Erfüllung eines Vertrags oder zur Durchführung vorvertraglicher Maßnahmen erforderlich ist. Die betroffene Person muss **Vertragspartei des Vertrags** sein bzw die Durchführung der vorvertraglichen Maßnahmen muss auf ihren Antrag erfolgt sein. Wie schon am Anfang dieses Kapitels erwähnt, handelt es sich dabei um einen der in der unternehmerischen Praxis wichtigsten Rechtmäßigkeitstatbestände für Verarbeitungen.

Zum prominenten Beispiel der Datenverarbeitung zur Erfüllung eines Arbeitsvertrags siehe Kapitel 12.3.2.

> **Weitere Beispiele:** Abwicklung eines Kaufs von Büchern in einem Webshop; alle nicht-sensiblen Daten zur Erfüllung eines Arbeitsvertrags; die Verarbeitung von Kundendaten, Lieferantendaten, Preisen etc durch einen Bauunternehmer, die zur beauftragten Errichtung eines Gebäudes benötigt werden.

Die genaue Reichweite dieses Rechtfertigungsgrundes ist noch nicht restlos geklärt, wobei va die Frage wichtig ist, wie weit der Begriff „**Vertragserfüllung**" zu verstehen ist. Zunächst besteht einhellige Meinung darüber, dass dazu sowohl die Erfüllung der Haupt- als auch allfälliger Nebenpflichten des Vertrags zu zählen sind. Darüber hinaus kommt es nach Ansicht des EDSA darauf an, ob bestimmte Handlungen im Rahmen einer normalen Vertragsbeziehung vernünftigerweise vorhersehbar und notwendig sind, wie zB die Übersendung formeller Mahnungen über ausstehende Zahlungen oder die Korrektur von Fehlern oder Verzögerungen bei der Vertragserfüllung. Art 6 Abs 1 lit b kann sich dann auf die Verarbeitung personenbezogener Daten erstrecken, die im Zusammenhang mit solchen Maßnahmen erforderlich ist. Weiter zählt uE die Verarbeitung der Vertragsdaten der betroffenen Person innerhalb des Zeitraums der **Gewährleistungsfrist** ebenfalls zur Vertragserfüllung.

 DSB 09.04.2019, DSB-D123.589/0002-DSB/2019
Keine Verletzung im Recht auf Geheimhaltung dadurch, dass im Zuge der Mängelbehebung durch einen Bauträger aus dem **mit der betroffenen Person geschlossenen Werkvertrag** Name, E-Mail-Adresse und Telefonnummer der Beschwerdeführerin an ausführende Firmen übermittelt wurden.

5.4.5 Erfüllung einer rechtlichen Verpflichtung (lit c)

Dieser Erlaubnistatbestand setzt eine rechtliche (und keine bloß vertragliche) Verpflichtung des Verantwortlichen voraus, Daten zu verarbeiten. Derartige rechtliche Verpflichtungen begründet beispielsweise das Finanzmarkt-Geldwäschegesetz oder das Arbeits-, Sozial- oder Steuerrecht. Ein weiteres Beispiel ist die Führung der Insolvenzdatei nach § 256 IO. In den ErwGr 45 wird klargestellt, dass nicht für jede einzelne Verarbeitung ein spezifisches Gesetz verlangt wird, sondern dass ein Gesetz auch die Grundlage für mehrere Verarbeitungsvorgänge bilden kann. Neben Privaten kann auch die Verarbeitung durch Behörden aufgrund einer rechtlichen Verpflichtung durch diesen Tatbestand gerechtfertigt sein.

Art 6 Abs 2 DSGVO räumt den Mitgliedstaaten die Möglichkeit ein, spezifischere Bestimmungen zur Anpassung der Anwendung beizubehalten oder einzuführen (fakultative Öffnungsklausel – zur österreichischen Umsetzung siehe gleich unter Kapitel 5.5).

 DSB 27.08.2019, DSB-D123.942/0004-DSB/2019
Keine Verletzung im Recht auf Geheimhaltung durch eine **elektronische Zimmerbelegungserkennung** in einem Rehabilitationszentrum.
Anmerkung: Die DSB geht im Fall einer Rehabilitation von wechselseitigen Rechten und Pflichten des Patienten und des Versicherungsträgers aus und subsumiert die mit der elektronischen Zimmerbelegungserkennung verbundene Verarbeitung personenbezogener Daten unter den Tatbestand des Art 6 Abs 1 lit c DSGVO ohne die konkreten Gesetzesstellen anzuführen.

5.4.6 Schutz lebenswichtiger Interessen (lit d)

Diese Rechtsgrundlage kann der Verarbeitung von Daten zum Schutz lebenswichtiger Interessen der betroffenen Person, aber auch anderer natürlicher Personen dienen. Nach ErwGr 46 soll dieser Erlaubnistatbestand nur dann die Rechtsgrundlage für eine Datenverarbeitung bilden, wenn die Verarbeitung offensichtlich auf keine andere Rechtsgrundlage gestützt werden kann. Es handelt sich somit um **eine subsidiäre Rechtsgrundlage**, welche beispielsweise im Falle von Naturkatastrophen Anwendung finden könnte.

 DSB 27.08.2019, DSB-D123.942/0004-DSB/2019
Eine **elektronische Zimmerbelegungserkennung** in einem Rehabilitationszentrum ist nicht erforderlich, um jedenfalls lebenswichtige Interessen der betroffenen Person zu bewahren.

5.4.7 Öffentliches Interesse oder Ausübung öffentlicher Gewalt (lit e)

Von diesem Erlaubnistatbestand wird sowohl die Datenverarbeitung durch Behörden und andere öffentliche Stellen als auch die Wahrnehmung von **Aufgaben im öffentlichen Interesse** durch eine natürliche oder juristische Person des Privatrechts umfasst, der eine eigenverantwortliche Datenverarbeitung für diese Zwecke übertragen wurde. Die Ausübung öffentlicher Gewalt betrifft die Wahrnehmung hoheitlicher Aufgaben auf der Grundlage gesetzlich festgelegter Aufgaben und Befugnisse sowohl durch Behörden als auch durch Beliehene. Beispielsweise kann eine Steuerbehörde die Steuererklärung einer natürlichen Person erfassen und verarbeiten, um die Höhe der zu entrichtenden Steuer zu bestimmen und zu überprüfen. Eine Berufsvereinigung, wie eine Anwalts- oder eine Ärztekammer, die mit der entsprechenden öffentlichen Gewalt ausgestattet ist, ist berechtigt, Disziplinarverfahren gegen ihre Mitglieder durchführen.

Der wesentliche Unterschied zwischen Art 6 Abs 1 lit c und lit e liegt darin, dass Art 6 Abs 1 lit c schon nach dem Wortlaut eine Rechtspflicht begründen muss, für deren Erfüllung die Verarbeitung erforderlich ist. Für Art 6 Abs 1 lit e genügt hingegen die **Erforderlichkeit der Verarbeitung für die Wahrnehmung einer Aufgabe, die dem Verantwortlichen übertragen wurde**.

Für den Verantwortlichen besteht aber (anders als nach lit c) keine rechtliche Verpflichtung zu handeln.

 BVwG 16.07.2019, W101 2135622-1
Die **Zuweisung einer Aktenzahl mit inkludiertem Geburtsdatum** und deren automationsunterstützte Verarbeitung **zum internen Gebrauch** durch das Magistrat Salzburg ist für die Wahrnehmung einer Aufgabe im öffentlichen Interesse (hier: das Salzburger Mindestsicherungsverfahren) nach Art 6 Abs 1 lit e und Abs 3 DSGVO als erforderlich anzusehen

BVwG 10.07.2019, W101 2140606-1
Die **unterlassene Anonymisierung des Geburtsdatums in der Aktenzahl** bei der Veröffentlichung der Entscheidung des Beschwerdeführers kann nicht nach Art 6 Abs 1 lit e und Abs 3 DSGVO für die Wahrnehmung der Aufgabe des Beschwerdeführers im öffentlichen Interesse (hier: Beschwerdeverfahren im Salzburger Mindestsicherungsverfahren) als erforderlich angesehen werden, weil der eindeutige Wortlaut des § 21a Abs 3 sbg LVwGG idgF dafür keinen Ermessensspielraum offen lässt.

DSB 15.01.2019, DSB-D123.527/0004-DSB/2018
Die unter den § 27 Abs 1 Z 1 bis 17 ÄrzteG 1998 genannten Daten (**Ärzteliste**) sind aufgrund der verpflichtenden Veröffentlichung als nicht schutzwürdige Daten im Sinne des § 1 Abs 1 DSG anzusehen und es liegt zudem ein Erlaubnistatbestand zur Verarbeitung gemäß Art 6 Abs 1 lit e DSGVO vor.

BVwG 10.12.2018, W211 2179560-1
Die Nennung des Namens, der Tätigkeit und des teils zahlenmäßig, teils in Prozentsätzen ausgedrückten **Honorars der mitbeteiligten Partei** in einem Bescheid, der die mitbeteiligte Partei nicht mitumfasst, war für die in § 41a ASVG normierten Zwecke der Sozialversicherungsprüfung nicht erforderlich.

BVwG 10.09.2018, W258 2134678-1
Der Gemeindeverband nimmt gemäß § 1 tir Bezirkskrankenhäuser-Gemeindeverbände-Gesetz als **Anstaltsträger eines öffentlichen Krankenhauses** eine Aufgabe wahr, die im öffentlichen Interesse liegt (hier: Gesundheitsschutz) und somit ihre Deckung in Art 6 Abs 1 lit e DSGVO findet. Dieser Zweck des Betriebs des Bezirkskrankenhauses umfasst dabei auch die Führung allfälliger (datenschutzrechtlicher) Verwaltungs- und Verwaltungsgerichtsverfahren.

BVwG 11.07.2018, W214 2183935-1
Nach Ansicht des BVwG ist es denkmöglich, dass im Zuge der Begutachtung des baulichen Zustandes eines Bauwerks auch das **Mitfotografieren von an die Wände gestellten Regalen** für die Feststellung des relevanten Sachverhaltes erforderlich sein kann. Die Befugnis der mitbeteiligten Partei, personenbezogene Daten zu ermitteln, gründete sich daher auf Art 6 Abs 1 lit e DSGVO iVm § 34 NÖ BauO 2014 iVm § 54 AVG.

EuGH 16.12.2008, C-524/06 (Huber)
Das Ausländerzentralregister erfüllt das **Erforderlichkeitsgebot** gem Art 7 lit e RL 95/46/EG nur dann, wenn es nur Daten enthält, die für die Anwendung der entsprechenden Vorschriften durch die genannten Behörden erforderlich sind und sein zentralisierter Charakter eine effizientere Anwendung dieser Vorschriften in Bezug auf das Aufenthaltsrecht von Unionsbürgern erlaubt, die

keine Staatsangehörigen dieses Mitgliedstaates sind. Die Speicherung und Verarbeitung von personenbezogenen Daten im Ausländerzentralregister zu statistischen Zwecken ist nicht erforderlich iSd Art 7 lit e RL 95/46/EG.

5.4.8 Wahrung berechtigter Interessen (lit f)

Der Erlaubnistatbestand des berechtigten Interesses bildet eine sehr praxisrelevante Rechtsgrundlage für die Datenverarbeitung von Privaten. Für Verarbeitungen, die von Behörden in Erfüllung ihrer Aufgaben vorgenommen werden, kommt er nach Art 6 Abs 1 UAbs 2 allerdings nicht zur Anwendung.

Die hier durchzuführende Interessensabwägung stellt eine Art Auffangtatbestand für die Rechtmäßigkeit der Datenverarbeitung dar, welche Fälle abdecken soll, in denen die Verarbeitung nicht auf die Erlaubnistatbestände des Art 6 Abs 1 lit a–e gestützt werden kann. Demnach ist die Verarbeitung rechtmäßig, wenn sie zur **Wahrung berechtigter Interessen** des Verantwortlichen oder eines Dritten (der sowohl Auftragsverarbeiter als auch ein weiterer Verantwortlicher sein kann) erforderlich ist. Zudem dürfen **die schutzwürdigen Interessen der betroffenen Person nicht überwiegen**.

Die Abwägung, ob solche Interessen vorliegen und in Folge ob entgegenstehende überwiegende Interessen der betroffenen Person bestehen, hat der Verantwortliche selbst vorzunehmen. Der Wortlaut der Bestimmung legt nahe, dass die betroffene Person im Einzelfall darzulegen hat, dass auf ihrer Seite überwiegende schutzwürdige Interessen bestehen, welche die Datenverarbeitung unrechtmäßig machen.

> **Beispiele:** Konsultation von und Datenaustausch mit Auskunfteien zur Erfüllung von Bonitäts- und Ausfallrisiken; Weitergabe von Daten an einen Rechtsanwalt zu Führung eines Prozesses; Maßnahmen zur Betrugsprävention und -bekämpfung durch Banken; Geburtstagslisten in Firmen und sonstigen Organisationen.

Berechtigte Interessen können im Zusammenhang mit bestehenden Dienst- oder Kundenverhältnissen stehen (welche aber nicht der Vertragserfüllung selbst dienen). Ebenso scheinen in den Erwägungsgründen Direktwerbung, Betrugsprävention (interne Untersuchungen) sowie konzerninterne Datenübermittlungen als berechtigte Interessen anerkannt zu werden.

ErwGr 47 verdeutlicht die Intention dieser Bestimmung: Danach sind **die vernünftigen Erwartungen der betroffenen Personen**, die auf ihrer Beziehung zum Verantwortlichen beruhen, zu berücksichtigen. Dabei ist ua auch die Absehbarkeit der Datenverwendung im jeweiligen Verwendungszusammenhang zu berücksichtigen.

Die konkrete Abwägung der Interessen erfordert zumeist eine komplexe Beurteilung unter Berücksichtigung mehrerer Faktoren. Als Unterstützung bei der Strukturierung und Vereinfachung der Beurteilung kann die in der Rsp entwickelte „Formel" herangezogen werden. Der EuGH hat (siehe zuletzt EuGH 11.12.2019, C-708/18 [Asociatia de Proprietari bloc M5A-ScaraA] Rz 40) zur inhaltlich weitgehend übereinstimmenden Vorgängerbestimmung

des Art 7 lit f DS-RL ein **"Prüfschema"** entwickelt, wonach die Verarbeitung personenbezogener Daten unter drei kumulativen Voraussetzungen zulässig ist, und welches auch von DSB und OGH in ihrer Entscheidungspraxis herangezogen wird:
1. Vorliegen eines berechtigten Interesses, das vom Verantwortlichen oder von dem bzw den Dritten wahrgenommen wird (angepasst an die etwas geänderte Formulierung von Art 6 Abs 1 lit f),
2. Erforderlichkeit der Verarbeitung der personenbezogenen Daten zur Verwirklichung des berechtigten Interesses und
3. kein Überwiegen der Grundrechte und Grundfreiheiten der betroffenen Person.

DSB 26.06.2020, 2020-0.349.984
Die elektronische Erfassung und **Speicherung von Personalausweisdaten** (ohne Bilddaten) im Zuge der **Abholung einer eingeschriebenen Postsendung** ("Gelber Zettel") ist nach Art 6 Abs 1 lit f DSGVO und § 1 Abs 2 DSG rechtmäßig. Die überwiegenden Identifikations- und Beweiszwecke der Postabgabestelle rechtfertigen eine Aufbewahrung der Personalausweisdaten von bis zu sechs Monaten.

BVwG 18.12.2019, W211 2209492-1
Die Datenverarbeitung bei einem **digitalen Türspion**, der auf Knopfdruck die Daten für zehn Sekunden überträgt ist gerechtfertigt, weil gemäß Art 6 Abs 1 lit f DSGVO die Verarbeitung zur Wahrung der berechtigten Interessen (nämlich des Schutzzwecks) des Verantwortlichen erforderlich ist und diese die Interessen oder Grundrechte und Grundfreiheiten der betroffenen Person, die den Schutz personenbezogener Daten erfordern, überwiegen.

BVwG 30.10.2019, W258 2216873-1
Die Verarbeitung von **Daten über historische Insolvenzen und Zahlungsausfälle** durch die Kreditauskunftei ist notwendig und rechtmäßig, auch vor dem Hintergrund, dass es der EU-Verordnungsgesetzgeber für erforderlich sieht, das Risiko von Forderungen anhand eines zumindest fünfjährigen Beobachtungszeitraums vergangener Zahlungsausfälle abzuschätzen.
Bei historischen Meldedaten, die knapp fünf Jahre oder länger zurückliegen, überwiegen die Geheimhaltungsinteressen der betroffenen Personen den Interessen der Zweitbeschwerdeführerin, wenn wie hier, die betroffene Person seither die Wohn- oder Meldeadresse nicht gewechselt hat.

DSB 04.07.2019, DSB-D123.652/0001-DSB/2019
Es besteht keine Verletzung von berechtigten Geheimhaltungsinteressen nach § 1 DSG aufgrund der Interessenabwägung gemäß Art 6 Abs 1 lit f DSGVO durch die **Nutzung der Kfz-Kennzeichen-Daten als elektronische Parktickets** bei einer Tiefgarage.

DSB 23.04.2019, DSB-D123.626/0006-DSB/2018
Im vorliegenden Fall wurden die personenbezogenen **Daten aus dem Grundbuch** durch den Immobilientreuhänder verwendet, um den Beschwerdeführer bloß einmalig postalisch zu kontaktieren. Insgesamt kommt die Datenschutzbehörde zum Ergebnis, dass aufgrund der durchgeführten Interessenabwägung keine Verletzung im Recht auf Geheimhaltung vorliegt, da die berechtigten

> **DSB 15.01.2019, DSB-D123.527/0004-DSB/2018**
> Interessen der Beschwerdegegnerin als Immobilientreuhänder gegenüber den Beeinträchtigungen der berechtigten Interessen des Beschwerdeführers überwiegen.

> **DSB 15.01.2019, DSB-D123.527/0004-DSB/2018**
> Kein Recht auf Löschung eines Arztes aus einer Ärztebewertungsplattform: Aufgrund der durchgeführten Interessenabwägung liegt keine Verletzung im Recht auf Geheimhaltung vor, da die berechtigten Interessen der Portalbenutzer (also der Patienten) gegenüber den dargelegten Beeinträchtigungen der berechtigten Interessen des Beschwerdeführers überwiegen.

> **DSB 07.12.2018, DSB-D123.193/0003-DSB/2018**
> Verletzung im Recht auf Löschung, weil die Kreditauskunftei eine **Forderung, die vor mehr als fünf Jahren beglichen wurde**, nicht aus ihrer Bonitätsdatenbank gelöscht hat. Hinsichtlich einer weiteren Forderung, die erst vor wenigen Monaten beglichen wurde, wurde die Beschwerde abgewiesen.

> **DSB 15.11.2018, DSB-D122.944/0007-DSB/2018**
> Die Interessen des Beschwerdeführers auf **Löschung des Aktenvermerks** mit dem Inhalt, dass seitens der Magistratsabteilung von einer eventuellen Wiedereinstellung des Bf abgesehen werden, überwiegen jene des Beschwerdegegners nicht.

5.5 Nationales Datenschutzrecht („Flexibilisierungsklausel")

Art 6 Abs 2 räumt den Mitgliedstaaten die Möglichkeit ein, spezifischere Bestimmungen zur Anpassung der Anwendung der Vorschriften in Bezug auf die Verarbeitung zur Erfüllung von lit c und lit e beizubehalten oder einzuführen (fakultative Öffnungsklausel). Art 6 Abs 3 enthält nähere Vorgaben bezüglich der Ausgestaltung der Rechtsvorschriften, die auf Basis dieser Öffnungsklausel erlassen werden. Damit können sowohl die EU, aber va die Mitgliedstaaten materienspezifische Datenschutzregelungen beibehalten oder neu erlassen (auch als **„Flexibilisierungsklausel"** bezeichnet).

Die Kompetenz der Mitgliedstaaten, spezifische datenschutzrechtliche Bestimmungen zu erlassen, ist allerdings auf folgende zwei Rechtfertigungstatbestände des Art 6 Abs 1 eingeschränkt:
- die Erfüllung einer rechtlichen Verpflichtung (Art 6 Abs 1 lit c) und
- die Erfüllung einer Aufgabe im öffentlichen Interesse oder in Ausübung öffentlicher Gewalt (Art 6 Abs 1 lit e).

Zur Erfüllung dieser Aufgaben können spezifische datenschutzrechtliche Regelungen auch weiterhin auf die nationalen Kompetenztatbestände der jeweiligen Materie gestützt werden. Durch die Beschränkung auf die beiden angeführten Erlaubnistatbestände ist der Regelungsspielraum für den nationalen Gesetzgeber hinsichtlich spezifischer Datenverarbeitungen für Verarbeitungen im privaten Bereich sehr eingeschränkt. Diese müssen jedenfalls zur Erfüllung einer Aufgabe im öffentlichen Interesse erforderlich sein. Zur

Unanwendbarkeit der österreichischen Sonderregelungen der §§ 12 und 13 DSG nach der aktuellen Rsp des BVwG siehe Kapitel 11.

Eine nationale Rechtsgrundlage für **materienspezifisches Datenschutzrecht** gemäß Art 6 Abs 3 muss folgende Voraussetzungen erfüllen:
- Erforderlichkeit für Art 6 Abs 1 lit c oder lit e,
- Festlegung des Zwecks der Verarbeitung,
- Verfolgung eines Ziels im öffentlichen Interesse,
- Wahrung der Verhältnismäßigkeit.

Der österreichische Gesetzgeber hat vielfältig von der Möglichkeit Gebrauch gemacht, materienspezifisches Datenschutzrecht in nationalen Rechtvorschriften zu schaffen oder beizubehalten. Auf bundesgesetzlicher Ebene ist etwa auf die datenschutzrechtlichen Regelungen im Gesundheitstelematikgesetz 2012, im Sicherheitspolizeigesetz, im Geschäftsordnungsgesetz, in § 151 GewO oder im Transparenzdatenbankgesetz hinzuweisen, um nur einige Beispiele zu nennen.

5.6 Strafrechtlich relevante Daten

Art 10 DSGVO sieht vor, dass die Verarbeitung personenbezogener Daten über strafrechtliche Verurteilungen und Straftaten aufgrund von Art 6 Abs 1 DSGVO nur unter behördlicher Aufsicht vorgenommen werden kann, außer die Mitgliedstaaten sehen abweichende Regelungen vor.

Der österreichische Gesetzgeber hat in § 4 Abs 3 DSG **für strafrechtlich relevante Daten** eine entsprechende nationale Regelung geschaffen. Durch diese Bestimmung werden allerdings nicht nur Rechtsgrundlagen für die Verarbeitung geschaffen, sondern auch der Begriff der strafrechtlich relevanten Daten in Erweiterung der DSGVO auch auf **verwaltungsbehördlich strafbare Handlungen** oder Unterlassungen ausgeweitet. Zudem wurde klargestellt, dass bereits der Verdacht der Begehung von Straftaten mitumfasst ist.

Nach dem DSG dürfen strafrechtlich relevante Daten nur dann verarbeitet werden, wenn
- eine ausdrückliche **gesetzliche Ermächtigung** oder **Verpflichtung** zur Verarbeitung solcher Daten besteht (zB § 16 Abs 1 FM-GwG) oder
- sich sonst die Zulässigkeit der Verarbeitung dieser Daten aus **gesetzlichen Sorgfaltspflichten** ergibt (zB § 84 AktG bzw § 25 GmbHG) oder
- die Verarbeitung zur Wahrung der **berechtigten Interessen des Verantwortlichen oder eines Dritten** gem Art 6 Abs 1 lit f DSGVO erforderlich ist (siehe dazu Kapitel 5.4.8) und die Art und Weise, in der die Datenverarbeitung vorgenommen wird, die **Wahrung der Interessen der betroffenen Person** gewährleistet (zB Anzeigenlegung durch Private unter Beischluss von personenbezogenem Beweismaterial).

Es ist daher eine Abwägung zwischen den Interessen des Verantwortlichen/ Dritten und jenen der betroffenen Person vorzunehmen, sofern keine rechtliche Ermächtigung oder Verpflichtung vorliegt. In der Regel wird die Interessenabwägung insbesondere im Zusammenhang mit der Aufklärung allfälliger Straftaten sowie dem Schutz von Betriebs- und Geschäftsgeheimnissen zugunsten des Verantwortlichen ausfallen, sodass die Verarbeitung personenbezogener Daten im Zusammenhang mit Aufdeckungs- und Nachforschungstätigkeiten, beispielsweise durch eDiscovery-Maßnahmen, in der Regel auf berechtigte Interessen gestützt werden kann.

> **Ein Beispiel** aus der Judikatur des OGH zur Vorgängerbestimmung des § 8 Abs 4 DSG 2000 macht deutlich, dass es durchaus Fälle von Verarbeitung strafrechtlich relevanter Daten durch Private geben kann: Der Miteigentümer eines Hauses darf Akten des Strafverfahrens, in dem gegen die Geschäftsführer der Hausverwaltung wegen Untreue auch zulasten der Miteigentümergemeinschaft ermittelt wird, nach Akteneinsicht als Opfer per E-Mail an andere Miteigentümer weiterleiten (OGH 27.06.2016, 6 Ob 191/15d).

BVwG 27.09.2018, W214 2196873-1
Die **Satzung einer öffentlich-rechtlichen Körperschaft**, die sie sich selbst gegeben hat (hier: Kärntner Jägerschaft), stellt keine gesetzliche Regelung iSv § 4 Abs 3 Z 1 DSG dar und bildet damit keine taugliche Eingriffsgrundlage. Im krnt Jagdgesetz ist ein rechtfertigender Tatbestand für die Veröffentlichung von strafrechtsrelevanten personenbezogenen Daten auch nicht enthalten.

5.7 Besondere Kategorien personenbezogener Daten

Für „besondere Kategorien personenbezogener Daten" (zur Definition siehe Kapitel 4.2.2) sieht Art 9 DSGVO zunächst in Abs 1 ein generelles **Verarbeitungsverbot** vor. Abs 2 listet einen taxativen **Katalog von Ausnahmetatbeständen** von diesem Verarbeitungsverbot auf. Damit tritt bei der Zulässigkeitsprüfung von sensiblen Daten eine Änderung gegenüber dem früheren Konzept im DSG 2000 ein: Zunächst ist das Vorliegen eines Ausnahmetatbestandes nach Art 9 Abs 2 zu prüfen. Auch wenn diese Voraussetzung erfüllt ist, besagt ausschließlich Art 6 Abs 1, ob eine konkrete Datenverarbeitung rechtmäßig ist. Bei der Verarbeitung sensibler Daten hat daher stets eine **doppelte bzw implizite Prüfung von Art 9 Abs 2 und Art 6 Abs 1** zu erfolgen. Diese Vorgangsweise wird auch aus ErwGr 51 vorletzter Satz deutlich: „Zusätzlich zu den speziellen Anforderungen an eine derartige Verarbeitung sollten die allgemeinen Grundsätze und andere Bestimmungen dieser Verordnung, insbesondere hinsichtlich der Bedingungen für eine rechtmäßige Verarbeitung, gelten."

Der taxative Katalog des Art 9 Abs 2 listet folgende Ausnahmetatbestände vom Verarbeitungsverbot für sensible Daten auf:
- mit **ausdrücklicher Einwilligung** der betroffenen Person (lit a),
- zur Ausübung von Rechten, die sich aus dem Arbeitsrecht, der sozialen Sicherheit und des Sozialschutzes ergeben (lit b),
- zum Schutz **lebenswichtiger Interessen** der betroffenen Person oder einer anderen natürlichen Person (lit c),
- bei Datenverarbeitungen durch gewisse „Tendenzbetriebe", wie politische,

weltanschauliche, religiös oder gewerkschaftlich ausgerichtete Vereinigungen (lit d),
- in Bezug auf Daten, die die **betroffene Person offensichtlich öffentlich gemacht** hat (lit e),
- zur **Geltendmachung**, Ausübung oder Verteidigung von **Rechtsansprüchen** (lit f),
- bei Erforderlichkeit aufgrund eines erheblichen öffentlichen Interesses (lit g),
- zur **Gesundheitsvorsorge**, Arbeitsmedizin, medizinischen Diagnostik, Versorgung, Behandlung oder Verwaltung im Gesundheits- oder Sozialbereich (lit h),
- aus Gründen des öffentlichen Interesses im Bereich der öffentlichen Gesundheit (lit i),
- bei Erforderlichkeit für Archivzwecke, für wissenschaftliche oder historische Forschungszwecke sowie für bestimmte statistische Zwecke (lit j).

Im Bereich der besonderen Kategorien personenbezogener Daten sind damit insbesondere die in der unternehmerischen Praxis relevanten Rechtfertigungsgründe der „Vertragserfüllung" sowie die Stützung auf „berechtigte Interessen" nicht als Ausnahmetatbestände vom absoluten Verarbeitungsverbot vorgesehen sind.

Im Zusammenhang mit der Einwilligung in die Verarbeitung besonderer Kategorien personenbezogener Daten ist eine **„ausdrückliche" Einwilligung** erforderlich. Damit werden die Anforderungen für die Form der Einwilligung in diesem Bereich angehoben, eine konkludente Einwilligung ist nicht möglich.

Zum Ausnahmetatbestand für die Verarbeitung sensibler Daten im Arbeitsverhältnis siehe Kapitel 12.3.6.

 EuGH 24.09.2019, C-136/17
Der **Suchmaschinenbetreiber** kann einen **Antrag auf Auslistung von Links** ablehnen, wenn er feststellt, dass die Links zu Inhalten führen, die personenbezogene Daten der in Art 8 Abs 1 Datenschutz-Richtlinie genannten besonderen Kategorien enthalten, deren Verarbeitung aber unter eine der Ausnahmen in Art 8 Abs 2 lit e der Richtlinie (jetzt: Art 9 Abs 2 DSGVO) fällt, sofern die Verarbeitung alle sonstigen von der Richtlinie aufgestellten Voraussetzungen für die Zulässigkeit erfüllt.

OGH 24.07.2019, 6 Ob 45/19i
Im vorliegenden Fall, in dem die **strittige Akteneinsicht Gesundheitsdaten** der Erstklägerin betrifft, hängt die Berechtigung des Einsichtsbegehrens daher davon ab, ob sich die Antragstellerin auf ein rechtliches Interesse stützt, das einem der Tatbestände des § 9 Abs 2 DSGVO entspricht, konkret, ob die begehrte Einsicht "zur Geltendmachung, Ausübung oder Verteidigung von Rechtsansprüchen [der Antragstellerin] erforderlich" ist. Ist diese Frage zu bejahen, ist das Interesse der Antragstellerin gegen die Geheimhaltungsinteressen der Erstklägerin abzuwägen (Art 6 Abs 1 lit f DSGVO).

Auch im Rahmen der „**Corona-Krise**" stellen sich etliche datenschutzrechtliche Fragen, die besondere Kategorien personenbezogener Daten betreffen. Da es sich bei **Daten über Infektionen** sowie über **Verdachtsfälle** um **sensible Daten** (konkret Gesundheitsdaten) handelt, finden die strengeren Anforderungen des Art 9 DSGVO Anwendung. Dieser soll im Arbeitsumfeld etwa verhindern, dass es zu einer Stigmatisierung einzelner Personen am Arbeitsplatz aufgrund eines Verdachts oder einer Infektion kommt. Gleichzeitig sieht das Datenschutzrecht aber vor, dass Daten über den Gesundheitszustand in jenem Ausmaß verwendet werden können, das notwendig ist, um die Verbreitung des Virus einzudämmen und um Mitmenschen zu schützen. Auf dieser Grundlage ist die Weitergabe von Daten über Corona-Infektionen oder Verdachtsfälle auch ohne Einwilligung des Betroffenen möglich. Im Sinne des Grundsatzes der Datenminimierung gemäß Art 5 Abs 1 lit c DSGVO ist aber im Einzelfall sorgfältig abzuwägen, ob es notwendig ist, etwa gegenüber der Belegschaft den konkreten Namen einzelner Personen zu nennen, die sich infiziert haben, oder mit der allgemeinen Information, dass am Arbeitsplatz eine Infektion aufgetreten ist, das Auslangen gefunden werden kann. Eine individuelle Nennung von infizierten Personen kann sich laut DSB dann als zulässig erweisen, wenn erhoben werden muss, wer mit diesen Personen vor Bekanntwerden der Infektion Kontakt hatte.

5.8 Weiterverwendung für einen anderen Zweck

In Art 6 Abs 4 wurde eine ausdrückliche Bestimmung über die Weiterverwendung von Daten für einen anderen Zweck, als denjenigen, für den die Daten erhoben wurden, eingeführt (auch als **„Sekundärnutzung"**) bezeichnet. Diese Neuregelung sorgt für zahlreiche Auslegungsprobleme und offene Fragen. Insbesondere fällt es schwer, diese Bestimmung in die Systematik der DSGVO einzuordnen. So sieht der Grundsatz der Zweckbindung nach Art 5 Abs 1 lit b vor, dass personenbezogene Daten nur für festgelegte, eindeutige und legitime Zwecke erhoben (Zweckbindung bei der erstmaligen Datenverarbeitung) und nicht in einer mit diesen Zwecken nicht zu vereinbarenden Weise weiterverarbeitet werden dürfen.

Der 1. Halbsatz von Art 6 Abs 4 der Bestimmung ist insofern unproblematisch, als dessen Anwendung die Einwilligung der betroffenen Person vorsieht oder auf einer Rechtsvorschrift nach Art 23 Abs 1 DSGVO beruhen muss. Dabei handelt es sich um Verarbeitungsvorgänge in folgenden Bereichen:
- nationale Sicherheit;
- Landesverteidigung;
- öffentliche Sicherheit;
- Verhütung, Ermittlung, Aufdeckung oder Verfolgung von Straftaten oder die Strafvollstreckung, einschließlich des Schutzes vor und der Abwehr von Gefahren für die öffentliche Sicherheit;
- Schutz sonstiger wichtiger Ziele des allgemeinen öffentlichen Interesses der Union oder eines Mitgliedstaates, insbesondere eines wichtigen wirtschaftlichen oder finanziellen Interesses der Union oder eines Mitgliedstaates, etwa im Währungs-, Haushalts- und Steuerbereich sowie im Bereich der öffentlichen Gesundheit und der sozialen Sicherheit;

- Schutz der Unabhängigkeit der Justiz und den Schutz von Gerichtsverfahren;
- Verhütung, Aufdeckung, Ermittlung und Verfolgung von Verstößen gegen die berufsständischen Regeln reglementierter Berufe;
- Kontroll-, Überwachungs- und Ordnungsfunktionen, die dauernd oder zeitweise mit der Ausübung öffentlicher Gewalt für die unter den Buchstaben a bis e und g genannten Zwecke verbunden sind;
- Schutz der betroffenen Person oder der Rechte und Freiheiten anderer Personen;
- Durchsetzung zivilrechtlicher Ansprüche.

Beruht eine Weiterverarbeitung von Daten allerdings nicht auf einer Einwilligung oder auf einer Rechtsgrundlage, so ist nach Art 6 Abs 2 Halbsatz 2 ein sog „Kompatibilitätstest" durchzuführen, um das Vorliegen der Vereinbarkeit mit dem ursprünglichen Zweck zu beurteilen. Dabei hat der Verantwortliche „unter anderem" (es handelt sich also um eine demonstrative Aufzählung) zu berücksichtigen:

- jede Verbindung zwischen dem Erhebungszweck und den Zwecken der beabsichtigten Weiterverarbeitung,
- den Zusammenhang, in dem die personenbezogenen Daten erhoben wurden,
- die Art der personenbezogenen Daten, insbesondere, ob sensible oder strafrechtsbezogene Daten verarbeitet werden,
- die möglichen Folgen der beabsichtigten Weiterverarbeitung für die betroffenen Personen,
- das Vorhandensein geeigneter Garantien, wozu Verschlüsselung oder Pseudonymisierung gehören können.

Aus einem positiven Ergebnis des Kompatibilitätstests ergibt sich, dass die Weiterverarbeitung mit dem ursprünglichen Zweck iSd Zweckbindungsgrundsatzes nach Art 5 Abs 1 lit b vereinbar ist. Nach der Systematik der DSGVO ist für die Zulässigkeit einer Verarbeitung sowohl die Einhaltung der Grundsätze des Art 5 als auch das Vorliegen eines Rechtfertigungstatbestand nach Art 6 Abs 1 erforderlich. Daraus ist zu schließen, dass auch bei einem positiven Kompatibilitätstest zusätzlich **das Vorliegen eines Rechtfertigungstatbestandes nach Art 6 Abs 1 zu prüfen** ist. Diesbezüglich wird häufig ein berechtigtes Interesse nach Art 6 Abs 1 lit f in Betracht kommen und es werden die gleichen oder ähnliche Argumente für die Abwägung der Interessen herangezogen werden können wie beim Kompatibilitätstest.

Einen in der Praxis besonders häufigen Fall stellt die Frage dar, ob die Daten von bestehenden Kunden eines Unternehmens für **Kundenbetreuung und Marketing für eigene Zwecke** weiterverwendet werden dürfen. Dies ist uE im Regelfall zu bejahen. Die Weiterverwendung ist sowohl nach Art 6 Abs 4 mit dem ursprünglichen Zweck kompatibel und lässt sich zusätzlich auf den Rechtmäßigkeitstatbestand der berechtigten Interessen nach Art 6 Abs 1 lit f stützen. Diese Argumentation wird dadurch untermauert, dass diese Weiterverwendung von Kundendaten als DSFA-A04 ausdrücklich von der Durchführung einer Datenschutz-Folgenabschätzung ausgenommen ist (siehe Kapitel 9.3).

5.9 Prüfschema für die Zulässigkeit einer Datenanwendung

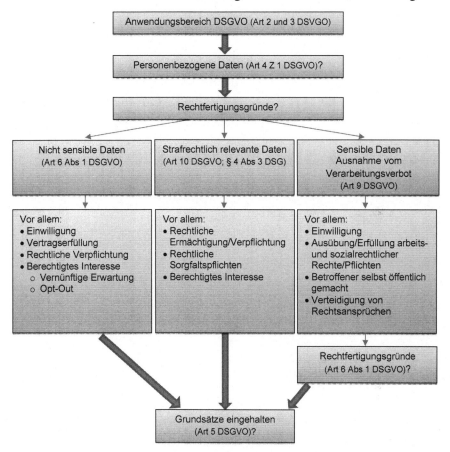

Kontrollfragen:

- Was besagt das Verbotsprinzip?
- Welche Erlaubnistatbestände für „normale" Daten kennt die DSGVO?
- Welche Besonderheiten bestehen hinsichtlich „sensibler" Daten?
- Wie läuft die Zulässigkeitsprüfung bei besonderen Kategorien personenbezogener Daten ab?
- Was versteht man unter Opt-Out im Zusammenhang mit datenschutzrechtlichen Einwilligungen?
- Welche Voraussetzungen muss eine gültige Einwilligung einer betroffenen Person erfüllen?

6 Übermittlung von Daten in Drittländer

Kapitel V der DSGVO regelt die Übermittlung von personenbezogenen Daten an Drittländer oder an internationale Organisationen in den Art 44 – 50, häufig als „**internationaler Datenverkehr** (IDVK)" bezeichnet. Mit der Wendung „an Drittstaaten" kann sinnvollerweise nur die Übermittlung an Empfänger „**in** Drittstaaten" gemeint sein. So auch richtig in Art 58 Abs 2 lit j, wonach die Aufsichtsbehörde die Aussetzung „der Übermittlung von Daten an einen Empfänger in einem Drittland" anordnen kann.

Die Regelungen über den internationalen Datenverkehr basieren auf der Annahme, dass des Datenschutzniveau außerhalb der EU bzw des EWR niedriger ist als innerhalb der Union, weshalb zur Sicherstellung eines angemessenen Grundrechtsschutzes ausreichende Kompensation zu leisten ist, sobald personenbezogene Daten das Gebiet des EWR verlassen. Diese Kompensationsmöglichkeiten werden in den Art 45 – 49 abschließend aufgezählt und stehen **in einem Stufenverhältnis** zueinander. Daraus ergibt sich, dass ein Datentransfer in ein Drittland primär durch einen Angemessenheitsbeschluss (Art 45) legitimiert sein soll. Liegt ein derartiger Beschluss für das betroffenen Drittland nicht vor, kann auf die Garantien des Art 46 zurückgegriffen werden. Schließlich sieht Art 49 als ultima ratio in engen Grenzen Ausnahmetatbestände vor, bei deren Vorliegen auch ohne die Garantien des Art 46 personenbezogene Daten in Drittländer übermittelt werden dürfen. Eine Genehmigungspflicht besteht nur mehr ganz eingeschränkt bei den in Art 46 Abs 3 aufgezählten geeigneten Garantien.

Die praktische Bedeutung der Art 44 ff DSGVO ist größer, als man vermuten würde. Zunächst findet IDVK etwa in internationalen Konzernen laufend statt, wenn sich Mutter- oder Tochtergesellschaften außerhalb des EWR befinden. Aber auch schon die Verwendung eines nichteuropäischen Messenger-Dienstes (wie va WhatsApp), der Newsletter-Versand mithilfe eines Dienstleisters außerhalb des EWR oder jedes Hochladen von Informationen über Dritte auf eine Social Media-Plattform, ist mit einem Datentransfer in ein Drittland (meist die USA) verbunden. Sofern nicht die Haushaltsausnahme greift (siehe dazu Kapitel 3.1.4), sind bei all diesen Verarbeitungen die Bestimmungen der Art 44 – 50 zu beachten.

6.1 Allgemeine Grundsätze der Datenübermittlung in Drittländer

Der Begriff Drittland ist in der DSGVO nicht definiert. Gemeint ist damit zunächst jeder Staat außerhalb der EU. Da die EWR-Staaten Liechtenstein, Island und Norwegen die Anwendbarkeit der DSGVO beschlossen haben (Beschluss des gemeinsamen EWR-Ausschusses Nr 154/2018 vom 6.7.2018, ABl L 2018/183, 23) gelten sie ebenfalls nicht als Drittländer. Großbritannien hingegen wird nach erfolgtem Austritt aus der EU zum Drittland und jede Datenübermittlung dorthin muss ab diesem Zeitpunkt einem der Datentransferinstrumente der Art 45 ff DSGVO unterworfen werden, sofern keine Übergangsbestimmungen vereinbart werden.

Die allgemeine Grundsatzregelung des Art 44 DSGVO legt für eine Zulässigkeit der Übermittlung personenbezogener Daten in Drittländer fest, dass folgende **zwei Voraussetzungen** erfüllt sein müssen, und zwar sowohl für den Verantwortlichen als auch für den Auftragsverarbeiter:
- Die Einhaltung der Bestimmungen der DSGVO für Datenverarbeitungen und
- Die Einhaltung der Bedingungen der Art 44 – 50 DSGVO.

Die erste Voraussetzung, dass Daten überhaupt in ein Drittland übermittelt werden dürfen, besteht darin, dass die „sonstigen Bestimmungen" der DSGVO eingehalten werden. Diese Wortwahl ist sehr weit und geht über eine Prüfung der Zulässigkeitsvoraussetzungen hinaus. Zunächst muss die Erhebung und die Speicherung der Daten auf einer Rechtsgrundlage nach Art 6 Abs 1 DSGVO (allenfalls iVm Art 9 oder 10 DSGVO) beruhen und es müssen die allgemeinen Grundsätze des Art 5 DSGVO eingehalten werden. Darüber hinaus sind aber auch die Informationspflichten der Art 13 und 14 DSGVO, die explizit auch die Offenlegung der Übermittlung in Drittstaaten verlangen, einzuhalten. Weiters alle sonstigen Verpflichtungen des Verantwortlichen bzw des Auftragsverarbeiters, die in den Art 24 – 43 DSGVO festgelegt sind (darunter va entsprechende Datensicherheitsmaßen sowie die allfällige Durchführung einer Datenschutz-Folgenabschätzung). Auch ErwGr 101 spricht eindeutig davon, dass die „übrigen Bestimmungen dieser Verordnung" erfüllt werden müssen.

Ist die Prüfung der ersten Stufe positiv abgeschlossen, dann folgt mit Stufe zwei die eigentliche Prüfung der Zulässigkeit der Datenübermittlung in Drittländer. Die möglichen Zulässigkeitsgrundlagen, deren Vorliegen nacheinander zu prüfen ist, werden im Folgenden im Einzelnen näher dargestellt.

6.2 Angemessenheitsbeschluss

6.2.1 Gleichgestellte Drittländer

Nach Art 45 Abs 1 DSGVO kann die EU-Kommission für Drittländer ein angemessenes Datenschutzniveau feststellen. In diese Staaten dürfen personenbezogene Daten **unter denselben Voraussetzungen wie innerhalb des EWR** genehmigungsfrei übermittelt werden. Die aufgrund von Art 25 Abs 6 DS-RL durch die EU-Kommission getroffenen Feststellungen der Zulässigkeit des Datentransfers in bestimmte Länder bleiben so lange in Kraft, bis sie durch einen neuen Beschluss der Kommission – nach den nunmehrigen Regeln des Art 45 DSGVO – geändert, ersetzt oder aufgehoben werden (Art 45 Abs 9 DSGVO).

Derzeit wird folgenden Drittländern der Status als gleichgestellte Drittstaaten, die ein angemessenes Datenschutzniveau gewährleisten, zuerkannt: Andorra, Argentinien, Färöer, Guernsey, Isle of Man, Israel, Japan, Jersey, Kanada, Neuseeland, Schweiz und Uruguay. Zu den USA siehe Kapitel 6.2.2.

Weiters kann die EU-Kommission auch nur für einzelne Gebiete oder Sektoren in diesen Drittländern ein angemessenes Datenschutzniveau feststellen.

> So wäre es zB denkbar, dass die Übermittlung an Auftragsverarbeiter und Verantwortliche im Gesundheitssektor in ein Drittland an strengere Voraussetzungen gebunden ist als eine Übermittlung an den dortigen Automobilherstellungssektor.

Gemäß Art 45 DSGVO hat die EU-Kommission bei der Prüfung, ob ein angemessenes Schutzniveau vorliegt, mehrere Punkte besonders zu berücksichtigen:
- die Rechtsstaatlichkeit, die Achtung der Menschenrechte und Grundfreiheiten, die in dem betreffenden Land geltenden einschlägigen Rechtsvorschriften, die Rechtsprechung sowie wirksame und durchsetzbare Rechte der betroffenen Person und wirksame verwaltungsrechtliche und gerichtliche Rechtsbehelfe für betroffene Personen, deren personenbezogene Daten übermittelt werden;
- die Existenz und die wirksame Funktionsweise einer oder mehrerer unabhängiger Aufsichtsbehörden in dem betreffenden Drittland, welche für die Einhaltung und Durchsetzung der Datenschutzvorschriften, einschließlich angemessener Durchsetzungsbefugnisse, für die Unterstützung und Beratung der betroffenen Personen bei der Ausübung ihrer Rechte und für die Zusammenarbeit mit den Aufsichtsbehörden der Mitgliedstaaten zuständig sind;
- die von dem betreffenden Drittland eingegangenen internationalen Verpflichtungen oder andere Verpflichtungen, die sich aus rechtsverbindlichen Übereinkünften oder Instrumenten sowie aus der Teilnahme an multilateralen oder regionalen Systemen insbesondere in Bezug auf den Schutz personenbezogener Daten ergeben.

Das Ergebnis der Beurteilung ist ein **Durchführungsrechtsakt**, mit dem das angemessene Datenschutzniveau beschlossen wird. Dieses muss **regelmäßig**, alle vier Jahre, **überprüft** werden. Wenn kein angemessenes Schutzniveau mehr besteht, muss die EU-Kommission den Akt widerrufen, ändern oder aussetzen. Eine Liste, in welchen Drittländern ein angemessenes Schutzniveau besteht, wird von der EU-Kommission im Amtsblatt und auf ihrer Homepage veröffentlicht.

6.2.2 *Safe Harbor/EU-US Privacy Shield*

Eine Sonderstellung im europäischen und somit auch im österreichischen Datenschutzrecht nahmen und nehmen die USA ein. Obwohl sie über keinen den europäischen Maßstäben entsprechenden Datenschutzstandard verfügen, konnte der Datenverkehr mit Empfängern in den USA vom Jahr 2000 bis Oktober 2015 zunächst ohne zusätzliche Garantien genehmigungsfrei erfolgen, wenn der Empfänger über eine sogenannte „Safe Harbor"-Zertifizierung verfügte. Es wurde in diesem Fall daher nicht den USA selbst, sondern **nur**

bestimmten amerikanischen Unternehmen ein angemessenes Datenschutzniveau attestiert.

Basis dafür war eine Entscheidung der Europäischen Kommission, nach der amerikanische Unternehmen mit „Safe Harbor"-Zertifizierung ein angemessenes Schutzniveau gewährleisten. Entsprechend dieser „Safe Harbor"-Regelung konnte sich jedes US-amerikanische Unternehmen in eine vom US-Handelsministerium geführte Liste eintragen lassen, wenn es ein datenschutzrechtliches Regelwerk anerkannte und sich verpflichtete, dieses auch einzuhalten.

In seinem Urteil in der Rs Maximilian Schrems gg Data Protection Commissioner (EuGH 06.10.2015, C-362/14 [Schrems]) sprach der EuGH aus, dass nationale Datenschutzbehörden das angemessene Datenschutzniveau eines Drittstaates unabhängig prüfen können und **erklärte gleichzeitig die „Safe Harbor"-Entscheidung 2000/520 für ungültig**. Dies wurde im Wesentlichen damit begründet, dass mit der „Safe Harbor"-Zertifizierung kein adäquates Schutzniveau für die personenbezogenen Daten von EU-Bürgern in den USA sichergestellt war, weil US-Recht den Regelungen von „Safe Harbor" explizit vorging. Außerdem hatte die Kommission auch keine Kompetenz, die Befugnisse der nationalen Datenschutzbehörden zur Beurteilung des angemessenen Datenschutzniveaus durch ihre Entscheidung zu beschränken. In der Folge war jede Übermittlung und Überlassung von personenbezogenen Daten aus Österreich in die USA (nach der früheren Rechtlage des DSG 2000) wieder genehmigungspflichtig, außer es konnte eine entsprechende Zustimmung der betroffenen Personen zum Datentransfer vorgewiesen werden.

Am 12.7.2016 kam es zu einer neuen Einigung zwischen den USA und der EU hinsichtlich des internationalen Datenverkehrs. Die Kommission fasste auf der Grundlage des sog **„Privacy Shield-Abkommens"** einen neuen Angemessenheitsbeschluss (Durchführungsbeschluss (EU) 2017/1250, ABl L 2016/207, 1). Das Funktionsprinzip des EU-US-Privacy Shields war im Wesentlichen dasselbe wie beim früheren Safe Harbor-Abkommen und basierte ebenso auf dem Grundsatz der Selbstzertifizierung. Am 16.07.2020 entschied der EuGH in der **Rechtssache „Schrems II"** (C-311/18 [Facebook Ireland und Schrems]), dass auch der Angemessenheitsbeschluss hinsichtlich des **Privacy Shields ungültig** ist. Damit wurde klargestellt, dass die **USA bis auf weiteres als „Drittland" anzusehen** sind und derzeit keine Privilegierung für die Übermittlung von personenbezogenen Daten genießen.

6.3 Datenübermittlung vorbehaltlich geeigneter Garantien

Wenn für ein Drittland kein Angemessenheitsbeschluss über ein angemessenes Datenschutzniveau vorliegt, kann ein Verantwortlicher oder ein Auftragsverarbeiter gemäß Art 46 DSGVO dann **ohne Genehmigung** durch die Aufsichtsbehörde Daten in dieses Land übermitteln, wenn er **geeignete Garantien** vorgesehen hat und den betroffenen Personen **durchsetzbare Rechte** und wirksame Rechtsbehelfe zur Verfügung stehen.

Mögliche Garantien nach Art 46 Abs 2 DSGVO sind:
- ein **rechtlich bindendes und durchsetzbares Dokument** zwischen den Behörden oder öffentlichen Stellen (nur für öffentliche Einrichtungen, steht Unternehmen nicht zur Verfügung);
- verbindliche **interne Datenschutzvorschriften** (Binding Corporate Rules, siehe im Anschluss unter 6.4);
- **Standarddatenschutzklauseln** (früher „Standardvertragsklauseln");
- **genehmigte Verhaltensregeln** (iZm rechtsverbindlichen und durchsetzbaren Verpflichtungen);
- **genehmigter Zertifizierungsmechanismus** (iZm rechtsverbindlichen und durchsetzbaren Verpflichtungen).

Standarddatenschutzklauseln sind Vertragsmuster, die durch die EU-Kommission oder nationale Aufsichtsbehörden erlassen werden können. Von nationalen Aufsichtsbehörden erlassene Klauseln bedürfen der vorherigen der Genehmigung der EU-Kommission.

> Vor Inkrafttreten der DSGVO erlassene Feststellungen (Standardvertragsklauseln) und Einzelgenehmigungen (im internationalen Datenverkehr) der EU-Kommission und der Aufsichtsbehörden bleiben auch weiterhin gültig, bis sie von dieser geändert, ersetzt oder aufgehoben werden (Art 46 Abs 5 DSGVO).

Standardvertragsklauseln liegen in **drei Versionen** vor: Die Entscheidung der Kommission vom 15.6.2001 hinsichtlich Standardvertragsklauseln für die Übermittlung personenbezogener Daten in Drittländer nach der Richtlinie 95/46/EG, ABl L 2001/181, 19 idF L 2016/344, 100 enthält zwei Varianten von Standardvertragsklauseln für den Export von Daten **an einen Verantwortlichen** in einem Drittland. Der Beschluss der Kommission vom 5.2.2010 über Standardvertragsklauseln für die Übermittlung personenbezogener Daten an Auftragsverarbeiter in Drittländer Richtlinie 95/46/EG, ABl L 2010/39, 5 idF L 2016/344, 100 stellt Standardvertragsklauseln für die Übermittlung von Daten **an einen Auftragsverarbeiter** (mit Berücksichtigung von Sub-Auftragsverarbeitern) als Datenimporteur zur Verfügung. Diese Standarddatenschutzklauseln dürfen, um als geeignete Garantie anerkannt zu werden, in der Regel nicht oder nur sehr geringfügig abgeändert/ergänzt werden. Inhaltliche Änderungen zulasten der betroffenen Personen sind jedenfalls nicht zulässig.

Es ist zu erwarten, dass die Europäische Kommission neue Standarddatenschutzklauseln erlassen wird, die die geänderte Rechtslage berücksichtigen. Dies ist bis zum Zeitpunkt der Drucklegung der 3. Auflage allerdings noch nicht geschehen.

Art 46 Abs 3 nennt in einer demonstrativen Aufzählung jene geeigneten Garantien, die einer **vorherigen Genehmigung einer Aufsichtsbehörde** bedürfen (siehe dazu Kapitel 6.7).

6.4 Verbindliche unternehmensinterne Datenschutzregelungen

Binding Corporate Rules, oftmals auch „BCR" abgekürzt, sind ein zunächst von der Artikel 29-Datenschutzgruppe entwickelter und nunmehr in Art 47 DSGVO festgelegter Rahmen für verbindliche unternehmensinterne Richtlinien zum Umgang mit personenbezogenen Daten. Diese erlauben es, innerhalb eines Konzerns personenbezogene Daten etwa auch in Drittländer ohne angemessenes Datenschutzniveau zu übermitteln. **Binding Corporate Rules** befreien Unternehmen von der Genehmigungspflicht einer Aufsichtsbehörde. Allerdings muss die zuständige Aufsichtsbehörde die Binding Corporate Rules vorab in einem Kohärenzverfahren genehmigen.

> Das Kohärenzverfahren dient der einheitlichen Anwendung der DSGVO in den Mitgliedstaaten der Union. Aus diesem Grund arbeiten die Aufsichtsbehörden der einzelnen Mitgliedstaaten untereinander und gegebenenfalls mit der Kommission zusammen (siehe dazu Kapitel 14.5.5).

Binding Corporate Rules müssen rechtlich bindend für alle Unternehmen, die entweder eine gemeinsame Wirtschaftstätigkeit ausüben oder Mitglied einer Unternehmensgruppe sind, gelten und durchsetzbar sein und auch gegenüber deren Beschäftigten verbindlich sein. Außerdem müssen sie den betroffenen Personen ausdrücklich durchsetzbare Rechte übertragen und gewisse Mindestangaben beinhalten, wie insbesondere:

- **Struktur und Kontaktdaten** der betroffenen Unternehmen;
- **Datenübermittlungen, Arten personenbezogener Daten, Art und Zweck der Datenverarbeitung, Art der betroffenen Personen** und das betreffende Drittland;
- **interne und externe Rechtsverbindlichkeit** der betreffenden internen Datenschutzvorschriften;
- die **Anwendung der allgemeinen Datenschutzgrundsätze**, Verarbeitung besonderer Kategorien von personenbezogenen Daten, Maßnahmen zur Sicherstellung der Datensicherheit;
- die **Rechte der betroffenen Personen**;
- **Haftung** für etwaige Verstöße eines nicht in der Union niedergelassenen betreffenden Mitglieds der Unternehmensgruppe gegen die verbindlichen internen Datenschutzvorschriften;
- die Art und Weise, wie die betroffenen Personen **informiert** werden;
- die Aufgaben allfälliger **Datenschutzbeauftragter**;
- die **Beschwerdeverfahren**;
- die bestehenden **Verfahren zur Überprüfung** der Einhaltung der verbindlichen internen Datenschutzvorschriften;
- die **Verfahren für die Meldung** und Erfassung von Änderungen der Vorschriften und ihre Meldung an die Aufsichtsbehörde;
- die **Verfahren für die Zusammenarbeit** mit der Aufsichtsbehörde;
- die **Meldeverfahren** zur Unterrichtung der Aufsichtsbehörde bei rechtlichen Änderungen in Drittländern;
- geeignete **Datenschutzschulungen** für Personal.

6.5 Ausnahmen gemäß Art 49 DSGVO

Wenn für das Drittland weder ein Angemessenheitsbeschluss nach Art 45 Abs 3 vorliegt, noch geeignete Garantien nach Art 46 bestehen, ist zu prüfen, ob einer der Ausnahmedatenbestände des Art 49 Abs 1 UAbs 1 die Übermittlung der personenbezogenen Daten rechtfertigen kann:

1. Die betroffene Person hat in die Datenübermittlung nach Aufklärung über die Risiken **ausdrücklich eingewilligt**.

Datenübermittlungen in Drittländer sind zulässig, wenn die betroffene Person in die vorgeschlagene Datenübermittlung ausdrücklich eingewilligt hat. Damit scheidet eine konkludente Einwilligung aus (zu Begriff und Voraussetzungen für eine gültige Einwilligung siehe Kapitel 5.4.2). Weitere Formvorschriften gibt die DSGVO nicht vor, sodass die **ausdrückliche Einwilligung auch mündlich erfolgen** könnte. Wegen der Rechenschaftspflicht und der damit verbundenen Beweislast des Verantwortlichen, der das Vorliegen einer rechtskonformen Einwilligung nachweisen muss, ist es aber empfehlenswert, die Einwilligung schriftlich einzuholen. Zur ausdrücklichen Einwilligung kommt als weitere Voraussetzung für die Erfüllung dieses Zulässigkeitstatbestandes hinzu, dass die betroffene Person zuvor über die für sie bestehenden möglichen Risiken derartiger Datenübermittlungen ohne Vorliegen eines Angemessenheitsbeschlusses und ohne geeignete Garantien unterrichtet wurde.

2. Die Übermittlung ist für die **Erfüllung eines Vertrags** zwischen der betroffenen Person und dem Verantwortlichen oder zur Durchführung von vorvertraglichen Maßnahmen auf Antrag der betroffenen Person **erforderlich**.

Diese Ausnahmebestimmung setzt einen Vertrag mit der betroffenen Person voraus und wird durch das Kriterium der **Erforderlichkeit** für die Vertragserfüllung erheblich eingeschränkt. Gefordert wird ein objektiv enger und erheblicher Zusammenhang zwischen der Übermittlung und dem Vertragszweck. Der Europäische Datenschutzausschuss (EDSA) verlangt zusätzlich, gestützt auf ErwGr 111, dass Drittlandübermittlung aufgrund dieser Bestimmungen einen „gelegentlichen" Charakter haben müssen. Deshalb können Datenübermittlungen in Drittländer zur Erfüllung eines **Arbeitsvertrags** nicht auf diesen Ausnahmetatbestand gestützt werden, wenn sie im Rahmen einer dauerhaften, längerfristigen Geschäftsbeziehung erfolgen.

> Typische Beispiele für Fälle, in denen die Übermittlung für die Erfüllung eines Vertrags erforderlich ist, sind die Buchung eines Flugtickets, eines Mietwagens oder eines Hotelzimmers in einem Drittland durch ein Reisebüro.

3. Die Übermittlung ist zum Abschluss oder zur Erfüllung eines im Interesse der betroffenen Person von dem Verantwortlichen **mit einer anderen natürlichen oder juristischen Person geschlossenen Vertrags** erforderlich.

Bei diesem Ausnahmetatbestand ist die betroffene Person nicht selbst Vertragspartei. Geregelt wird lediglich ihre Drittbegünstigung, Vertragsparteien sind der Verantwortliche und ein Dritter.

Dieser Übermittlungstatbestand kommt beispielsweise zur Anwendung bei der Weitergabe von Adressdaten an ein Transportunternehmen (in einem Drittland) im Versandhandel oder bei der Abwicklung des internationalen Zahlungsverkehrs durch Banken und Kreditkarten-unternehmen.

4. Die Übermittlung ist aus **wichtigen Gründen des öffentlichen Interesses** notwendig.

Nur wichtige Gründe des öffentlichen Interesses, die im Unionsrecht oder im Recht des Mitgliedstaates anerkannt sind, werden als ausreichend erachtet. Somit fallen wichtige Gründe, die in einem Drittland anerkannt sind, nicht unter diese Ausnahme.

ErwGr 112 nennt als Beispiele für wichtige öffentliche Interessen den Datenaustausch zwischen Wettbewerbs-, Steuer- oder Zollbehörden, zwischen Finanzaufsichtsbehörden oder zwischen für Angelegenheiten der sozialen Sicherheit oder für die öffentliche Gesundheit zuständigen Dienste.

5. Die Übermittlung ist zur **Geltendmachung, Ausübung oder Verteidigung von Rechtsansprüchen** erforderlich.

Auch bei diesem Zulässigkeitstatbestand muss einerseits das Kriterium der Erforderlichkeit erfüllt sein und es darf die Übermittlung nach Ansicht des EDSA nur gelegentlich erfolgen. Die Ausnahmeregelung kann auch nicht mit dem bloßen Argument in Anspruch genommen werden, dass die Möglichkeit künftiger gerichtlicher Auseinandersetzungen oder eines künftigen förmlichen Verfahrens besteht.

Der EDSA nennt als mögliche Beispiele für diese Ausnahmeregelung strafrechtliche oder behördlichen Ermittlungen in einem Drittland (zB in Bereichen wie Kartellrecht, Korruptionsbekämpfung, Insidergeschäften oder ähnlichen Fällen), wenn die Übermittlung der Selbstverteidigung dient oder mit dem Zweck der Erlangung einer Minderung oder einer Freistellung von einer rechtlich vorgesehenen Geldstrafe erfolgt, zum Beispiel bei kartellrechtlichen Ermittlungen.

6. Die Übermittlung ist zum **Schutz lebenswichtiger Interessen der betroffenen Person** oder anderer Personen erforderlich, sofern die betroffene Person aus physischen oder rechtlichen Gründen außerstande ist, ihre Einwilligung zu geben.

Ein möglicher Anwendungsfall kann die Übermittlung von medizinischen Daten darstellen. Sollte eine Person in einem Drittland einen Unfall haben und im Spital behandelt werden, so liegt es im lebenswichtigen Interesse der betroffenen Person, dass ihre medizinischen Daten von ihrem Heimatland an das Spital im Drittland übermittelt werden. Wichtig ist, dass die betroffene Person aus physischen oder rechtlichen Gründen außerstande ist, ihre Einwilligung zu geben. Damit wird für einen Patienten im Notfall diese Regelung subsidiär zur Anwendung kommen, sollte er etwa im Koma liegen.

7. Die Übermittlung erfolgt aus einem **Register**, das gemäß dem Recht der Union oder der Mitgliedstaaten **zur Information der Öffentlichkeit** be-

stimmt ist und entweder der gesamten Öffentlichkeit oder allen Personen, die ein berechtigtes Interesse nachweisen können, zur Einsichtnahme offensteht. Dies aber nur, soweit die im Recht der Union oder der Mitgliedstaaten festgelegten Voraussetzungen für die Einsichtnahme im Einzelfall gegeben sind.

Die Bedingung trägt dem Umstand Rechnung, dass veröffentlichte Daten, die jedermann zugänglich sind, eine geringere Schutzbedürftigkeit besitzen.

> Diese Ausnahme besteht nur für diejenigen öffentlichen Daten, die in öffentlichen Registern enthalten sind. Solche Register sind zB das Grundbuch, das Firmenbuch, das Vereinsregister, das GISA und das Strafregister.

6.6 Ausnahmeklausel

Neben den Zulässigkeitstatbeständen des Art 49 Abs 1 UAbs 1, die grundsätzlich für eine Übermittlung oder eine Reihe von Übermittlungen gelten, sieht Art 49 Abs 1 UAbs 2 eine eigene Ausnahmemöglichkeit für **Übermittlungen im Einzelfall** vor. Danach darf eine Übermittlung, die weder auf Basis eines Angemessenheitsbeschlusses, geeigneter Garantien oder der Ausnahmetatbestände von UAbs 1 zulässig ist, dennoch erfolgen, wenn
- die Übermittlung **nicht wiederholt** erfolgt,
- sie nur eine **begrenzte Zahl** von betroffenen Personen betrifft,
- sie für die **Wahrung der zwingenden berechtigten Interessen** des Verantwortlichen erforderlich ist,
- sofern die **Interessen** oder die Rechte und Freiheit der betroffenen Personen **nicht überwiegen** und
- der Verantwortliche alle Umstände der Datenübermittlung **beurteilt** und **geeignete Garantien** vorgesehen hat.

Es muss sich folglich um eine einmalige Übermittlung handeln, bei der die Anzahl der betroffenen Personen klar feststeht. Sie ist nur zulässig, wenn **zwingende berechtigte Interessen** vorliegen. Damit können nicht alle denkbaren berechtigten Interessen für die Argumentation verwendet werden. Vielmehr gilt hier eine gewisse höhere Schwelle: „Zwingend" können nur berechtigte Interessen sein, die für den Verantwortlichen von wesentlicher Bedeutung sind.

> Dies kann zum Beispiel dann der Fall sein, wenn ein Verantwortlicher gezwungen ist, personenbezogene Daten zu übermitteln, um seine Organisation oder seine Systeme vor einem unmittelbar bevorstehenden, schwerwiegenden Schaden oder vor einer empfindlichen Strafe zu schützen, die sein Geschäft erheblich beeinträchtigen würde.

Als weitere Bedingungen ist in UAbs 2 vorgesehen, dass der Verantwortliche **die Aufsichtsbehörde** von der Übermittlung in Kenntnis setzt und die betroffene Person über die Übermittlung und seine zwingenden berechtigten Interessen unterrichtet. Diese Unterrichtung erfolgt zusätzlich zu den der betroffenen Person nach den Art 13 und 14 mitgeteilten Informationen. Um seiner Rechenschaftspflicht zu entsprechen, muss der Verantwortliche alle relevanten Aspekte der Datenübermittlung dokumentieren, wie zB das Vorliegen zwingender berechtigter Interessen, die konkurrierenden Interessen des Betroffenen, die Art der übermittelten Daten sowie den Zweck der Datenübermittlung.

Schließlich bestimmt Art 49 Abs 6, dass der Verantwortliche oder Auftragsverarbeiter die Übermittlung nach diesem Ausnahmetatbestand in sein **Verarbeitungsverzeichnis** nach Art 30 aufnehmen und dort die von ihm vorgenommene Beurteilung sowie die angemessenen Garantien dokumentieren muss.

6.7 Genehmigungsverfahren

Die DSGVO sieht in Art 46 Abs 3 nur mehr in zwei Fällen eine Genehmigungspflicht der zuständigen Aufsichtsbehörden vor, nämlich bei
- **eigenen Vertragsklauseln** zwischen dem Verantwortlichen oder dem Auftragsverarbeiter und dem Verantwortlichen, dem Auftragsverarbeiter oder dem Empfänger der personenbezogenen Daten im Drittland (die nicht den Standarddatenschutzklauseln entsprechen) oder
- Bestimmungen, die in Verwaltungsvereinbarungen zwischen Behörden oder öffentlichen Stellen aufzunehmen sind und durchsetzbare und wirksame Rechte für die betroffenen Personen einschließen.

Kontrollfragen:

- Warum bedarf es besonderer Voraussetzungen zur Übermittlung von Daten außerhalb des EWR?
- Was sind die drei wesentlichen Möglichkeiten, Daten zulässigerweise in ein Drittland zu übermitteln?
- Muss die Datenübermittlung in ein Drittland von der Aufsichtsbehörde genehmigt werden?
- Was sind Corporate Binding Rules?
- Welche Rolle spielt die EU-Kommission beim internationalen Datenverkehr?
- Wie ist eine Datenübermittlung in die USA möglich?

7 Transparenz und Betroffenenrechte

7.1 Allgemeines

Die Rechte der betroffenen Personen sind für die Effektivität des Datenschutzrechts von besonderer Bedeutung. Diese müssen zunächst, um ihre Rechte überhaupt wahrnehmen zu können, ausreichend Kenntnis über die sie betreffenden Datenverarbeitungen erlangen. Zudem sollen sich die betroffenen Personen ihrer Rechte im Zusammenhang mit Datenverarbeitungen bewusst sein und diese im Anlassfall einfach ausüben können. Grundvoraussetzung dafür ist eine ausreichende **Transparenz** hinsichtlich der vorgenommenen Datenverarbeitungen. Die betroffenen Personen sollen die Möglichkeit haben, präzise, leicht zugänglich und in klarer und einfacher Sprache, die für sie notwendigen Informationen zu erhalten.

Dem entsprechend sind in **Art 12 DSGVO** unter der Überschrift „Transparente Information, Kommunikation und Modalitäten für die Ausübung der Reche der betroffenen Person" die generelle Vorgangsweise, die Fristen und weitere **Modalitäten bei der Ausübung sämtlicher Betroffenenrechte** festgelegt. Anschließend werden in den Art 13 – 22 die einzelnen Rechte der Betroffenen im Detail geregelt. Diese Bestimmungen sind daher immer gemeinsam mit den allgemeinen Regelungen des Art 12 DSGVO zu lesen. Adressat ist der Verantwortliche, der die Datenverarbeitung vornimmt. Dieser hat der betroffenen Person die entsprechenden Informationen zu erteilen und „erleichtert" der betroffenen Person die Ausübung ihrer Betroffenenrechte (so Art 12 Abs 2 DSGVO).

7.2 Form und Fristen

Der Verantwortliche hat nach Art 12 Abs 5 DSGVO die Informationserteilung und die Bearbeitung der Anfragen und Anträge der betroffenen Person grundsätzlich **kostenlos** vorzunehmen. Zudem darf er die Ausübung der Betroffenrechte nicht behindern und hat sämtliche Anträge und Informationen unverzüglich, spätestens aber **innerhalb eines Monats** zu bearbeiten bzw zur Verfügung zu stellen. Bei Untätigkeit des Verantwortlichen nach Stellung eines Antrags besteht die Möglichkeit der Beschwerde an die Aufsichtsbehörde, über die der Verantwortliche die betroffene Person auch zu unterrichten hat. Nur in komplexen Fällen oder einer Vielzahl von Anträgen kann die Einmonatsfrist um weitere zwei Monate verlängert werden (Art 12 Abs 3 DSGVO).

Die Informationen und Mitteilungen durch den Verantwortlichen haben gemäß Art 12 Abs 1 DSGVO **grundsätzlich schriftlich** zu erfolgen oder „in anderer Form, gegebenenfalls auch elektronisch". Die mündliche Erteilung von Information ist zwar möglich, allerdings nur auf Verlangen der betroffenen Person, wenn diese ihre Identität ausreichend nachweisen konnte. Die Antragstellung der betroffenen Person hingegen ist an keine Form gebunden und kann auch mündlich erfolgen.

7.3 Informationspflicht

7.3.1 Zweck und Inhalt

Die in Art 13 und 14 DSGVO geregelt Informationspflicht des Verantwortlichen gegenüber der betroffenen Person dient der fairen und transparenten Datenverarbeitung. Nur wer weiß, von wem seine Daten zu welchem Zweck verarbeitet und an wen die Daten weitergegeben werden, kann seine Rechte als Betroffener geltend machen.

Art 13 enthält spezielle Regelungen über die Informationen, die bei Erhebung von personenbezogenen Daten bei der betroffenen Person zu erteilen sind („**Direkterhebung**"). Art 14 umschreibt die Informationspflicht, wenn die personenbezogenen Daten nicht bei der betroffenen Person erhoben wurden (**„indirekte Erhebung"**).

7.3.2 Direkterhebung von Daten

Die Informationspflicht nach Art 13 DSGVO entsteht bereits zu dem Zeitpunkt, in dem der Verantwortliche Daten erhebt. Daher sind die notwendigen Informationen der betroffenen Person auch bereits **im Zeitpunkt der Erhebung zu erteilen**. Die betroffene Person soll damit über Existenz, Inhalt und Rechtsgrundlage der Datenverarbeitung Kenntnis erlangen:

> **Artikel 13**
> **Informationspflicht bei Erhebung von personenbezogenen Daten bei der betroffenen Person**
> (1) Werden personenbezogene Daten bei der betroffenen Person erhoben, so teilt der Verantwortliche der betroffenen Person zum Zeitpunkt der Erhebung dieser Daten Folgendes mit:
> a) den Namen und die Kontaktdaten des Verantwortlichen sowie gegebenenfalls seines Vertreters;
> b) gegebenenfalls die Kontaktdaten des Datenschutzbeauftragten;
> c) die Zwecke, für die die personenbezogenen Daten verarbeitet werden sollen, sowie die Rechtsgrundlage für die Verarbeitung;
> d) wenn die Verarbeitung auf Artikel 6 Absatz 1 Buchstabe f beruht, die berechtigten Interessen, die von dem Verantwortlichen oder einem Dritten verfolgt werden;
> e) gegebenenfalls die Empfänger oder Kategorien von Empfängern der personenbezogenen Daten und
> f) gegebenenfalls die Absicht des Verantwortlichen, die personenbezogenen Daten an ein Drittland oder eine internationale Organisation zu übermitteln, sowie das Vorhandensein oder das Fehlen eines Angemessenheitsbeschlusses der Kommission oder im Falle von Übermittlungen gemäß Artikel 46 oder Artikel 47 oder Artikel 49 Absatz 1 Unterabsatz 2 einen Verweis auf die geeigneten oder angemessenen Garantien und die Möglichkeit, wie eine Kopie von ihnen zu erhalten ist, oder wo sie verfügbar sind.

Es sind demnach sowohl die **Zwecke** als auch die **Rechtsgrundlage** der Datenverarbeitung konkret zu bezeichnen, um die Überprüfbarkeit der Zulässigkeit zu gewährleisten. Sofern die Datenverarbeitung auf den Erlaubnistatbestand der Wahrung berechtigter Interessen gestützt wird, sind auch die berechtigten Interessen bekanntzugeben (zB Marktforschung, Werbeinteresse oder Sicherstellung der Compliance in einem bestimmten Bereich). Zudem sind auch **etwaige Empfänger der Daten** bekanntzugeben, wovon sowohl weitere Verantwortliche als auch Auftragsverarbeiter umfasst sind.

Um eine „faire und transparente Verarbeitung zu gewährleisten", werden in Art 13 Abs 2 noch **weitere Informationen** aufgezählt, die der betroffenen Person im Zeitpunkt der Verarbeitung zur Verfügung gestellt werden müssen:

> **Artikel 13**
> **Informationspflicht bei Erhebung von personenbezogenen Daten bei der betroffenen Person**
> (...)
> (2) Zusätzlich zu den Informationen gemäß Absatz 1 stellt der Verantwortliche der betroffenen Person zum Zeitpunkt der Erhebung dieser Daten folgende weitere Informationen zur Verfügung, die notwendig sind, um eine faire und transparente Verarbeitung zu gewährleisten:
> a) die Dauer, für die die personenbezogenen Daten gespeichert werden oder, falls dies nicht möglich ist, die Kriterien für die Festlegung dieser Dauer;
> b) das Bestehen eines Rechts auf Auskunft seitens des Verantwortlichen über die betreffenden personenbezogenen Daten sowie auf Berichtigung oder Löschung oder auf Einschränkung der Verarbeitung oder eines Widerspruchsrechts gegen die Verarbeitung sowie des Rechts auf Datenübertragbarkeit;
> c) wenn die Verarbeitung auf Artikel 6 Absatz 1 Buchstabe a oder Artikel 9 Absatz 2 Buchstabe a beruht, das Bestehen eines Rechts, die Einwilligung jederzeit zu widerrufen, ohne dass die Rechtmäßigkeit der aufgrund der Einwilligung bis zum Widerruf erfolgten Verarbeitung berührt wird;
> d) das Bestehen eines Beschwerderechts bei einer Aufsichtsbehörde;
> e) ob die Bereitstellung der personenbezogenen Daten gesetzlich oder vertraglich vorgeschrieben oder für einen Vertragsabschluss erforderlich ist, ob die betroffene Person verpflichtet ist, die personenbezogenen Daten bereitzustellen, und welche mögliche Folgen die Nichtbereitstellung hätte und
> f) das Bestehen einer automatisierten Entscheidungsfindung einschließlich Profiling gemäß Artikel 22 Absätze 1 und 4 und — zumindest in diesen Fällen — aussagekräftige Informationen über die involvierte Logik sowie die Tragweite und die angestrebten Auswirkungen einer derartigen Verarbeitung für die betroffene Person.
> (3) Beabsichtigt der Verantwortliche, die personenbezogenen Daten für einen anderen Zweck weiterzuverarbeiten als den, für den die personenbezogenen Daten erhoben wurden, so stellt er der betroffenen Person vor dieser Weiterverarbeitung Informationen über diesen anderen Zweck und alle anderen maßgeblichen Informationen gemäß Absatz 2 zur Verfügung.

Nach Art 13 Abs 2 sind – zusätzlich zu den Informationen nach Abs 1 – der betroffenen Person **weitere Informationen** zur Verfügung zu stellen, „die notwendig sind, um eine faire und transparente Verarbeitung zu gewährleisten".

Damit stellt sich die Frage nach dem Verhältnis von Abs 1 und Abs 2. Dieses ist sprachlich nicht sehr glücklich formuliert, weil die Wendung „Zusätzlich zu" zunächst nahelegt, dass es sich bei Abs 2 um zusätzliche Informationen handelt, die nur unter gewissen Umständen über die Informationen nach Abs 1 hinausgegeben werden müssen. Bei einer näheren Analyse des Wortlauts kann man aber auch zum Schluss kommen, dass Informationen nach Abs 2 immer zur Verfügung zu stellen sind, da diese „notwendig sind, um eine faire und transparente Verarbeitung zu gewährleisten."

Die Aufgliederung der Informationspflichten des Art 13 in zwei Absätze sowie ein Blick auf die Vorgängerbestimmung in Art 10 lit c DS-RL indiziert allerdings, dass diese zusätzlichen Informationen nicht in jedem Fall zu erteilen sind, sondern tatsächlich der Bedingung unterliegen, dass sie für eine faire und transparente Verarbeitung notwendig sein müssen. Folgt man dieser Ansicht, die uE im Ergebnis sinnvoll erscheint, räumt Abs 2 dem Verantwortlichen einen gewissen Spielraum ein und sieht lediglich vor, dass die in Abs 2 genannten zusätzlichen Informationen nur situationsbezogen zu erteilen sind.

 DSB 22.08.2019, DSB-D130.206/0006-DSB/2019
Festzuhalten ist, dass die Informationspflicht nach Art 12 Abs 2 (richtig: Art 13 Abs 2) DSGVO nach dem ausdrücklichen Verordnungstext nur dann besteht, wenn dies notwendig ist, **um eine faire und transparente Verarbeitung** zu gewährleisten.

Beispiele: Auf einer Website kann die Informationspflicht in der Form erfüllt werden, dass der Link zu einer „Datenschutzerklärung" am Ende jeder Seite gut sichtbar abrufbar ist.

Im Falle der Erhebung von Kontaktdaten bei einer telefonischen Anfrage oder durch Übergabe einer Visitenkarte, müssen – nach der hier vertretenen Ansicht – nur die Informationen nach Abs 1 erteilt werden, sofern sie der betroffenen Person nicht ohnedies schon bekannt sind, was zumeist der Fall sein wird. Die weiteren Informationen nach Abs 2, wie v.a. die diversen Rechtsbelehrungen, können entfallen, weil sie in dieser Situation nicht für eine faire und transparente Verarbeitung benötigt werden (vorläufige Einschätzung).

BVwG 25.11.2019, W211 2210458-1
Verstoß gegen das Transparenzverbot des Art 5 Abs 1 lit a iVm Art 12 und Art 13 DSGVO, weil der Bf keine **Kennzeichnung seiner Videoüberachung** vorgenommen hat.

DSB 22.08.2019, DSB-D130.206/0006-DSB/2019
Verletzung im Informationsrecht durch eine Hotelbuchungsplattform in der Schweiz dadurch, dass diese zwar personenbezogene Daten des Beschwerdeführers erhoben, allerdings entgegen den Bestimmungen von Art 13 DSGVO zum Zeitpunkt der Erhebung dieser Daten und auch bis zum Abschluss des Verfahrens vor der Datenschutzbehörde **keine vollständigen Informationen** bereitgestellt hat.

DSB 16.11.2018, DSB-D213.692/0001-DSB/2018
Die Verantwortliche **hat gegen die Informationspflichten verstoßen**, indem sie in ihren Datenschutzerklärungen
a) nicht deutlich unterscheidet, ob die Informationen nach Art. 13 oder nach Art. 14 DSGVO erteilt werden;
b) den Namen und die Kontaktdaten eines nicht bestellten Datenschutzbeauftragten angibt;
c) die Rechtsgrundlagen für die Verarbeitung unvollständig anführt;
d) in Bezug auf Art. 6 Abs 1 lit f DSGVO nicht anführt, worin die berechtigten Interessen, die von der Verantwortlichen verfolgt werden, beruhen;
e) in Bezug auf die Einwilligung nicht anführt, dass diese jederzeit widerrufen werden kann, ohne dass dadurch die Rechtmäßigkeit der aufgrund der Einwilligung bis zum Widerruf erfolgten Verarbeitung berührt wird.

In Art 13 Abs 4 ist **nur eine einzige Ausnahme** von der Informationspflicht bei Direkterhebung vorgesehen, nämlich dann, wenn und soweit die betroffene Person bereits über die Informationen verfügt. Weitere Ausnahmen von der Informationspflicht können aber unter den Voraussetzungen des Art 23 in nationalen Rechtsvorschriften vorgesehen werden. Von dieser Möglichkeit hat der österr Gesetzgeber vor allem in zahlreichen Gesundheitsgesetzen (wie zB in § 3b Abs 2 ÄrzteG oder § 9a Abs 2 KAKuG) Gebrauch gemacht.

7.3.3 Datenerhebung nicht bei der betroffenen Person

Werden die Daten nicht bei der betroffenen Person direkt erhoben, sondern stammen aus einer anderen Quelle (zu denken ist v.a. an **Datenübermittlungen** und an **Daten aus öffentlich zugänglichen Quellen**), ist zusätzlich zu den Informationen nach Art 13 DSGVO Auskunft darüber zu geben, aus welcher Quelle die Daten stammen. Alle Informationen sind grundsätzlich innerhalb eines Monats nach Erlangung der Daten zu erteilen bzw bei einer Verarbeitung der Daten zur Kommunikation mit der betroffenen Person, spätestens zum Zeitpunkt der ersten Mitteilung an diese.

In diesem Fall der Datenerhebung sind nach Art 14 Abs 5 weitere **Ausnahmegründe** von der Informationspflicht vorgesehen. Danach entfällt die Informationspflicht, wenn und soweit:
* die betroffene Person bereits über die Informationen verfügt;
* die Informationserteilung unmöglich oder mit einem unverhältnismäßigen Aufwand verbunden ist;
* die Informationserteilung nach Art 14 Abs 1 voraussichtlich die Verwirklichung der Ziele der Verarbeitung unmöglich macht oder ernsthaft beeinträchtigt;
* die Erlangung oder Offenlegung durch Rechtsvorschriften der Union oder der Mitgliedstaaten ausdrücklich geregelt ist, die geeignete Maßnahmen zum Schutz der berechtigten Interessen der betroffenen Person vorsehen;
* die Daten dem Berufsgeheimnis oder einer satzungsmäßigen Geheimhaltungspflicht unterliegen und daher vertraulich behandelt werden müssen.

Ein unverhältnismäßiger Aufwand im Sinne dieser Ausnahmebestimmung wird explizit bei Verarbeitungen für im öffentlichen Interesse liegende Archivzwecke, zu wissenschaftlichen oder historischen Forschungszwecken oder für statistische Zwecke angenommen.

> **Beispiele:** Die Abfrage von Daten aus öffentlichen Registern, wie Grundbuch, Firmenbuch oder GISA, löst keine Informationspflicht aus, weil dies in österreichischen Rechtvorschriften ausdrücklich vorgesehen ist. Allerdings nur unter der zusätzlichen Voraussetzung, dass die jeweilige Rechtsgrundlage geeignete Maßnahmen zum Schutz der betroffenen Person vorsehen.

> Dem Berufsgeheimnis unterliegt zB die Übermittlung von personenbezogenen Daten an einen Rechtsanwalt über denjenigen, gegen den ein Verfahren angestrengt wird sowie über allfällige Zeugen, Auskunftspersonen und sonstige Beteiligte.

 DSB 31.10.2018, DSB-D123.076/0003-DSB/2018
Verletzung im Recht auf Geheimhaltung dadurch, dass die Beschwerdegegnerin die **auf einer Website veröffentlichte Handynummer** des Beschwerdeführers zweckwidrig für Werbemaßnahmen verwendet hat. Verletzung der Informationspflicht gemäß Art 14 DSGVO, weil personenbezogene Daten des Beschwerdeführers (Handynummer) nicht beim Beschwerdeführer erhoben wurden. Im Anschluss wurde die Handynummer verwendet, um den Beschwerdeführer zu Werbezwecken zu kontaktieren, weshalb die Beschwerdegegnerin gemäß Art 14 DSGVO informationspflichtig wurde.

7.3.4 Information durch *standardisierte Bildsymbole*

Die Informationen, die den betroffenen Personen bereitzustellen sind, können – um den Kriterien der Verständlichkeit, Einfachheit und Aussagekraft Genüge zu tun – auch **in Kombination mit standardisierten Bildsymbolen** bereitgestellt werden. Das Europäische Parlament hatte bereits Muster für solche Piktogramme entwickelt, welche aber nicht in die DSGVO aufgenommen wurden:

In Art 12 Abs 8 DSGVO wurde der Europäischen Kommission die Befugnis übertragen, solche Bildsymbole (Icons) zu entwickeln.

7.4 Recht auf Auskunft

7.4.1 Form des Auskunftsbegehrens, Identitätsnachweis

Im Gegensatz zu den Informationspflichten, die proaktiv durch den Verantwortlichen zu erfüllen sind, setzt das Recht auf Auskunft einen **Antrag der betroffenen Person** voraus. Über die konkrete Form des Auskunftsbegehrens gibt die DSGVO keine Auskunft, sodass der Antrag grundsätzlich mündlich oder schriftlich gestellt werden kann. Allein aus Zwecken der Beweisbarkeit ist die Schriftform empfehlenswert. Ausdrücklich festzuhalten ist, dass für das Recht, ein Auskunftsbegehren zu stellen, keinerlei Voraussetzungen vorliegen müssen, wie etwa ein konkreter Verdacht der Unrechtmäßigkeit einer Verarbeitung. Seine Grenzen findet das Recht allerdings in den Fällen, in denen Auskunftsbegehren offenkundig unbegründet oder exzessiv gestellt werden.

DSB 31.07.2019, DSB-D123.901/0002-DSB/2019
Ein explizites **Rechtsschutzinteresse** ist keine Voraussetzung für ein Auskunftsersuchen nach Art 15 DSGVO, da das Recht auf Auskunft jeder natürlichen Person voraussetzungslos zusteht.

DSB 22.02.2019, DSB-D124.098/0002-DSB/2019
Das Begehren muss, um Rechtswirkungen nach sich zu ziehen, dem Verantwortlichen zugegangen sein.
Eine betroffene Person kann im Rahmen von Datenschutzbestimmungen oder AGB nicht angehalten werden, einen **Antrag** auf Ausübung von Betroffenenrechte – bei sonstiger Ungültigkeit – **an eine bestimmte Adresse** oder auf bestimmte Weise übermitteln zu müssen.

DSB 11.01.2019, DSB-D123.512/0004-DSB/2018
Da das datenschutzrechtliche Auskunftsbegehren nie den bezeichneten Beschwerdegegner erreicht hat, fehlt es dem Beschwerdeführer in Bezug auf den gerügten Sachverhalt im Zeitpunkt der Einbringung der Beschwerde an der Legitimation. Hier: Einwurf des Auskunftsbegehrens in den Briefkasten der Dienstwohnung der Hausbesorgerin.

Nicht mehr zwingend vorgesehen ist der Nachweis der Identität in geeigneter Form bei der Geltendmachung des Auskunftsanspruchs. Hat der Verantwortliche jedoch berechtigte Zweifel an der Identität des Betroffenen, so kann er nach Art 12 Abs 6 DSGVO zusätzliche Informationen anfordern, die zur Bestätigung der Identität der betroffenen Person notwendig sind. Speziell (aber nicht nur) bei mündlichen Auskunftsbegehren ist daher idR eine Identitätsprüfung vorzunehmen.

BVwG 27.05.2020, W214 2228346-1
Eine routinemäßige Identitätsprüfung widerspricht dem Wortlaut des Art 12 Abs 6 DSGVO. **Die elektronische Signatur** stellt ein geeignetes Mittel zum Nachweis der Identität dar.

> DSB 31.07.2019, DSB-D123.901/0002-DSB/2019
> Nur wenn der Verantwortliche begründete Zweifel hat, die einzelfallbezogen darzulegen sind, kann er weitere Informationen zur Identifizierung des Antragstellers einfordern. Ein Verantwortlicher darf aber **nicht generell die Vorlage eines Identitätsnachweises verlangen.**

7.4.2 Inhalt und Form der Auskunftserteilung

Nach Art 15 DSGVO hat die betroffene Person das Recht, **Auskunft über die personenbezogenen Daten** zu verlangen, **die sie betreffen.** Dieser Kerninhalt des Auskunftsrechts ist (etwas versteckt) im Einleitungssatz von Art 15 Abs 1 festgelegt. Wird vom Verantwortlichen bestätigt, dass Daten über die betroffene Person verarbeitet werden, so besteht zudem das Recht auf folgende Auskünfte:

- die Verarbeitungszwecke,
- die **Kategorien** personenbezogener Daten, die verarbeitet werden,
- die **Empfänger oder Kategorien von Empfängern**, gegenüber denen die personenbezogenen Daten offengelegt worden sind oder noch offengelegt werden, insbesondere bei Empfängern in Drittländern,
- falls möglich, die **geplante Dauer**, für die die personenbezogenen Daten **gespeichert werden**, oder, falls dies nicht möglich ist, die Kriterien für die Festlegung dieser Dauer,
- das **Bestehen eines Rechts auf Berichtigung oder Löschung** der sie betreffenden personenbezogenen Daten oder auf Einschränkung der Verarbeitung durch den Verantwortlichen oder eines Widerspruchsrechts gegen diese Verarbeitung,
- das Bestehen eines **Beschwerderechts** bei einer Aufsichtsbehörde,
- wenn die personenbezogenen Daten nicht bei der betroffenen Person erhoben werden, alle verfügbaren Informationen über die Herkunft der Daten,
- das Bestehen einer automatisierten Entscheidungsfindung einschließlich **Profiling**, aussagekräftige Informationen über die involvierte Logik sowie die Tragweite und die angestrebten Auswirkungen einer derartigen Verarbeitung für die betroffene Person.

> BVwG 09.12.2019, W214 2221970-1
> Nach 15 Abs 1 lit c DSGVO besteht auch ein Recht auf Auskunft über die **Daten, die konkret an die Empfänger übermittelt wurden.** Der Verantwortliche muss vollständig darüber informieren, an wen er welche Daten bereits offengelegt hat oder noch offenzulegen plant.

> BVwG 27.09.2019, W101 2139434-1
> Aufgrund des Abstellens auf die „**verfügbaren Informationen**" im Sinne der tatsächlich zum Zeitpunkt des Stellens des Auskunftsbegehrens beim Verantwortlichen vorhandenen Informationen kann keine nachträgliche Erhebungspflicht beim Verantwortlichen abgeleitet werden, die über die bei ihm verfügbaren Informationen hinausgehen.

DSB 06.06.2018, DSB-D122.829/0003-DSB/2018
Verletzung im Recht auf Auskunft dadurch, dass nicht beauskunftet wurde, welche Krankenhausmitarbeiter konkret auf ihren Krankenakt zugegriffen haben.

Nach Art 15 Abs 3 DSGVO stellt der Verantwortliche der betroffenen Person **eine Kopie der personenbezogenen Daten**, die Gegenstand der Verarbeitung sind, zur Verfügung. Stellt die betroffene Person den Antrag elektronisch, so sind die Informationen in einem gängigen elektronischen Format zur Verfügung zu stellen, sofern sie nichts anderes angibt. Das Recht auf Erhalt einer Kopie darf die Rechte und Freiheiten anderer Personen nicht beeinträchtigen (Art 15 Abs 4), weshalb beispielsweise Geschäftsgeheimnisse oder Rechte des geistigen Eigentums nicht herausgegeben werden müssen.

DSB 18.04.2019, DSB-D122.913/0001-DSB/2019
Bei einem aufgrund privater Anzeige eingeleiteten verwaltungsbehördlichen Verfahren (hier: wegen angeblicher Übertretung von Elektrotechnikschutzvorschriften durch einen Gewerbetreibenden) steht der ausdrückliche Wunsch des Anzeigenlegers auf vertrauliche Behandlung einer vollumfänglichen Beauskunftung an den Gewerbetreibenden entgegen. Eine Übermittlung einer Kopie der E-Mail-Anzeige, die nach § 17 Abs 3 AVG bereits von der Akteneinsicht ausgenommen wurde, kommt auch nach Art 15 Abs 4 DSGVO nicht in Betracht.

7.4.3 Frist

Gemäß Art 12 Abs 3 DSGVO hat die Auskunftserteilung **innerhalb eines Monats** nach Eingang des Antrags zu erfolgen. Bei komplexen Begehren kann diese Frist um zwei weitere Monate ausgedehnt werden, hiervon ist der Betroffene aber ebenfalls binnen Monatsfrist schriftlich zu verständigen und zwar unter Anführung der Gründe. Ein Anspruch auf Kostenersatz besteht grundsätzlich nicht.

Der österreichische Gesetzgeber hat für Verantwortliche in § 24 Abs 6 DSG die Möglichkeit geschaffen, behauptete **Rechtsverletzungen** über den in Art 12 Abs 3 DSGVO genannten Zeitraum hinaus, konkret bis zum Abschluss des Beschwerdeverfahrens vor der DSB, **nachträglich zu beseitigen**, indem er den Anträgen des Beschwerdeführers entspricht. Die DSB stellt daraufhin das Verfahren formlos ein, wenn der Beschwerdeführer nicht innerhalb einer angemessenen Frist begründet, warum er die ursprünglich behauptete Rechtsverletzung zumindest teilweise nach wie vor als nicht beseitigt erachtet.

DSB 26.11.2018, DSB-D123.223/0007-DSB/2018
Keine Verletzung im Recht auf Auskunft, weil das Auskunftsbegehren verspätet, jedoch **vor Abschluss des Verfahrens** vor der Datenschutzbehörde, beantwortet wurde.

Sind zur Person des Auskunftswerbers keine Daten vorhanden, ist innerhalb eines Monats **eine Negativauskunft** zu erteilen, in der die betroffene Person über die Gründe des Nicht-Tätigwerdens und über die Möglichkeit, bei der DSB Beschwerde einzulegen, zu informieren ist (Art 12 Abs 4 DSGVO).

DSB 27.06.2019, DSB-D124.071/0005-DSB/2019
Verletzung im Recht auf Auskunft dadurch, dass **nach Eingang des Auskunftsbegehrens** die personenbezogenen Daten **gelöscht** bzw vernichtet wurden und danach eine Negativauskunft erteilt wurde.

DSB 14.01.2019, DSB-D123.224/0004-DSB/2018
Bei **Identifizierbarkeit** der betroffenen Person, auch wenn diese im Datenbestand nicht namentlich genannt wird, ist die Erteilung einer Negativauskunft nicht ausreichend.

7.4.4 Mitwirkungspflicht

Eine Mitwirkungspflicht der betroffenen Person ist im Normtext der DSGVO nicht verankert. Allerdings sieht ErwGr 63 vor, dass ein Verantwortlicher, der eine große Menge von Informationen über die betroffene Person verarbeitet, verlangen können soll, dass die betroffene Person präzisiert, auf welche Information oder welche Verarbeitungsvorgänge sich ihr Auskunftsersuchen bezieht, bevor er ihr Auskunft erteilt. Wie sich diese „Mitwirkungspflicht" auf die Fristen zur Auskunftserteilung auswirkt, ist nicht geregelt.

DSB 31.07.2019, DSB-D123.901/0002-DSB/2019
Eine **Mitwirkungspflicht** ist nur noch in ErwGr 63 zur DSGVO angedeutet, jedoch nicht mehr ausdrücklich normiert, weshalb ein Verantwortlicher zwar berechtigt ist, von der betroffenen Person eine Präzisierung zu verlangen, aber keinen Anspruch darauf hat.

7.4.5 Unentgeltlichkeit

Gemäß Art 12 Abs 5 DSGVO hat die Auskunftserteilung unentgeltlich zu erfolgen. Bei offenkundig unbegründeten oder häufig wiederholten und damit **exzessiven Anträgen** einer betroffenen Person kann der Verantwortliche aber entweder ein angemessenes Entgelt verlangen oder sich weigern, aufgrund des Antrags tätig zu werden. Den Nachweis für den offenkundig unbegründeten oder exzessiven Charakter des Antrags hat der Verantwortliche zu erbringen.

BVwG 24.05.2019, W258 2205602-1
Bankkunden haben im Rahmen ihres Auskunftsrechts nach Art 15 DSGVO das Recht, **kostenlose Auskünfte über Überweisungen** (hier: an zwei Hausverwaltungen) der vergangenen fünf Jahre zu erhalten.

BVwG 10.12.2018, W211 2188383-1
Der Beschwerdeführer hat ein Recht auf Auskunft hinsichtlich seiner **Kontobewegungen** innerhalb der letzten sieben Jahre.

7.4.6 Beschränkungen des Auskunftsrechts

Nach Art 23 DSGVO können die Betroffenenrechte – und damit auch das Auskunftsrecht – durch Gesetzgebungsmaßnahmen beschränkt werden ua zum Schutz der betroffenen Person oder der Rechte und Freiheiten anderer Personen oder aus bestimmten **öffentlichen Interessen** (zB Vorbeugung, Verhinderung oder Verfolgung von Straftaten, nationale Sicherheit oder Schutz der Unabhängigkeit der Justiz).

Von dieser Öffnungsklausel hat der österreichische Gesetzgeber in § 4 Abs 5 und 6 DSG Gebrauch gemacht: Danach besteht das Recht auf Auskunft der betroffenen Person gegenüber einem hoheitlich tätigen Verantwortlichen dann nicht, wenn durch die Erteilung dieser Auskunft die Erfüllung einer dem Verantwortlichen gesetzlich übertragenen Aufgabe gefährdet wird. Gegenüber dem Verantwortlichen ist das Auskunftsrecht ausgeschlossen, wenn durch die Erteilung dieser Auskunft ein Geschäfts- oder Betriebsgeheimnis des Verantwortlichen bzw Dritter gefährdet würde. Eine weitere Beschränkung des Auskunftsrechts ist zB für Rechtsanwälte und Notare in § 9 Abs 4 RAO bzw § 37 Abs 5 NO vorgesehen.

7.5 Berichtigung und Löschung

7.5.1 Berichtigungsrecht

Nach Art 16 DSGVO hat die betroffene Person das Recht, vom Verantwortlichen unverzüglich die Berichtigung sie betreffender **unrichtiger personenbezogener Daten** zu verlangen. Unter Berücksichtigung der Zwecke der Verarbeitung besteht zudem das Recht, die Vervollständigung unvollständiger personenbezogener Daten — auch mittels einer ergänzenden Erklärung — zu verlangen.

 BVwG 18.03.2019, W211 2208247-1
Das **Fehlen eines Antrages auf Berichtigung** an den Verantwortlichen stellt ein Fehlen einer wesentlichen Erfolgsvoraussetzung und damit einen nicht verbesserungsfähigen Mangel dar.

7.5.2 Löschungsrecht („Recht auf Vergessenwerden")

Art 17 DSGVO sieht das Recht vor, die Löschung von personenbezogenen Daten bei **Vorliegen bestimmter Löschungsgründe** zu verlangen. Dieses Recht entbindet den Verantwortlichen allerdings nicht davon, auch ohne Verlangen der betroffenen Person regelmäßig zu überprüfen, ob die von ihm verarbeiteten Daten zu löschen sind. Ein Recht auf automatische Löschung nach einer vordefinierten Zeit und damit ein wirkliches „Recht auf Vergessenwerden" wurde damit aber nicht eingeführt.

Geprägt wurde die Phrase des „Rechts auf Vergessenwerden" von Oxford-Professor Viktor Mayer-Schönberger, der vertritt, dass elektronisch gespeicherte Informationen generell mit einem Verfallsdatum ausgestattet sein sollten. Dies deshalb, weil die „digitale" Welt wieder an die „analoge" anzupassen sei: Für unser Gehirn sei das Erinnern die Ausnahme und das Vergessen die Regel. Für ein digitales Gerät ist es aber genau umgekehrt, hier erfordert das Vergessen einen aktiven Akt, das Erinnern geschieht automatisch.

Als **Löschungsgründe** kommen insbesondere in Betracht:
- Die personenbezogenen Daten **sind für die Zwecke**, für die sie erhoben oder auf sonstige Weise verarbeitet wurden, **nicht mehr notwendig** (lit a).
- Die betroffene Person **widerruft ihre Einwilligung**, auf die sich die Verarbeitung stützte, und es fehlt an einer anderweitigen Rechtsgrundlage für die Verarbeitung (lit b).
- Die betroffene Person legt gemäß Artikel 21 Absatz 1 DSGVO **Widerspruch** gegen die Verarbeitung ein, und es liegen keine vorrangigen berechtigten Gründe für die Verarbeitung vor, oder die betroffene Person legt gemäß Artikel 21 Absatz 2 Widerspruch gegen die Verarbeitung ein (lit c).
- Die personenbezogenen Daten wurden **unrechtmäßig verarbeitet** (Generalklausel, lit d).

 DSB 08.11.2019, DSB-D122.970/0004-DSB/2019
Verletzung im Recht auf Löschung dadurch, dass die Beschwerdegegnerin das **pseudonymisierte Nutzerprofil** nicht gelöscht, sondern den Bf stattdessen aufgefordert hat, ein Formular auszufüllen und dabei seine vollständigen Namens- und Adressdaten bekanntzugeben sowie Angaben zu früheren Kontakten zu machen oder nicht näher bezeichnete „Unterlagen" zur Bescheinigung seiner Identität vorzulegen.

BVwG 30.10.2019, W258 2216873-1
1. Die Verarbeitung von Daten über **historische Insolvenzen und Zahlungsausfälle** durch die Kreditauskunftei ist notwendig und rechtmäßig, auch vor dem Hintergrund, dass es der EU-Verordnungsgesetzgeber für erforderlich sieht, das Risiko von Forderungen anhand eines zumindest fünfjährigen Beobachtungszeitraums vergangener Zahlungsausfälle abzuschätzen.
2. Bei **historischen Meldedaten**, die knapp fünf Jahre oder länger zurückliegen, überwiegen die Geheimhaltungsinteressen der betroffenen Personen den Interessen der Zweitbeschwerdeführerin, wenn wie hier, die betroffene Person seither die Wohn- oder Meldeadresse nicht gewechselt hat.

DSB 01.10.2019, DSB-D124.567/0005-DSB/2019
Pflicht zur Löschung von **35 Jahre alten Zahlungserfahrungsdaten** aus der Warnliste der Banken: Nur aktuelle Daten bzw jüngere Zahlungserfahrungen erlauben eine korrekte Einschätzung und sind im Sinne des Art 5 Abs 1 lit d DSGVO sachlich richtig und auf dem neuesten Stand. Bei 35 Jahre alten Zahlungserfahrungsdaten kann jedenfalls keine Rede davon sein, dass diese geeignet wären, ein aktuelles Bild der Realität abzugeben.

DSB 23.07.2019, DSB-D123.822/0005-DSB/2019
Keine Verletzung im Recht auf Löschung, wenn dem **Antrag auf partielle Löschung** einzelner Datenfelder aus einem Kundenbindungsprogramm nicht Folge geleistet wird.

OGH 23.05.2019, 6 Ob A 1/18t
Nachdem das Arbeitsgericht in die Lage versetzt wurde, die auf dem ehemals vom Dienstnehmer benützten Laptop des Arbeitgebers abgespeicherten personenbezogenen Daten seiner Entscheidung zugrunde zu legen (oder auch nicht), sind die **Gründe für eine weitere Aufbewahrung** der Daten durch den Dienstgeber **weggefallen**. Der beklagte Arbeitgeber hat daher die Daten zu löschen und die hergestellten Ausdrucke zu vernichten.

DSB 05.02.2019, DSB-D123.495/0007-DSB/2018
Da die Adressdaten des Beschwerdeführers auch **weiterhin aus berechtigtem Interesse** bzw aufgrund gesetzlicher Anordnung berechtigter Weise **verarbeitet werden** müssen, kommt eine physische Löschung nicht in Betracht, sondern muss dafür Sorge getragen werden, dass die Verarbeitung zum Zweck der Versendung von Werbung nicht mehr möglich ist. Die Beschwerdegegnerin hat einen entsprechenden Vermerk gesetzt.

DSB 15.01.2019, DSB-D123.527/0004-DSB/2018
Kein Recht auf Löschung eines Arztes aus einer **Ärztebewertungsplattform**: Aufgrund der durchgeführten Interessenabwägung liegt keine Verletzung im Recht auf Geheimhaltung vor, da die berechtigten Interessen der Portalbenutzer (also der Patienten) gegenüber den dargelegten Beeinträchtigungen der berechtigten Interessen des Beschwerdeführers überwiegen. Folglich ist die Verarbeitung personenbezogener Daten rechtmäßig und die Voraussetzung für eine Löschung nach Art 17 Abs 1 lit d DSGVO ist nicht erfüllt.
Die Verarbeitung ist zudem iSv Art 17 Abs 3 lit a DSGVO zur Ausübung des Rechts auf freie Meinungsäußerung und Information erforderlich.

OGH 20.12.2018, 6 Ob 131/18k
Die beim Pflegschaftsgericht befindlichen Ausdrucke hat der Beklagte unverzüglich nach deren (allfälliger) Rückstellung durch das Pflegschaftsgericht zu vernichten.

DSB 13.12.2018, DSB-D122.995/0003-DSB/2018
Verletzung im Recht auf Löschung, weil das Telekom-Unternehmen personenbezogene Daten (**Verkehrsdaten** iSd § 92 Abs 3 Z 4 TKG 2003) über einen zulässigen Zeitraum hinaus verarbeitete und entgegen dem Antrag der betroffenen Person nicht löschte.

DSB 07.12.2018, DSB-D123.193/0003-DSB/2018
Verletzung im Recht auf Löschung, weil die Kreditauskunftei eine Forderung, die vor mehr als fünf Jahren beglichen wurde, nicht aus ihrer **Bonitätsdatenbank** gelöscht hat. Hinsichtlich einer weiteren Forderung, die erst vor wenigen Monaten beglichen wurde, wurde die Beschwerde abgewiesen.

DSB 15.11.2018, DSB-D122.944/0007-DSB/2018
Keine Pflicht zur Löschung der **Krankenstandstage** eines Vertragsbediensteten, weil die Speicherung zur Erfüllung der rechtlichen Verpflichtungen nach § 132 Abs 1 BAO und § 42 Abs 1 ASVG für sieben Jahre notwendig ist.

DSB 27.08.2018, DSB-D123.085/0003-DSB/2018
Keine Pflicht zur Löschung von **Bewerbungsunterlagen**, weil im vorliegenden Fall ist die sechsmonatige Frist von § 29 Abs 1 GlBG zum Zeitpunkt der Entscheidung der Datenschutzbehörde noch nicht abgelaufen war.

DSB 28.05.2018, DSB-D216.580/0002-DSB/2018
Die Speicherung von Daten im Hinblick auf eine **eventuell zukünftige Kontaktaufnahme** mit dem Beschwerdeführer, wenn dieser die Löschung seiner gesamten Daten verlangt und daraus zu schließen ist, dass eine derartige Kommunikation nicht mehr erfolgen wird, ist gemäß Art 17 Abs 1 lit a DSGVO nicht notwendig.

7.5.3 Folgen der Löschungspflicht

Ein absolutes Löschungsrecht der betroffenen Person, losgelöst vom Vorliegen eines dieser Löschungsgründe, gibt es auch nach der DSGVO nicht. Wenn ein Löschungsgrund besteht, hat der Verantwortliche die Löschung unverzüglich vorzunehmen. Löschung bedeutet die **technische Löschung** von elektronischen Daten, nicht bloß eine Stilllegung oder Deaktivierung. Es kommt darauf an, dass auf die Daten nicht mehr zugegriffen werden kann. Dass eine **Wiederherstellung** von Daten **theoretisch mit hohem Aufwand** möglich ist, wird in diesem Zusammenhang unproblematisch sein.

 EuGH 24.09.2019, C-507/17
Art 12 Buchst b und Art 14 Abs 1 Buchst a der DS-RL sowie Art 17 Abs 1 DSGVO sind dahin auszulegen, dass der Betreiber einer **Suchmaschine**, wenn er in Anwendung dieser Bestimmungen einem Auslistungsantrag stattgibt, die **Auslistung nicht in allen Versionen seiner Suchmaschine** vorzunehmen hat, sondern nur in allen mitgliedstaatlichen Versionen.

EuGH 24.09.2019, C-136/17
Der **Suchmaschinenbetreiber** kann einen **Antrag auf Auslistung von Links ablehnen**, wenn er feststellt, dass die Links zu Inhalten führen, die personenbezogene Daten der in Art 8 Abs 1 Datenschutz-Richtlinie genannten besonderen Kategorien enthalten, deren Verarbeitung aber unter eine der Ausnahmen in Art 8 Abs 2 lit e der Richtlinie fällt, sofern die Verarbeitung alle sonstigen von der Richtlinie aufgestellten Voraussetzungen für die Zulässigkeit erfüllt.

DSB 05.12.2018, DSB-D123.270/0009-DSB/2018
Die Entfernung des Personenbezugs („**Anonymisierung**") von personenbezogenen Daten kann grundsätzlich ein mögliches Mittel zur Löschung sein. Es muss jedoch sichergestellt werden, dass weder der Verantwortliche selbst, noch ein Dritter ohne unverhältnismäßigen Aufwand einen Personenbezug wiederherstellen kann.

OGH 15.04.2010, 6 Ob 41/10p
Um das Löschungsgebot nach dem DSG 2000 zu erfüllen, genügt es nicht, die Datenorganisation so zu verändern, dass ein „**gezielter Zugriff**" auf die betreffenden Daten ausgeschlossen ist.

Insbesondere bei einer verteilten Speicherung aus Sicherheitsgründen kann es im Einzelfall schwierig sein, einzelne Datensätze aus sämtlichen Kopien zu entfernen. Hier hat der österreichische Gesetzgeber in § 4 Abs 2 DSG eine Regelung (va auch für **Datensicherungen**) geschaffen, wonach in Fällen, in denen eine Löschung oder Berichtigung aus wirtschaftlichen oder technischen Gründen nicht unverzüglich, sondern nur zu bestimmten Zeitpunkten vorgenommen werden kann, eine Einschränkung der Verarbeitung iSd Art 18 DSGVO (siehe dazu gleich im Anschluss unter 7.7) ausreichend ist.

Für den Fall, dass der Verantwortliche die personenbezogenen Daten **öffentlich gemacht** hat (dh diese einem unbestimmten Personenkreis zugänglich gemacht hat), besteht gemäß Art 17 Abs 2 eine **zusätzliche Informationspflicht**, die den Risiken der Verbreitung im Internet Rechnung tragen soll.

In diesem Fall hat der Verantwortliche auch andere Verantwortliche, die die zu löschenden personenbezogenen Daten verarbeiten, darüber zu informieren, dass eine betroffene Person die Löschung aller Links zu diesen personenbezogenen Daten oder von Kopien oder Replikationen dieser personenbezogenen Daten verlangt hat. Diese Pflicht besteht allerdings nur „unter Berücksichtigung der verfügbaren Technologie und der Implementierungskosten".

7.5.4 Ausnahmen von der Löschungspflicht

Art 17 Abs 3 DSGVO sieht **Ausnahmetatbestände** vor, nach denen kein Recht auf Löschung besteht, und zwar:
- Meinungsfreiheit und Informationsfreiheit (lit a);
- rechtliche Verpflichtung oder Wahrnehmung einer dem Verantwortlichen übertragenen Aufgabe (lit b);
- öffentliche Gesundheit (lit c);
- Archivzwecke, wissenschaftliche oder statistische Zwecke (lit d);
- Geltendmachung, Ausübung oder Verteidigung von Rechtsansprüchen (lit e).

 DSB 31.07.2019, DSB-D123.901/0002-DSB/2019
Die personenbezogenen Daten des Beschwerdeführers, welche durch die (an sich rechtswidrige) Videoüberwachung gewonnen wurden, sind **Beweismittel in zwei anhängigen Verfahren**, weshalb diese Daten einstweilen gemäß Art 17 Abs 3 lit e DSGVO nicht gelöscht werden müssen.

7.5.5 Mitteilungspflicht

Nach Art 19 DSGVO hat der Verantwortliche jede Berichtigung, Löschung oder Einschränkung der Verarbeitung **allen anderen Empfängern, denen personenbezogene Daten offengelegt wurden, mitzuteilen**. Dies soll der Beseitigung von nachteiligen Folgen für die betroffene Person dienen und die Betroffenenrechte effektiver machen. Der Verantwortliche hat die betroffene Person auch über die erfolgte Mitteilung an die Empfänger zu unterrichten. Entfallen kann die Mitteilung nur dann, wenn sie sich als unmöglich erweist oder mit unverhältnismäßigem Aufwand verbunden ist.

7.6 Exkurs: Rechtssache „Google Spain und Google"

Besonders relevant ist das Löschungsrecht („Recht auf Vergessenwerden") im Zusammenhang mit dem Auffinden von personenbezogenen Informationen in Suchmaschinen, wie die Rechtssache EuGH 13.5.2014, C-131/12 (Google Spain und Google) veranschaulicht: In dieser Entscheidung stellte der EuGH klar, dass **Suchmaschinen** direkt verpflichtet werden können, Daten aus ihren Suchindizes zu entfernen. Dies auch dann, wenn die verarbeiteten Daten weder unvollständig noch unrichtig sind.

Der zugrundeliegende Sachverhalt war folgender: Bei der Eingabe seines Namens fand der Spanier Costeja Gonzalez in der Ergebnisliste von Google einen Link zu dem Onlinearchiv der Tageszeitung Vanguardia. Dort wurde sein Name in Zusammenhang mit einer Immobilienversteigerung genannt, die zur Befriedigung von Forderungen der Sozialversicherung diente. Er beschwerte sich beim Verleger der Tageszeitung sowie bei Google darüber, dass diese ==Informationen über seine finanziellen Schwierigkeiten== auch ==nach elf Jahren immer noch für jedermann leicht einsehbar waren==, obwohl die damalige Pfändung bereits seit Jahren erledigt und irrelevant sei.

Die Beschwerde gegenüber der Zeitung wurde abgewiesen, da die Veröffentlichung der Informationen rechtlich gerechtfertigt gewesen sei. Die Beschwerde gegen Google Spain und Google Inc. wurde aber letztendlich als zulässig erachtet.

Zunächst hielt der EuGH im Vorabentscheidungsverfahren fest, dass die strukturierte Übersicht einer Trefferliste auf einer Suchmaschinenwebseite zu einem zuvor eingegebenen Namen einer natürlichen Person die Grundrechte auf Achtung des Privatlebens und Schutz personenbezogener Daten erheblich beeinträchtigen könne (**Multiplikatorwirkung von Suchmaschinen**). Dieser Eingriff wird durch die Bedeutung von Suchmaschinen in der heutigen modernen Gesellschaft noch gesteigert. Zudem würden Suchmaschinenbetreiber durch die Aufbereitung der Daten „Verarbeitungen" vornehmen und damit „Verantwortliche" im datenschutzrechtlichen Sinn sein.

Als Erlaubnistatbestand für die Rechtmäßigkeit der Datenverarbeitung des Suchmaschinenbetreibers kommt laut EuGH die Wahrung von berechtigten Interessen des Suchmaschinenbetreibers infrage, wobei in diesem Fall zu prüfen sei, ob nicht die Grundrechte und Grundfreiheiten der betroffenen Person überwiegen.

Im Zuge dieser Abwägung stellte der EuGH schließlich fest, dass aufgrund der potenziellen Schwere des Eingriffes keine Rechtfertigung durch wirtschaftliche Interessen des Suchmaschinenbetreibers an der Verarbeitung von Daten bestehe. So würden im Allgemeinen die durch ==Art 7 und Art 8 GRC== geschützten Rechte des Betroffenen gegenüber den Interessen der Internetbenutzer an Information über die betroffene Person überwiegen. Nur in besonders gelagerten Fällen könne ein Interessenausgleich auch zugunsten der Internetnutzer zum Zugang zu Informationen ausgehen (zB bei Politikern, hochrangigen Beamten oder Geschäftsleuten).

Zur Löschung von **besonderen Kategorien personenbezogener Daten** nach Art 9 DSGVO hat der EuGH ausgesprochen, dass der Suchmaschinenbetreiber einen Antrag auf Auslistung von Links (nur dann) ablehnen kann, wenn er feststellt, dass die Links zu Inhalten führen, die besondere Kategorien personenbezogener Daten enthalten, deren Verarbeitung aber unter eine der Ausnahmen von Art 9 Abs 2 DSGVO fällt, sofern die Verarbeitung alle sonstigen Voraussetzungen für die Zulässigkeit erfüllt (EuGH 24.09.2019, C-136/17).

7.7 Recht auf Einschränkung der Verarbeitung

Das Recht auf Einschränkung der Verarbeitung ist ein gelinderes Mittel als die Löschung von Daten und bietet einen **einstweiligen Schutz**. Einschränkung bedeutet in diesem Zusammenhang, dass die **Daten grundsätzlich nur**

noch gespeichert werden dürfen. Jede andere Verwendung der Daten (beispielsweise Übermittlung, Verknüpfung oder Abgleich) ist im Wesentlichen nur zulässig, wenn die betroffene Person einwilligt oder dies zur Ausübung oder Verteidigung von Rechtsansprüchen notwendig ist sowie zum Schutz der Rechte einer anderen natürlichen oder juristischen Person.

Methoden der Einschränkung können vorübergehende Übertragung auf ein anderes Verarbeitungssystem, Sperrung für Nutzer oder vorübergehende Entfernung von Websites sein.

Die Einschränkungsgründe sind in Art 18 Abs 1 genannt:

Art 18
(1) Die betroffene Person hat das Recht, von dem Verantwortlichen die Einschränkung der Verarbeitung zu verlangen, wenn eine der folgenden Voraussetzungen gegeben ist:
a) die Richtigkeit der personenbezogenen Daten von der betroffenen Person bestritten wird, und zwar für eine Dauer, die es dem Verantwortlichen ermöglicht, die Richtigkeit der personenbezogenen Daten zu überprüfen,
b) die Verarbeitung unrechtmäßig ist und die betroffene Person die Löschung der personenbezogenen Daten ablehnt und stattdessen die Einschränkung der Nutzung der personenbezogenen Daten verlangt;
c) der Verantwortliche die personenbezogenen Daten für die Zwecke der Verarbeitung nicht länger benötigt, die betroffene Person sie jedoch zur Geltendmachung, Ausübung oder Verteidigung von Rechtsansprüchen benötigt, oder
d) die betroffene Person Widerspruch gegen die Verarbeitung gemäß Artikel 21 Absatz 1 eingelegt hat, solange noch nicht feststeht, ob die berechtigten Gründe des Verantwortlichen gegenüber denen der betroffenen Person überwiegen.

Wird die Einschränkung aufgehoben, besteht eine vor Aufhebung zu erfüllende Mitteilungspflicht des Verantwortlichen gegenüber der betroffenen Person.

7.8 Recht auf Datenportabilität

Durch die DSGVO **neu geschaffen** wurde in Art 20 DSGVO ein Recht der betroffenen Person auf Datenübertragbarkeit: Im Fall der Datenverarbeitung mithilfe automatisierter Verfahren hat die betroffene Person das Recht, die von ihr bereitgestellten personenbezogenen Daten in einem strukturierten, gängigen und maschinenlesbaren Format vom Verantwortlichen (zurück)zu erhalten. Wenn technisch machbar, besteht auch das **Recht, eine Direkt-Weiterleitung** der Daten zu einem anderen Verantwortlichen zu verlangen. Das Recht auf Datenübertragbarkeit besteht **ohne weitere Voraussetzungen** (für seine Geltendmachung ist also kein Grund anzugeben), allerdings nur dann, wenn die **Daten aufgrund des Erlaubnistatbestandes der Einwilligung oder der Vertragserfüllung** verarbeitet werden.

Die betroffene Person soll damit frei über „die sie betreffenden" Daten verfügen und diese besser kontrollieren können. Insbesondere ist hier an die Vereinfachung des Wechsels zwischen Anbietern (beispielsweise sozialer Medien) gedacht, weshalb dieses Recht auch wettbewerbsrechtliche Aspekte hat. **Ein Nutzer soll nicht nur deshalb bei einem Anbieter bleiben (müssen), weil die Übertragung der Daten zu beschwerlich ist.** Zudem sollen laut ErwGr auch interoperable technische Formate gefördert werden.

Das Recht auf Datenübertragbarkeit besteht nicht, wenn die Verarbeitung für die Wahrnehmung einer Aufgabe im öffentlichen Interesse oder in Ausübung öffentlicher Gewalt erfolgt, die dem Verantwortlichen übertragen wurde. Art 20 Abs 4 DSGVO stellt zudem klar, dass durch die Datenübertragbarkeit die Rechte und Freiheiten anderer Personen nicht berührt werden dürfen.

> **Beispiele:** Denkbare Fälle sind die Übertragung eines Social Media-Accounts auf einen anderen Anbieter oder die Übertragung einer Wunschliste von Musik bzw Büchern von einem Webshop auf einen anderen sowie die Übertragung der Daten aus Fitness-Trackern.

7.9 Widerspruchsrecht

Nach Art 21 DSGVO hat die betroffene Person das Recht, aus Gründen, die sich **aus ihrer besonderen Situation** ergeben, jederzeit gegen die Verarbeitung sie betreffender personenbezogener Daten Widerspruch einzulegen. Ist der Widerspruch erfolgreich, so resultiert daraus nach Art 17 Abs 1 lit c ein **Recht auf Löschung**. Das Widerspruchsrecht besteht allerdings nur bei Datenverarbeitungen, die aufgrund von zwei der (insgesamt sechs) in Art 6 vorgesehenen Rechtmäßigkeitsgründen erfolgen. Diese sind:
- Art 6 Abs 1 lit e (Wahrnehmung einer Aufgabe im öffentlichen Interesse) oder
- Art 6 Abs 1 lit f (Interessenabwägung).

Das Widerspruchsrecht setzt keine unrechtmäßige Datenverarbeitung voraus, sondern richtet sich gegen die zukünftige Fortsetzung einer an sich rechtmäßigen Verarbeitung. Die betroffene Person hat im Widerspruch „**besondere Gründe**" vorzubringen, die einzelfallabhängig sind und eine besondere Schutzwürdigkeit begründen (zB besondere Geheimhaltungsinteressen). Diese sind nur dann nicht ausreichend, wenn der Verantwortliche überwiegende schutzwürdige Gründe für die Verarbeitung darlegen kann oder die Verarbeitung der Geltendmachung, Ausübung oder Verteidigung von Rechtsansprüchen dient. Sind die Gründe der betroffenen Person und die Interessen des Verantwortlichen gleich stark, so wird also der betroffenen Person ein Widerspruchsrecht zugestanden. In der Zeit der Prüfung der Interessen kann die betroffene Person ihr Recht auf Einschränkung der Datenverarbeitung (siehe Kapitel 7.7) geltend machen.

Damit tritt im Vergleich zur Vorgängerbestimmung des § 28 Abs 1 DSG 2000 eine erhebliche Änderung zu Lasten des Verantwortlichen ein, weil nun diesem die **Beweislast** für das Überwiegen der zwingenden schutzwürdigen Gründe an der Datenverarbeitung gegenüber den Interessen oder den Rechten und Freiheiten der betroffenen Person auferlegt wird. Weiters hat der Verantwortliche die betroffene Person bei der ersten Kommunikation auf das Widerspruchsrecht hinzuweisen.

Ausdrücklich festgeschrieben wurde in Art 21 Abs 2 DSGVO zudem das **Widerspruchsrecht gegen Direktwerbung und Profiling** in diesem Zusammenhang, welches **absolut** ist und **keinerlei Begründung** bedarf.

 BVwG 30.10.2019, W258 2216873-1
Wenn die betroffene Person in ihrem Aufforderungsschreiben geltend macht, die über sie gespeicherten Daten seien zu alt und unvollständig und würden daher keine taugliche Grundlage zur Beurteilung ihrer Bonität iSv § 152 GewO bieten, sie seien nur geeignet, sie in ihrem wirtschaftlichen Fortkommen zu hindern und Schaden zu verursachen und ihre Verarbeitung sei gesetzlich nicht vorgesehen, macht sie einen Verstoß gegen die allgemeinen Verarbeitungsgrundsätze nach Art 5 DSGVO, nämlich Datenminimierung und Datensparsamkeit, und das Fehlen eines Erlaubnistatbestands nach Art 6 DSGVO, aber **keine Gründe** geltend, **die sich auf eine sie betreffende besondere Situation ergeben.**

DSB 23.07.2019, DSB-D123.822/0005-DSB/2019
Das Recht auf Widerspruch **steht** insofern **mit dem Recht auf Löschung in Verbindung**, als ein (erfolgreicher) Widerspruch gemäß Art 17 Abs 1 lit c DSGVO den Verantwortlichen zur unverzüglichen Löschung verpflichtet.

7.10 Automatisierte Entscheidungen – Profiling

Bei Einsatz von automatisierten Entscheidungsfindungen bestehen **besondere Informations- und Auskunftspflichten** (Art 13–15 DSGVO), bei denen der Verantwortliche sowohl über die Tatsache des Bestehens der automatisierten Entscheidungsfindung informieren muss als auch aussagekräftige Informationen über die involvierte Logik sowie die Tragweite und angestrebten Auswirkungen der Verarbeitung zur Verfügung stellen soll. Zudem ist bei Profiling-Maßnahmen die **Vornahme einer Datenschutz-Folgenabschätzung** erforderlich, und es bestehen **ausgeweitete Widerspruchsrechte**.

Art 22 DSGVO sieht darüber hinaus ein grundsätzliches **Verbot rein automatisiert generierter Einzelentscheidungen vor**. Gemeint sind Entscheidungen „ohne jegliches menschliche Eingreifen" (ErwGr 71), bei denen ein rein algorithmenbasierter Prozess ein Ergebnis generiert. Die betroffene Person hat grundsätzlich das Recht, nicht einer solchen Entscheidung unterworfen zu werden, wenn diese Entscheidung ihr gegenüber rechtliche Wirkung entfaltet oder sie auf andere Weise erheblich beeinträchtigt (zB Ablehnung eines Online-Kreditantrags, Kündigung eines Vertrags, ein Angebot zu schlechteren Bedingungen). Die vollautomatisierte Vorbereitung einer Entscheidung ist durch dieses Verbot nicht betroffen.

Mit dem ausdrücklichen Verweis auf **Profiling** (zur Definition siehe Kapitel 4.2.5) hebt die Bestimmung einen sehr praxisrelevanten Fall von automatisierten Einzelentscheidungen hervor (vollautomatisiertes Profiling). Profiling bedeutet die Erstellung eines Profils einer natürlichen Person anhand von Algorithmen. Dabei kann es sich etwa um Persönlichkeits-, Verhaltens- oder Bewegungsprofile handeln, die dabei helfen sollen, bestimmte Aspekte und Verhaltensweisen zu analysieren oder vorherzusagen.

Auch „**Kreditscoring**" ist von Art 22 DSGVO erfasst, sofern es ohne dazwischentretende menschliche Entscheidung zustande kommt und für eine automatische Entscheidung verwendet wird. Beim Scoring wird mittels statistischer Analyse ein Zahlenwert (Scorewert) ermittelt, der die Bonität einer Person ausdrücken soll. Auf Grundlage von gewissen Eckdaten, wie etwa Beruf, Wohnort oder Alter, werden Punkte vergeben und gewichtet. Die konkreten Regeln und Algorithmen einer Punktevergabe und -gewichtung werden „Scorekarte" genannt.

Art 22 Abs 2 DSGVO sieht Ausnahmetatbestände vom Verbot der automatisierten Entscheidungen vor, nämlich dann, wenn

- die Entscheidung für den **Abschluss oder die Erfüllung eines Vertrags** zwischen der betroffenen Person und dem Verantwortlichen erforderlich ist (lit a);
- die Entscheidung aufgrund besonderer Rechtsvorschriften zulässig ist (lit b – Öffnungsklausel) oder
- die Entscheidung mit ausdrücklicher Einwilligung des Betroffenen erfolgt (lit c).

Beruht eine Entscheidung auf einem Vertrag (lit a) oder der Einwilligung des Betroffenen (lit c), hat der Verantwortliche angemessene Schutzmaßnahmen zu treffen. In diesem Zusammenhang hat die betroffene Person **mindestens das Recht auf Eingreifen einer natürlichen Person beim Verantwortlichen**, auf Darlegung des eigenen Standpunkts und auf Anfechtung der Entscheidung.

Grundsätzlich ausgeschlossen sind automatisierte Verarbeitungen von besonderen Kategorien personenbezogener Daten (etwa rassische und ethnische Herkunft, religiöse Überzeugungen oder Gesundheitsdaten). Dieses Verbot der automatisierten Verarbeitung von besonderen Kategorien personenbezogener Daten gilt nur dann nicht, wenn die betroffene Person ausdrücklich in die Verarbeitung einwilligt oder die Verarbeitung wegen eines erheblichen öffentlichen Interesses erforderlich und verhältnismäßig ist.

Kontrollfragen:

- Was versteht man unter dem „Recht auf Vergessenwerden"?
- Welche Formvorschriften und Fristen bestehen bei Erfüllung von Informationspflichten nach der DSGVO?
- Welche Auskünfte muss der Verantwortliche einer betroffenen Person auf deren Antrag erteilen?
- Unter welchen Voraussetzungen hat eine betroffene Person ein Recht auf Einschränkung der Verarbeitung? In welchem Verhältnis steht dieses Recht zu den anderen Betroffenenrechten?
- Welche Ausnahmen von Löschungsrecht sind in der DSGVO vorgesehen?
- Was ist der Unterschied zwischen dem Löschungsrecht und dem Widerspruchsrecht?
- In welchen Fällen der Datenverarbeitung besteht ein absolutes Widerspruchsrecht?
- Was versteht man unter Profiling, und welche Sonderregelungen gibt es in diesem Bereich?

8 Datenverarbeitung im Auftrag

8.1 Allgemeines zur Auftragsverarbeitung

Die Regelungen zur Auftragsverarbeitung des Art 28 DSGVO dienen dazu, das Schutzniveau der DSGVO auch in der Konstellation der Datenverarbeitung im Auftrag zu wahren und die Risiken, die durch die Einbeziehung von Dritten in den Datenverarbeitungsvorgang entstehen, zu minimieren. Normadressaten des Art 28 sind der Verantwortliche und der Auftragsverarbeiter. Weitere für die Auftragsverarbeitung relevante Bestimmungen finden sich insbesondere bei den Legaldefinitionen des Verantwortlichen und des Auftragsverarbeiters in Art 4, aber auch etwa in Art 29, Art 30 Abs 2 oder Art 32. Zur rechtlich folgenschweren, aber oft nicht einfach vorzunehmenden **Rollenabgrenzung** zwischen Auftragsverarbeiter und Verantwortlichem bzw gemeinsamen Verantwortlichem siehe Kap 4.5 und 4.6.

> Zieht ein Verantwortlicher einen Auftragsverarbeiter zur Datenverarbeitung heran, ist der weisungsgebundene Auftragsverarbeiter dem Verantwortlichen grundsätzlich zuzurechnen (**„verlängerter Arm" des Verantwortlichen**).

Zu beachten ist, dass ein Auftragsverarbeiter in Bezug auf den Verantwortlichen eigenständig zu sein hat, weshalb Arbeitnehmer im Verantwortungsbereich des Verantwortlichen nicht Auftragsverarbeiter sein können, wohingegen zentralisierte Abteilungen oder Konzerngesellschaften, die innerhalb des Konzernverbunds etwa IT-Dienstleistungen erbringen oder KYC-Prüfungen durchführen, sehr wohl Auftragsverarbeiter sein können.

Der Verantwortliche entscheidet nach dem Konzept der DSGVO über die Zwecke und Mittel der Datenverarbeitung. Diese Entscheidungsgewalt kann sich ausdrücklich aus gesetzlichen Bestimmungen, aber auch aus einer rechtlichen Verpflichtung ergeben oder rein faktischer Natur sein. Aufgrund dieser wesentlichen Entscheidungshoheit ist der Verantwortliche „Herr der Datenverarbeitung". Dies gilt auch dann, wenn der Verantwortliche einen Auftragsverarbeiter mit der Datenermittlung bei Dritten beauftragt („**Ermittlungsauftragsverarbeiter**") soweit er hinsichtlich der wesentlichen Entscheidungen Weisungen erteilt. Relevant sind hierbei vor allem Entscheidungen betreffend die Zwecke der Datenverarbeitung und hinsichtlich der eingesetzten Mittel. Die Artikel 29-Datenschutzgruppe stellte klar, dass der **Verantwortliche die Entscheidungshoheit über alle materiell-rechtlichen Datenschutzfragen** hat, die die Rechtmäßigkeit der Verarbeitung betreffen (zB Ziel der Datenverarbeitung, Festlegung der zu verarbeitenden Daten, die Dauer der Aufbewahrung, der Zugang zu den Daten). Dem Auftragsverarbeiter kann aber etwa durchaus ein Entscheidungsspielraum eingeräumt werden, wenn es um technisch-organisatorische Fragen geht.

Im Lichte der stetig wachsenden Vernetzung und Komplexität von Technologien und Datenanwendungen ist seit Jahren ein starker Trend in Richtung Outsourcing von Datenverarbeitungen zu erkennen. Eines der bekanntesten

Beispiele ist etwa die Cloud-Technologie. Typische weitere Auftragsverarbeitungen sind beispielsweise Call-Center, Werbeadressenverarbeitungen, die Auslagerung der Backup-Sicherungsspeicherung oder Dienstleistungen von Rechenzentren.

In der Praxis kam es nach Geltungsbeginn der DSGVO oft zu einer überschießenden Interpretation von Auftragsverarbeitungsverhältnissen, denn nicht jede Art von Dienstleistung stellt zwangsläufig auch eine Auftragsdatenverarbeitung dar. Wird beispielsweise die Anfertigung von Büromöbeln beauftragt (wofür natürlich auch gewisse personenbezogene Daten zur Verfügung gestellt werden müssen), handelt es sich dabei regelmäßig nicht um eine Datenverarbeitung im Auftrag des Verantwortlichen, sondern um die Nutzung dieser Informationen durch den Büromöbelhersteller (als eigenständiger Verantwortlicher) zur Erfüllung seiner Dienstleistung.

Die DSGVO sieht eine weiter verstärkte Zusammenarbeit zwischen Verantwortlichem und Auftragsverarbeiter vor. Die in Kapitel 7 beschriebenen Betroffenenrechte, vor allem das Recht auf Datenportabilität in Kapitel 7.8, bewirken eine notwendige engere Kooperation der Vertragsparteien.

Während nach der früheren Rechtslage die Weitergabe von Daten an den Auftragsverarbeiter in § 4 Abs 11 DSG 2000 eigens als „Überlassung" von Daten definiert wurde, die an weniger strenge Voraussetzungen anknüpfte als die „Übermittlung" von Daten, kennt die DSGVO **keine eigene Definition für die Überlassung** von Daten an den Auftragsverarbeiter. Vielmehr ist die Definition der Verarbeitung in Art 4 Z 2 DSGVO (siehe dazu Kapitel 4.3) so weit gefasst, dass nicht nur die Übermittlung, sondern auch jede andere Form der Bereitstellung von Daten darunterfallen.

Nun enthält die DSGVO **keine ausdrückliche Privilegierung** des Datenflusses zwischen Verantwortlichem und Auftragsverarbeiter, was zu erheblichen Auslegungsunsicherheiten führt. Tatsächlich wäre nach dem weiten Wortlaut des Art 6 DSGVO, der an das Vorliegen einer „Verarbeitung" anknüpft, auch für die Datenweitergabe vom Verantwortlichen an den Auftragsverarbeiter das Vorliegen eines Rechtmäßigkeitstatbestandes erforderlich. Diese würde aber völlig dem System der Rollenverteilung widersprechen, wonach der Auftragsverarbeiter als „verlängerter Arm" des Verantwortlichen zu sehen ist, Daten nur im Auftrag des Verantwortlichen verarbeitet und damit nicht selbst über den Zweck der Verarbeitung entscheidet. In der Fachliteratur werden daher zahlreiche, im Wesentlichen telelogische Argumente vorgebracht, um eine Privilegierung des Datenflusses zwischen Verantwortlichem und Auftragsverarbeiter in die DSGVO „hineinzulesen". So lässt sich dieses uE sachgerechte Ergebnis etwa mit der Begründung erzielen, dass der Auftragsverarbeiter kein Dritter iSd DSGVO ist. Zudem würde die Sonderbestimmung des Art 28 DSGVO, die die Voraussetzung einer zulässigen Auftragsverarbeitung ausführlich regelt, keinen Sinn ergeben, wenn damit keine Privilegierung der Datenweitergabe verbunden wäre.

8.2 Beauftragung eines Auftragsverarbeiters

Die Auftragsverarbeitung muss grundsätzlich im Einklang mit den Anforderungen des Art 28 DSGVO stehen. Aus diesem Grund hat der Verantwortliche die Pflicht, nur solche Auftragsverarbeiter zu beauftragen, die im Hinblick auf Fachwissen, Zuverlässigkeit und Ressourcen diesen Standard garantieren können. Damit obliegt die Prüfpflicht, ob die Datenschutzgrundsätze und die Garantien der DSGVO vom Auftragsverarbeiter eingehalten werden, dem Verantwortlichen bei der Auswahl des Auftragsverarbeiters („**Auswahlverantwortung**").

Besonderes Augenmerk muss dabei auf die vom Auftragsverarbeiter getroffenen technischen und organisatorischen Schutzmaßnahmen und die Gewährleistung der Rechte der betroffenen Personen gelegt werden. Während unter technischen Maßnahmen auf die verwendeten Medien abgezielt wird, sind mit organisatorischen Maßnahmen eher Regelungen hinsichtlich der bei der Auftragsverarbeitung involvierten Personen (zB Mitarbeiter des Auftraggebers) gemeint.

> Die Beschreibung der getroffenen technischen und organisatorischen Schutzmaßnahmen stellt in der Praxis oft ein Problem dar, da oftmals nicht alle getroffenen Sicherheitsmaßnahmen offengelegt werden sollen, um die unternehmensinterne Datensicherheit zu gewährleisten.

Der Verantwortliche hat allerdings nicht nur im Zeitpunkt der Auswahl des Auftragsverarbeiters die Verpflichtung, dessen Tauglichkeit zu prüfen, sondern muss sich fortwährend versichern, dass die Anforderungen der DSGVO erfüllt sind („**fortlaufende Prüfpflicht**"). Hier kommen vor allem auch (laufende) Zertifizierungen des Auftragsverarbeiters infrage.

 DSB 16.11.2018, DSB-D213.692/0001-DSB/2018
Die Entscheidung, ob ein Auftragsverarbeiter herangezogen wird, obliegt alleine der Verantwortlichen, die auch die Pflicht zur sorgfältigen Auswahl und zum Abschluss eines Vertrages mit bestimmtem Inhalt mit dem Auftragsverarbeiter trifft. Folglich ist die **Heranziehung von Auftragsverarbeitern einer Einwilligung von Betroffenen nicht zugänglich**, weshalb eine diesbezügliche Einwilligung auch nicht rechtswirksam erteilt werden kann.

8.3 Beauftragung eines Sub-Auftragsverarbeiters

Die DSGVO untersagt dem Auftragsverarbeiter den Einsatz weiterer Auftragsverarbeiter ohne vorherige gesonderte oder allgemeine schriftliche Genehmigung des Verantwortlichen. Bei allgemeinen Genehmigungen (wie beispielsweise im Auftragsverarbeitungsvertrag) hat der Auftragsverarbeiter den Verantwortlichen zusätzlich über jede beabsichtigte Änderung oder Hinzuziehung neuer Sub-Auftragnehmer zu informieren. Hintergrund dieser Bestimmung ist, dass der Verantwortliche in der Lage sein soll, gegen unerwünschte Änderungen Einspruch zu erheben.

Der Auftragsverarbeiter hat bei **Hinzuziehung von Sub-Auftragsverar-**

beitern die von ihm gegenüber dem Verantwortlichen übernommenen Verpflichtungen im Verhältnis zum Sub-Auftragnehmer zu überbinden. Dem Sub-Auftragsverarbeiter werden also dieselben Datenschutzpflichten auferlegt wie dem Auftragsverarbeiter. Dies hat ebenfalls mittels schriftlichen Vertrags zu erfolgen. Sollte der Sub-Auftragsverarbeiter gegen diese Verpflichtungen verstoßen, so haftet der Auftragsverarbeiter dem Verantwortlichen für die Einhaltung der Pflichten des Sub-Auftragsverarbeiters über seine Einstandspflicht. Auch muss er ein Verarbeitungsverzeichnis führen, welches allerdings genauso gekürzt geführt werden kann wie das des Auftragsverarbeiters (siehe dazu Kapitel 9.2.2).

8.4 Auftragsverarbeitungsvertrag

Die Auftragsverarbeitung erfolgt auf Grundlage eines Vertrags zwischen dem Auftragsverarbeiter und dem Verantwortlichem. Der Vertrag ist gemäß Art 28 Abs 9 DSGVO schriftlich abzufassen, was auch in einem elektronischen Format erfolgen kann. Dies wird teilweise so interpretiert, dass der Vertrag erst durch die Unterschrift der Parteien zustande komme, wobei die Unterschrift auch in einem elektronischen Format (durch qualifizierte elektronische Signatur) erfolgen könne. UE ist „schriftlich" aber im Sinne von „in Textform" (arg. "*schriftlich abzufassen*") und nicht als Unterschriftlichkeit zu verstehen.

Es kann sowohl ein individueller Vertrag verwendet werden als auch Standardvertragsklauseln, welche durch die Kommission oder die nationale Aufsichtsbehörde erlassen werden könnten (was bislang aber nicht umgesetzt wurde). Davon zu unterscheiden sind die bestehenden Standardvertragsklauseln für die Übermittlung an Auftragsverarbeiter in Drittländer (siehe dazu Kapitel 6.3.).

Das Auftragsverhältnis muss dabei im Wesentlichen folgende Inhalte festlegen bzw bestimmten Anforderungen an seinen Regelungsgegenstand genügen.

Gegenstand und Dauer der Verarbeitung
Der Vertrag muss den Gegenstand und die Dauer der Verarbeitung festlegen. Der Gegenstand der Verarbeitung ist das **Objekt der Verarbeitungstätigkeit**. Die Dauer gibt die zeitliche Beschränkung der Verarbeitung vor.

> **Beispiel:** inhaltlicher Geltungsbereich, räumlicher Geltungsbereich, Dauer der Verarbeitung und Kündigungsregelung

Art und Zweck der Verarbeitung
Die Art der Verarbeitung stellt auf die **Modalität** ab. Dies kann das Erheben, Erfassen, Speichern oÄ sein. Die Angabe des Zwecks dient der **Eingrenzung des Zwecks** der Verarbeitung. Da für die Qualifikation als Auftragsverarbeiter entscheidend ist, dass der Auftragsverarbeiter nicht selbst über die Verarbeitungszwecke und (die wesentlichen) -mittel entscheidet, ist die eindeutige Festlegung des Zweckes besonders relevant. Bei vertragswidrigem Verstoß des Auftragsverarbeiters gegen den festgelegten Zweck wird der Auftragsverarbei-

ter nämlich selbst zum Verantwortlichen in Bezug auf diese – vertragswidrige – Datenverarbeitung („**Mutation des Auftragsverarbeiters**"), womit ihn die Verpflichtungen und Strafen des Verantwortlichen vollumfänglich treffen.

> **Beispiele für die Art:** erheben, erfassen, speichern

> **Beispiele für den Zweck:** Speicherplatz in der Cloud, Newsletter-Versand, Wartung von Kundendateien, Marketingaktion (jeweils mit einer klar zuordenbaren Beschreibung der Verarbeitungstätigkeiten versehen)

Art der personenbezogenen Daten
Damit ist der **Grad der Schutzbedürftigkeit** der Daten gemeint. Es muss, wie in Kapitel 4.2 näher erläutert, zwischen personenbezogenen Daten, besonderen Kategorien von personenbezogenen Daten und strafrechtlich relevanten Daten unterschieden werden, weil diese Datenkategorien unterschiedliche Schutzniveaus mit sich bringen.

> **Beispiele:** Personenstammdaten, Kommunikationsdaten, Vertragsstammdaten, Zahlungsdaten

Kategorien betroffener Personen
Unter **Kategorien betroffener Personen** versteht man Personenkreise, welche zusammengefasst werden können.

> **Beispiele:** Kunden, Mitarbeiter, Lieferanten

Pflichten und Rechte des Verantwortlichen
Hier sind nicht in erster Linie die von der DSGVO vorgegebenen Rechte und Pflichten angesprochen, sondern die individuell vereinbarten Rechte und Pflichten der Vertragsparteien.

> **Beispiele:** Beauftragung eines Datenschutzbeauftragen, Verpflichtung auf Datengeheimnis, regelmäßige Kontrollen

Wird kein Vertrag zur Auftragsverarbeitung abgeschlossen, werden aber dennoch Daten an den Auftragsverarbeiter übermittelt, oder verstoßen Verantwortlicher oder/und Auftragsverarbeiter gegen ihre Pflichten aus der DSGVO, drohen **Geldbußen** von bis zu 10.000.000 EUR oder bis zu 2 % des gesamten weltweit erzielten Jahresumsatzes des vorangegangenen Geschäftsjahres, je nachdem, welcher der Beträge höher ist. Davon sind Rechte und Pflichten aus dem Vertragsverhältnis zu unterscheiden, die nicht unter die DSGVO fallen. Hier kann ein vertraglicher Schadenersatzanspruch entstehen, allerdings keine Geldbuße iSd DSGVO.

8.5 Pflichten des Auftragsverarbeiters

Der zwischen dem Verantwortlichen und dem Auftragsverarbeiter abgeschlossene Vertrag soll auch die Aufgabenverteilung und die Rechte und Pflichten zwischen den beiden Parteien regeln. In weiterer Folge werden die Inhaltspunkte einzeln beschrieben:

- Der Auftragsverarbeiter darf die personenbezogenen Daten **nur auf dokumentierte Weisung des Verantwortlichen verarbeiten**.

Eine Verarbeitung in einer anderen Weise ist nur erlaubt, wenn für den Auftragsverarbeiter eine rechtliche Verpflichtung hierfür besteht. In diesen Fällen muss der Auftragsverarbeiter die Verarbeitung dem Verantwortlichen vorab mitteilen, es sei denn, wichtige öffentliche Interessen (zB nationale Sicherheit) verbieten dies. Es besteht somit eine Weisungsgebundenheit des Auftragsverarbeiters gegenüber dem Verantwortlichen. Zur Weisungsgebundenheit siehe weiter unten.

> **Beispiel:** Der Auftragsverarbeiter verarbeitet personenbezogene Daten ausschließlich im Rahmen des Vertrags und/oder unter Einhaltung der gegebenenfalls vom Verantwortlichen erteilten ergänzenden Weisungen.

Der Auftragsverarbeiter **verpflichtet sich zur Vertraulichkeit** bzw einer angemessenen gesetzlichen Verschwiegenheitspflicht.
Da es sich um personenbezogene Daten handelt und die Betroffenen ein Recht auf Vertraulichkeit haben, müssen sich sowohl Verantwortlicher als auch Auftragsverarbeiter zur Vertraulichkeit bzw Verschwiegenheit verpflichten.

> **Beispiel:** Der Auftragsverarbeiter und der Verantwortliche verpflichten sich, alle Informationen, die sie im Zusammenhang mit der Durchführung dieses Vertrags erhalten, zeitlich unbegrenzt vertraulich zu behandeln und nur zur Durchführung des Vertrags zu verwenden.

- Der Auftragsverarbeiter ergreift alle erforderlichen **Datensicherheitsmaßnahmen**.

Diese Regelung soll eine lückenlose Datenschutzgewährleistung sicherstellen. Ausführlich beschrieben werden die erforderlichen Datensicherheitsmaßnahmen in Kapitel 9.4.

- Der Auftragsverarbeiter unterstützt den Verantwortlichen nach Möglichkeit mit **geeigneten technischen und organisatorischen Maßnahmen** in seiner Pflicht zur Erfüllung der Betroffenenrechte und sonstiger Verpflichtungen nach der DSGVO.

Die Betroffenenrechte werden in Kapitel 7 ausführlich behandelt. Zweck der Auftragsverarbeitung ist es, die Verarbeitungstätigkeiten an einen Dritten auszulagern. Da die Verarbeitung beim Auftragsverarbeiter stattfindet und der Verantwortliche etwa beim Auskunftsrecht der Auskunftsverpflichtete ist, muss sichergestellt werden, dass der Auftragsverarbeiter den Verantwortlichen bei der Erfüllung der Betroffenenrechte unterstützt.

- **Nach Abschluss** der Erbringung der Verarbeitungsleistungen werden alle personenbezogenen Daten nach Wahl des Verantwortlichen entweder **gelöscht oder zurückgegeben**.

Vor allem sollten die Art und die Frist der Datenrückgabe vereinbart werden.

- Der Auftragsverarbeiter stellt dem Verantwortlichen **alle Informationen zum Nachweis der Einhaltung seiner Pflichten** zur Verfügung und ermöglicht bzw trägt zu diesbezüglichen Prüfungen bei.

Falls der Auftragsverarbeiter der Auffassung ist, dass eine Weisung von Seiten des Verantwortlichen gegen das Datenschutzrecht verstößt, ist er verpflichtet, diese Ansicht dem Verantwortlichen unverzüglich mitzuteilen.

Schließlich ist noch darauf hinzuweisen, dass auch der Auftragsverarbeiter oder der Sub-Auftragsverarbeiter bei Vorliegen der Voraussetzungen gem Art 37 DSGVO verpflichtet sein kann, einen **Datenschutzbeauftragten** zu bestellen.

Nach Art 30 Abs 2 DSGVO ist der Auftragsarbeiter verpflichtet ein **Verzeichnis** zu allen Kategorien von im Auftrag eines Verantwortlichen durchgeführten **Verarbeitungstätigkeiten** zu führen (siehe dazu Kapitel 9.2.2).

Art 32 Abs 1 DSGVO (siehe dazu Kapitel 9.4) verpflichtet auch den Auftragsverarbeiter zur Festlegung technischer und organisatorischer Maßnahmen, um ein angemessenes Datenschutzniveau sicherzustellen.

8.6 Befugnisüberschreitung

Nach Art 28 Abs 10 gilt ein **Auftragsverarbeiter**, der unter Verstoß gegen diese Verordnung die Zwecke und Mittel der Verarbeitung bestimmt, in Bezug auf diese Verarbeitung **als Verantwortlicher**. Diese Bestimmung umfasst Fälle, in denen der Auftragsverarbeiter in rechtswidriger Weise seine Befugnisse überschreitet, obwohl die Entscheidungsgewalt über Zwecke und Mittel der Verarbeitung beim Verantwortlichen liegt. Als Rechtsfolge der Überschreitung seiner Aufgabe wird der Auftragsverarbeiter aufgrund seines Exzesses wie ein Verantwortlicher behandelt und muss alle Pflichten erfüllen, die diesen nach der DSGVO treffen. Eine mögliche Haftung nach Art 82, 83 oder 84 bleibt davon unberührt.

8.7 Haftung

Der Auftragsverarbeiter **haftet den betroffenen Personen gegenüber eigenständig** neben dem Verantwortlichen nach Art 82 Abs 1 DSGVO für einen materiellen oder immateriellen Schaden, der durch einen Verstoß gegen die DSGVO entstanden ist. Er und allfällige Sub-Auftragsverarbeiter haften nach Art 82 Abs 2 DSGVO aber nur dann, wenn sie ihren speziell auferlegten Pflichten aus der DSGVO nicht nachgekommen sind oder gegen die Anweisung des Verantwortlichen gehandelt haben.

Sind Verantwortlicher und Auftragsverarbeiter für den Schadenseintritt verantwortlich, so haften sie **gesamtschuldnerisch** für den gesamten Schaden mit einem entsprechenden Regressanspruch. Hintergrund ist das Bestreben nach der Ausdehnung des Haftungskreises, um dem Betroffenen einen wirksamen Schadenersatz zu gewährleisten.

8.8 Weisungsgebundenheit

Die **Weisungsgebundenheit** des Auftragsverarbeiters gegenüber dem Verantwortlichen ergibt sich aus einer Vielzahl von Regelungen, die im Laufe dieses Kapitels beschrieben wurden. Dies ist dadurch begründet, dass der Verantwortliche in erster Linie gegenüber den betroffenen Personen haftet und durch die Auslagerung von Datenverarbeitungstätigkeiten einen Kontrollverlust zu kompensieren hat. So muss die Verpflichtung, dass der Auftragsverarbeiter Daten nur auf Weisung des Verantwortlichen verarbeitet, bereits im Vertrag bei der Beauftragung Niederschlag finden. Weiters besteht die Verpflichtung des Auftragsverarbeiters, den Verantwortlichen zu informieren, wenn nach seiner Ansicht eine Weisung gegen Datenschutzbestimmungen verstößt. Zudem müssen technische und organisatorische Maßnahmen zur Sicherheit personenbezogener Daten ins Verarbeitungsverzeichnis aufgenommen werden. Dabei haben der Verantwortliche und der Auftragsverarbeiter Schritte zu unternehmen, um sicherzustellen, dass ihnen unterstellte Personen diese nur auf Anweisung des Verantwortlichen verarbeiten.

DSB 14.01.2019, DSB-D123.224/0004-DSB/2018
Die Weisungsunabhängigkeit von einem Auftraggeber ergibt sich bereits aus dem Wesensmerkmal der Tätigkeit der Beschwerdegegnerin als Verfasserin von "wissenschaftlichen Arbeiten sowie Gutachten nach wissenschaftlichen Methoden in den Bereichen der Steuer- und Wirtschaftsforschung". Die Beschwerdegegnerin hat damit **Leistungen mit eigenem Entscheidungsspielraum** erbracht, eine umfassende Weisungsmöglichkeit durch den Auftraggeber bzw eine Kontrolle der Rechtmäßigkeit der Datenverarbeitung durch diese ist im Verfahren vor der Datenschutzbehörde nicht hervorgekommen.

Kontrollfragen:

- Worin unterscheiden sich Verantwortlicher und Auftragsverarbeiter?
- Welche Punkte hat ein Auftragsverarbeitungsvertrag zu enthalten?
- Welche Pflichten treffen den Auftragsverarbeiter?
- Welche Regelungen bestehen hinsichtlich Sub-Auftragsverarbeitern?
- Wann haftet der Auftragsverarbeiter gegenüber der betroffenen Person/ dem Verantwortlichen?

9 Publizität und Datensicherheit

9.1 Einleitung

Im Bereich der Publizität von Datenverarbeitungen sind durch die DSGVO gravierende Änderungen eingetreten: **Datenverarbeitungsregister** und DVR-Nummer gehören der Vergangenheit an. An die Stelle des DVR sind verstärkte Dokumentationspflichten für den Verantwortlichen in Form der Verzeichnisführungspflicht getreten. Darüber hinaus ist in bestimmten Fällen eine Datenschutz-Folgeabschätzung vorzunehmen sowie ein Datenschutzbeauftragter zu benennen. Damit tritt an die Stelle der Registrierungspflicht eine Pflicht zur weitgehenden **Selbstregulierung**.

Die Gründe für diese Systemänderung werden in ErwGr 89 angeführt:

> Gemäß der Richtlinie 95/46/EG waren Verarbeitungen personenbezogener Daten bei den Aufsichtsbehörden generell meldepflichtig. Diese Meldepflicht ist mit einem bürokratischen und finanziellen Aufwand verbunden und hat dennoch nicht in allen Fällen zu einem besseren Schutz personenbezogener Daten geführt. Diese unterschiedslosen all-gemeinen Meldepflichten sollten daher abgeschafft und durch wirksame Verfahren und Mechanismen ersetzt werden, die sich stattdessen vorrangig mit denjenigen Arten von Verarbeitungsvorgängen befassen, die auf-grund ihrer Art, ihres Umfangs, ihrer Umstände und ihrer Zwecke wahrscheinlich ein hohes Risiko für die Rechte und Freiheiten natürlicher Personen mit sich bringen. Zu solchen Arten von Verarbeitungsvorgängen gehören insbesondere solche, bei denen neue Technologien eingesetzt werden oder die neuartig sind und bei denen der Verantwortliche noch keine Datenschutz-Folgeabschätzung durchgeführt hat bzw. bei denen aufgrund der seit der ursprünglichen Verarbeitung vergangenen Zeit eine Datenschutz-Folgeabschätzung notwendig geworden ist.

Die frühere Melde- und Vorabkontrollpflicht wurde ersetzt durch eine verstärkte Informationspflicht (Art 13 und 14 DSGVO, siehe dazu Kapitel 7.3) seitens des Verantwortlichen und eine Art Audit (Datenschutz-Folgeabschätzung nach Art 35 DSGVO, siehe dazu Kapitel 9.3), sofern abzusehen ist, dass möglicherweise Beeinträchtigungen der datenschutzrechtlichen Sphäre einer betroffenen Partei zu befürchten sind. Dies wird in ErwGr 90 detailliert erläutert:

> In derartigen Fällen sollte der Verantwortliche vor der Verarbeitung eine Datenschutz-Folgeabschätzung durchführen, mit der die spezifische Eintrittswahrscheinlichkeit und die Schwere dieses hohen Risikos unter Berücksichtigung der Art, des Umfangs, der Umstände und der Zwecke der Verarbeitung und der Ursachen des Risikos bewertet werden. Diese Folgenabschätzung sollte sich insbesondere mit den Maßnahmen, Garantien und Verfahren befassen, durch die dieses Risiko eingedämmt, der Schutz personenbezogener Daten sichergestellt und die Einhaltung der Bestimmungen dieser Verordnung nachgewiesen werden soll.

9.2 Verzeichnis der Verarbeitungstätigkeiten

9.2.1 Verarbeitungsverzeichnis des Verantwortlichen

In Art 30 ist als Verpflichtung des Verantwortlichen (und auch des Auftragsverarbeiters) vorgesehen, dass diese jeweils ein Verzeichnis führen müssen, in dem alle „Verarbeitungstätigkeiten, die ihrer Zuständigkeit unterliegen", aufgenommen werden. Ausnahmen von dieser Verpflichtung scheinen auf den ersten Blick nach Art 30 Abs 5 DSGVO für Unternehmen zu bestehen, die weniger als 250 Mitarbeiter haben. Die Gegenausnahme für „nicht nur gelegentliche Verarbeitungen" führt aber im Ergebnis dazu, dass **jeder Verantwortliche**, der zumindest eine laufende Datenverarbeitung vornimmt, **ein Verarbeitungsverzeichnis zu führen** hat.

Der Sinn und Zweck des Verarbeitungsverzeichnisses liegt in erster Linie darin, der DSB einen Überblick über die Verarbeitungstätigkeiten und die damit verbundenen Risiken des Unternehmens zu verschaffen, eine Pflicht zur Veröffentlichung besteht hingegen nicht.

Anzumerken ist, dass für dieses Verzeichnis in der Praxis häufig die in Deutsch-land übliche, aus § 4e BDSG aF abgeleitete Bezeichnung „**Verfahrensverzeichnis**" verwendet wird. Nach der Terminologie der DSGVO sollte aber besser von einem „Verarbeitungsverzeichnis" gesprochen werden.

Beim Verarbeitungsverzeichnis handelt es sich um Verarbeitungslisten, die folgende Inhalte haben müssen:
- den Namen und die Kontaktdaten des Verantwortlichen und gegebenenfalls des gemeinsam mit ihm Verantwortlichen, des Vertreters des Verantwortlichen sowie eines etwaigen Datenschutzbeauftragten;
- die **Zwecke der Verarbeitung**;
- eine Beschreibung der **Kategorien betroffener Personen** und der **Kategorien personenbezogener Daten**;
- die Kategorien von **Empfängern**, gegenüber denen die personenbezogenen Daten offengelegt worden sind oder noch offengelegt werden, einschließlich Empfänger in Drittländern oder internationalen Organisationen;
- gegebenenfalls **Übermittlungen von personenbezogenen Daten an ein Drittland** oder an eine internationale Organisation, einschließlich der Angabe des betreffenden Drittlands oder der betreffenden internationalen Organisation, sowie bei den in Art 49 Abs 1 Unterabs 2 genannten Datenübermittlungen die Dokumentierung geeigneter Garantien;
- wenn möglich, die vorgesehenen **Fristen für die Löschung** der verschiedenen Datenkategorien;
- wenn möglich, eine allgemeine Beschreibung der technischen und organisatorischen Maßnahmen gemäß Art 32 Abs 1.

Bei den Löschungsfristen handelt es sich um die Rubrik des Verarbeitungsverzeichnisses, die in der Praxis die größten Schwierigkeiten bereitet, weil zur Ermittlung der konkreten Fristen nicht weniger als die gesamte Rechtsordnung zu beachten ist. Konkret lassen sich beispielsweise Fristen für die Speicherdauer in vielen Fällen aus den Fristen für Gewährleistung und Schadenersatz im ABGB ableiten. Daneben kann auch die steuerrechtliche Aufbewahrungspflicht von 7 Jahren nach § 132 Abs 1 BAO herangezogen werden.

9.2.2 Verarbeitungsverzeichnis des Auftragsverarbeiters

Auch der **Auftragsverarbeiter** als Erfüllungsgehilfe des Verantwortlichen ist zur Führung von derartigen Verarbeitungsverzeichnissen verpflichtet. Dabei ist aufzunehmen:
- der **Name und die Kontaktdaten des Auftragsverarbeiters** oder der Auftragsverarbeiter und **jedes Verantwortlichen**, in dessen Auftrag der Auftragsverarbeiter tätig ist, sowie gegebenenfalls des Vertreters des Verantwortlichen oder des Auftragsverarbeiters und eines etwaigen Datenschutzbeauftragten;
- die **Kategorien von Verarbeitungen**, die im Auftrag jedes Verantwortlichen durchgeführt werden;
- gegebenenfalls **Übermittlungen von personenbezogenen Daten an ein Drittland** oder an eine internationale Organisation, einschließlich der Angabe des betreffenden Drittlands oder der betreffenden internationalen Organisation, sowie bei den in Art 49 Abs 1 UnterAbs 2 genannten Datenübermittlungen die Dokumentierung geeigneter Garantien;
- wenn möglich, eine allgemeine Beschreibung der technischen und organisatorischen Maßnahmen gemäß Art 32 Abs 1.

9.2.3 Aktualisierung des Verarbeitungsverzeichnisses

Nach der in Art 5 Abs 2 DSGVO normierten **Rechenschaftspflicht** sind die Verarbeitungsverzeichnisse **stets aktuell zu halten**. Weiters müssen diese der Datenschutzbehörde auf Verlangen zur Verfügung gestellt werden (Art 30 Abs 4 DSGVO). Eine Pflicht zur persönlichen Führung des Verarbeitungsverzeichnisses gibt es nicht, insofern könnte diese Tätigkeit auch per Outsourcing einem Dienstleister übertragen werden.

> In kleineren Unternehmen, die in erster Linie nur die „üblichen" Verarbeitungen wie Mitarbeiter-, Lieferanten- und Kundenverwaltung sowie eine Unternehmenswebsite betreiben, kann das Verarbeitungsverzeichnis mit einer Text- oder Tabellenkalkulationssoftware geführt werden. Entsprechende Muster werden inzwischen von allen Kammern und Berufsvertretungen zur Verfügung gestellt. Für größere Unternehmen mit zahlreichen Verarbeitungen kann es sinnvoll sein, das Verarbeitungsverzeichnis mittels einer speziellen DSGVO-Software zu führen. Entsprechende Softwareprodukte werden am Markt angeboten.

9.3 Datenschutz-Folgenabschätzung

9.3.1 Kriterien der Durchführung der Datenschutz-Folgenabschätzung

Gemäß Art 35 Abs 1 DSGVO muss der Auftraggeber bei Formen der Verarbeitung, die voraussichtlich ein hohes Risiko für die persönlichen Rechte und Freiheiten haben (insbesondere bei Verwendung neuer Technologien), vorab eine **Abschätzung der Folgen einer Datenverarbeitung** für den Schutz personenbezogener Daten durchführen. Auch hier wirkt der sog. risikobasierte Ansatz, der sich wie ein roter Faden durch die gesamte DSGVO zieht. Die Folgenabschätzung dient somit dem primären Ziel, Gefährdungen der datenschutzrechtlichen Sphäre von eventuell betroffenen Personen vorzubeugen.

> **Artikel 35 Datenschutz-Folgenabschätzung**
> (1) Hat eine Form der Verarbeitung, insbesondere bei Verwendung neuer Technologien, aufgrund der Art, des Umfangs, der Umstände und der Zwecke der Verarbeitung voraussichtlich ein hohes Risiko für die Rechte und Freiheiten natürlicher Personen zur Folge, so führt der Verantwortliche vorab eine Abschätzung der Folgen der vorgesehenen Verarbeitungsvorgänge für den Schutz personenbezogener Daten durch. Für die Untersuchung mehrerer ähnlicher Verarbeitungsvorgänge mit ähnlich hohen Risiken kann eine einzige Abschätzung vorgenommen werden. (...)

Kriterien für die konkrete Risikoabschätzung ergeben sich aus Art 35 Abs 3 DSGVO. Demnach ist eine Folgenabschätzung jedenfalls dann durchzuführen, wenn die Datenverarbeitung beinhaltet:

- eine **systematische und umfassende Bewertung persönlicher Aspekte natürlicher Personen**, die sich auf eine automatisierte Verarbeitung einschließlich **Profiling** gründet und die ihrerseits als Grundlage für Entscheidungen dient, die Rechtswirkung gegenüber natürlichen Personen entfalten oder diese in ähnlich erheblicher Weise beeinträchtigen;
- umfangreiche Verarbeitung **besonderer Kategorien von personenbezogenen Daten** gemäß Art 9 Abs 1 oder von personenbezogenen Daten über **strafrechtliche Verurteilungen** und Straftaten gemäß Art 10 (sog. sensitive Daten) oder
- systematische umfangreiche **Überwachung** öffentlich zugänglicher Bereiche (zB umfassende Videoüberwachung).

Eine gewisse Klarstellung für die Verantwortlichen ist insofern erfolgt, als die nationale Aufsichtsbehörde nach Art 35 Abs 4 DSGVO eine Liste mit jenen Datenanwendungen zu erstellen hat, für die eine Datenschutz-Folgenabschätzung vorzunehmen ist (**„Blacklist"**). In BGBl II 2018/278 wurde von der DSB ein Katalog von Kriterien kundgemacht, nach denen der Verantwortliche selbst zu prüfen und zu beurteilen hat, ob seine konkreten Datenverarbeitungen DSFA-pflichtig sind oder nicht. Gemäß Art 35 Abs 5 DSGVO kann die Aufsichtsbehörde auch eine Liste über jene Datenanwendungen erstellen, für die keine Datenschutz-Folgenabschätzung erfolgen muss (**„Whitelist"**). Dem entsprechend ist die Datenschutz-Folgenabschätzungs-Ausnahmenverordnung der DSB (DSFA-AV) in BGBl II 2018/108 kundgemacht worden.

Während die Whitelist konkrete Datenverarbeitungen anführt, die von der Verpflichtung zur Vornahme einer Datenschutz-Folgeabschätzung ausgenommen sind, beinhaltet die Blacklist einen **Kriterienkatalog**, der entweder bei

Vorliegen von (i) zumindest einem oder (ii) zwei oder mehreren Kriterien eine Pflicht zur Vornahme einer Datenschutz-Folgenabschätzung vorsieht.

Laut Blacklist besteht eine **Pflicht zur Vornahme einer Datenschutz-Folgenabschätzung** etwa bei der Verarbeitung „von Daten, die zur Bewertung des Verhaltens und anderer persönlicher Aspekte von natürlichen Personen dienen und von Dritten genutzt werden können, automatisierte Entscheidungsfindungen zu treffen, die Rechtswirkung gegenüber den Bewerteten entfalten oder diesen ähnlich beeinträchtigen".

Aber auch das gemeinsame Vorliegen von umfangreicher Verarbeitung besonderer Kategorien von Daten oder personenbezogener Daten über strafrechtliche Verurteilung und Straftaten mit der Verarbeitung von Daten schutzbedürftiger Personen (wie etwa auch Arbeitnehmern) löst eine Pflicht zur Datenschutz-Folgenabschätzung aus. Daher ist etwa mit hoher Wahrscheinlichkeit davon auszugehen, dass vor Einführung von Whistleblowing-Systemen zwingend eine Datenschutz-Folgenabschätzung durchzuführen ist, da hierfür regelmäßig potenziell strafrechtlich relevante Daten von Arbeitnehmern verarbeitet werden.

Die Blacklist enthält zudem die Besonderheit, dass – auch wenn die in der Blacklist genannten Kriterien erfüllt wären – die Verpflichtung zur Datenschutz-Folgenabschätzung dann nicht zur Anwendung gelangen soll, wenn eine entsprechende **Betriebsvereinbarung** oder **Zustimmung der Personalvertretung** vorliegt. Die DSB scheint davon auszugehen, dass durch die Zusammenarbeit mit dem Betriebsrat ein voraussichtlich hohes Risiko im Zusammenhang mit der Datenverarbeitung bereits im Vorfeld beseitigt wird. Daraus kann uE allerdings nicht der Schluss gezogen werden, dass bei Vorliegen einer Betriebsvereinbarung nie eine Datenschutz-Folgenabschätzung durchzuführen sei. Dies deshalb, weil die Bestimmung des Art 35 DSGVO durch die Blacklist bloß ergänzt, aber nicht ersetzt wird. Sollte daher trotz Abschluss einer Betriebsvereinbarung ein voraussichtlich hohes Risiko für die Betroffenen bestehen, ist dennoch eine Datenschutz-Folgenabschätzung durchzuführen.

Einen Verstoß gegen die Pflicht zur Prüfung, ob eine Datenschutz-Folgenabschätzung notwendig ist, hat die DSB in dieser Entscheidung angenommen:

 DSB 16.11.2018, DSB-D213.692/0001-DSB/2018

Die Verantwortliche (eine Allergie-Tagesklinik) hat gegen die **Pflicht zur Prüfung der Notwendigkeit einer** Durchführung von **Datenschutz-Folgenabschätzungen** betreffend diverser Verarbeitungstätigkeiten verstoßen, indem sie in unzutreffender Weise davon ausging, dass jedenfalls keine Datenschutz-Folgenabschätzungen durchzuführen sind.

9.3.2 Verfahrensablauf der Datenschutz-Folgenabschätzung

Die Datenschutz-Folgenabschätzung muss gemäß Art 35 Abs 7 DSGVO einen bestimmten **Mindestinhalt** aufweisen:
- eine systematische Beschreibung der geplanten Verarbeitungsvorgänge und der Zwecke der Verarbeitung, gegebenenfalls einschließlich der von dem für die Verarbeitung Verantwortlichen verfolgten berechtigten Interessen;

- eine Bewertung der Notwendigkeit und Verhältnismäßigkeit der Verarbeitungsvorgänge in Bezug auf den Zweck;
- eine Bewertung der Risiken der Rechte und Freiheiten der betroffenen Personen;
- die zur Bewältigung der Risiken geplanten Abhilfemaßnahmen.

Dabei ist eine **zweistufige** Vorgangsweise vorgesehen: Zunächst prüft der Verantwortliche rein intern selbst, ob eine Datenverarbeitung zu einem erhöhten Risikopotenzial für eine von der Datenverarbeitung betroffene Person führen kann. Wird dieses Risiko bejaht, muss er zunächst versuchen, dieses Risiko selbst durch entsprechende Maßnahmen auf ein vertretbares Niveau zu reduzieren. Nur wenn sich der Verantwortlich dazu nicht imstande sieht, also wenn sich trotz aller möglichen Maßnahmen ein hohes Restrisiko durch die Datenverarbeitung nicht ausschließen lässt, muss er **die Aufsichtsbehörde konsultieren** (Art 36 Abs 1 DSGVO).

DSB 18.12.2018, DSB-D485.001/0003-DSB/2018
Zurückweisung eines **Antrags auf vorherige Konsultation** nach Art 36 DSGVO. Die Datenschutz-Folgenabschätzung gemäß Art 35 DSGVO ergab zwar, dass grundsätzlich ein hohes Risiko bei der Überwachung von Besuchern auf Zufahrts-straßen gegeben ist, jedoch wurde dieses Risiko von der Verantwortlichen aufgrund der zu treffenden Abhilfemaßnahmen letztlich als sehr gering eingestuft. Die Voraussetzung für eine vorherige Konsultation besteht aber nur in Fällen, in denen der Verantwortliche keine hinreichenden Maßnahmen bestimmen kann, mit denen sich die Risiken auf ein vertretbares Maß reduzieren lassen.

DSB 09.07.2018, DSB-D485.000/0001-DSB/2018-I
Die DSB entscheidet aufgrund eines **Konsultationsverfahrens** nach Art 36 DSGVO betreffend eine **Dashcam** an der Frontscheibe eines Kfz: Die Datenschutzbehörde spricht eine Warnung dahingehend aus, dass der beabsichtigte Verarbeitungsvor-gang voraussichtlich gegen die DSGVO verstößt.

DSB 09.07.2018, DSB-D485.000/0001-DSB/2018-II
Die DSB spricht aufgrund eines **Konsultationsverfahrens** nach Art 36 DSGVO betreffend eine **Dashcam** an der Frontscheibe eines Kfz folgende Empfehlung aus: Die beabsichtigte Verarbeitung von Daten möge nicht durchgeführt werden.

9.4 Technische und organisatorische Maßnahmen (TOM)

Der Verantwortliche ist dazu verpflichtet, bei der Verarbeitung von personenbezogenen Daten die Risikosphäre der betroffenen Partei angemessen zu berücksichtigen und zu würdigen. Hierzu gibt es in der DSGVO mehrere Bestimmungen, die zu beachten sind:
- Art 24 DSGVO behandelt generell die **Datenschutzkonformität**.
- Art 25 DSGVO sieht Vorschriften in der technisch-organisatorischen Abwicklung von Datenverarbeitungen vor, indem diese Bestimmung Vorgaben erteilt betreffend **Design der Anwendung und Voreinstellungen**.
- Art 32 DSGVO betrifft detaillierte Bestimmungen zum Thema **Datensicherheit**.

* Art 35 DSGVO regelt die in Kapitel 9.3 erwähnte Datenschutz-Folgenabschätzung.

In Art 32 DSGVO werden Maßnahmen zur Erreichung der Datensicherheit angeführt, die unter Berücksichtigung des Stands der Technik, der Implementierungskosten und der Art, des Umfangs, der Umstände und der Zwecke der Verarbeitung sowie der unterschiedlichen Eintrittswahrscheinlichkeit und Schwere des Risikos für die Rechte und Freiheiten natürlicher Personen zu treffen sind. Diese Maßnahmen schließen ua ein: Die Pseudonymisierung und Verschlüsselung, die Fähigkeit, die Vertraulichkeit, Integrität, Verfügbarkeit und Belastbarkeit der Systeme und Dienste iZm der Verarbeitung personenbezogener Daten auf Dauer sicherzustellen sowie die Fähigkeit, die Verfügbarkeit der Daten und den Zugang zu ihnen bei einem physischen oder technischen Zwischenfall rasch wiederherzustellen.

Eine Liste konkreter Sicherheitsmaßnahmen ist in der DSGVO nicht enthalten, da diese vom Einzelfall abhängig sind. Der Verantwortliche kann die notwendige Sicherheit auf verschiedene Arten herbeiführen und die konkreten Maßnahmen auch frei bestimmen. Ein Recht der Betroffenen auf eine bestimmte Sicherheitsmaßnahme besteht laut DSB nicht. **Mögliche Datensicherheitsmaßnahmen** können, ähnlich wie früher nach § 14 Abs 2 DSG 2000, Zugangsbeschränkungen sein (zB Zutrittskontrollen zu Serverräumen oder bestimmten Arbeitsplätzen), aber auch technische Zugriffsbeschränkungen (zB Passwortschutz, abgestuftes Berechtigungskonzept, Firewall, Pseudonymisierung, Verschlüsselung) sowie andere Sicherungs- und Sicherheitsmaßnahmen (zB die Protokollierung von Verarbeitungsvorgängen oder das Bestehen eines Back-Up-Konzeptes). Bei der Planung können allgemeine Standards zur IT- und Informationssicherheit als Orientierungshilfe herangezogen werden, wie zum Beispiel die Standards ISO/IEC 27001 und ISO/IEC 27002, das österreichische Informationssicherheitshandbuch des österreichischen Bundeskanzleramtes, dem Zentrum für sichere Informationstechnologie Austria (A-SIT) und dem Schweizer Informatikstrategieorgan des Bundes (ISB) oder die IT-Grundschutz-Kataloge des deutschen Bundesamtes für Sicherheit in der Informationstechnik (BSI). Ähnliche konkrete Sicherheitsmaßnahmen sind § 54 DSG zu entnehmen. Bei dieser Gesetzesstelle ist allerdings zu beachten, dass sie nicht in Ausführung der DSGVO, sondern als Umsetzung der Datenschutzrichtlinie Polizei und Strafjustiz RL (EU) 2016/680 ergangen ist.

Bemerkenswert ist, dass Verletzungen der Verpflichtungen nach Art 32 DSGVO europaweit einige der bislang höchsten verhängten Geldbußen zur Folge hatten (siehe dazu näher Kapitel 15.4).

 DSB 09.10.2019, DSB-D130.073/0008-DSB/2019
Dadurch, dass die Beschwerdegegnerin keine ausreichenden, Art 32 DSGVO entsprechenden Datensicherheitsmaßnahmen gesetzt hat (hier: **kein "Double-Opt-In-Verfahren"**), war es möglich, dass personenbezogene Daten des Beschwerde-führers – nämlich seine E-Mail-Adresse – unrechtmäßig verarbeitet wurden, was den Beschwerdeführer in seinem Grundrecht auf Geheimhaltung nach § 1 Abs 1 DSG verletzte.

DSB 16.11.2018, DSB-D213.692/0001-DSB/2018
Von Aspekten der **Datensicherheit nach Art 32 DSGVO** kann nicht mittels Einwilligung zum Nachteil von Betroffenen abgewichen werden. Es ist vielmehr die Pflicht eines Verantwortlichen adäquate Maßnahmen zu ergreifen, damit es nach allgemeinem Ermessen zu keiner Verletzung des Schutzes personenbezogener Daten kommt und folglich die Vorgaben der DSGVO eingehalten werden (Art 24 DSGVO).

DSB 13.09.2018, DSB-D123.070/0005-DSB/2018
Hinsichtlich einer Verletzung des Grundrechts auf Geheimhaltung durch eine „**unterlassene Pseudonymisierung**" ist festzuhalten, dass aus der DSGVO kein Recht abzuleiten ist, wonach eine betroffene Person spezifische Datensicherheitsmaßnahmen iSv Art 32 DSGVO von einem Verantwortlichen verlangen könnte.

9.5 Meldepflichten bei Datenschutzverletzungen

Eine ursprünglich aus dem angloamerikanischen Rechtssystem stammende Rechtsverpflichtung („**Data Breach Notification**") fand mit der DSGVO auch Eingang in das europäische Datenschutzrecht. Die im früheren § 24 Abs 2a DSG 2000 vorgesehene Bestimmung war derArt „sanft" und vage gehalten, dass sie keinerlei praktische Bedeutung erlangte.
Art 33 DSGVO lautet demgegenüber wie folgt:

Artikel 33 Meldung von Verletzungen des Schutzes personenbezogener Daten an die Aufsichtsbehörde
(1) Im Falle einer Verletzung des Schutzes personenbezogener Daten meldet der Verantwortliche unverzüglich und möglichst binnen 72 Stunden, nachdem ihm die Verletzung bekannt wurde, diese der gemäß Artikel 51 zuständigen Aufsichtsbehörde, es sei denn, dass die Verletzung des Schutzes personenbezogener Daten voraussichtlich nicht zu einem Risiko für die Rechte und Freiheiten natürlicher Personen führt. Erfolgt die Meldung an die Aufsichtsbehörde nicht binnen 72 Stunden, so ist ihr eine Begründung für die Verzögerung beizufügen.
(2) Wenn dem Auftragsverarbeiter eine Verletzung des Schutzes personenbezogener Daten bekannt wird, meldet er diese dem Verantwortlichen unverzüglich.
(3) Die Meldung gemäß Absatz 1 enthält zumindest folgende Informationen: a) eine Beschreibung der Art der Verletzung des Schutzes personenbezogener Daten, soweit möglich mit Angabe der Kategorien und der ungefähren Zahl der betroffenen Personen, der betroffenen Kategorien und der ungefähren Zahl der betroffenen personenbezogenen Datensätze; b) den Namen und die Kontaktdaten des Datenschutzbeauftragten oder einer sonstigen Anlaufstelle für weitere Informationen; c) eine Beschreibung der wahrscheinlichen Folgen der Verletzung des Schutzes personenbezogener Daten; d) eine Beschreibung der von dem Verantwortlichen ergriffenen oder vorgeschlagenen Maßnahmen zur Behebung der Verletzung des Schutzes personenbezogener Daten und gegebenenfalls Maßnahmen zur Abmilderung ihrer möglichen nachteiligen Auswirkungen.

(4) Wenn und soweit die Informationen nicht zur gleichen Zeit bereitgestellt werden können, kann der Verantwortliche diese Informationen ohne unangemessene weitere Verzögerung schrittweise zur Verfügung stellen.
(5) Der Verantwortliche dokumentiert Verletzungen des Schutzes personenbezogener Daten einschließlich aller im Zusammenhang mit der Verletzung des Schutzes personenbezogener Daten stehenden Fakten, von deren Auswirkungen und der ergriffenen Abhilfemaßnahmen. Diese Dokumentation muss der Aufsichtsbehörde die Überprüfung der Einhaltung der Bestimmungen dieses Artikels ermöglichen.

Als relevante **Datenschutzverletzung** gilt nach Art 4 Z 12 DSGVO „eine Verletzung der Sicherheit, die, ob unbeabsichtigt oder unrechtmäßig, zur Vernichtung, zum Verlust, zur Veränderung, oder zur unbefugten Offenlegung von beziehungsweise zum unbefugten Zugang zu personenbezogenen Daten führt, die übermittelt, gespeichert oder auf sonstige Weise verarbeitet wurden".

Laut der ehemaligen Artikel 29-Datenschutzgruppe (nunmehr Europäischer Datenschutzausschuss) kann man potenzielle Datenschutzverletzungen in drei Gruppen einteilen:

* Verletzung der Vertraulichkeit (die unbefugte oder unbeabsichtigte Preisgabe von oder Einsichtnahme in personenbezogene Daten);
* Verletzung der Integrität (die unbefugte oder unbeabsichtigte Änderung personenbezogener Daten) oder
* Verletzung der Verfügbarkeit (der unbefugte oder unbeabsichtigte Verlust des Zugangs zu personenbezogenen Daten oder die unbeabsichtigte oder unrechtmäßige Vernichtung personenbezogener Daten)

Die Schwelle für das Vorliegen einer Datenschutzverletzung ist ausgesprochen niedrig und umfasst keinesfalls nur großangelegte Cyberattacken wie Hacking oder Datendiebstahl. Auch ein verlorener USB-Stick oder ein ungesichertes Notebook, das auf einer Konferenz kurz unbeaufsichtigt stehen gelassen wird, können eine Datenschutzverletzung verwirklichen.

Gemäß Art 33 DSGVO ist die **DSB grundsätzlich von jeder Datenschutzverletzung** durch den Verantwortlichen **zu informieren**. Eine Meldung kann nur dann unterbleiben, wenn die Verletzung voraussichtlich nicht zu einem Risiko für die Rechte und Freiheiten natürlicher Personen führt. Dies ist grundsätzlich bei öffentlich verfügbaren Daten und Daten, die dem Stand der Technik entsprechend verschlüsselt wurden, anzunehmen.

Die Data Breach Notification an die DSB hat unverzüglich ab Kenntnis, **jedoch innerhalb von 72 Stunden** zu erfolgen. Kenntnis ist nach Meinung der Artikel 29-Datenschutzgruppe anzunehmen, wenn der Verantwortliche hinreichende Gewissheit über das Auftreten einer Datenschutzverletzung hat. Der bloße Verdacht einer Verletzung oder die bloße Feststellung eines Vorfalls, über den trotz größtmöglicher Bemühungen keine ausreichenden Informationen vorliegen, um von einer Verletzung des Schutzes personenbezogener Daten ausgehen zu können, begründen allerdings noch kein „Bekanntwerden".

In der Praxis ist es daher va bei zahlreichen Datenverarbeitungen aufgrund der kurzen Reaktionszeit notwendig, ein gut strukturiertes internes System einzuführen, das eine entsprechend schnelle Erfassung und Prüfung des Sachverhalts und Vornahme der Meldung ermöglicht. Sollte die 72-Stunden-Frist überschritten werden, bedarf es einer Begründung durch den Verantwortlichen.

Eine Data Breach Notification hat zumindest folgende Informationen zu enthalten:
* Beschreibung der Art der Verletzung des Schutzes personenbezogener Daten;
* Namen und die Kontaktdaten des Datenschutzbeauftragten oder einer sonstigen Anlaufstelle für weitere Informationen;
* Beschreibung der wahrscheinlichen Folgen der Verletzung des Schutzes personenbezogener Daten;
* Beschreibung der von dem Verantwortlichen ergriffenen oder vorgeschlagenen Maßnahmen zur Behebung der Verletzung des Schutzes personenbezogener Daten.

Diese Inhalte müssen allerdings nicht unbedingt auf einmal in ihrer Gesamtheit gemeldet werden. Wenn die Aufklärung der Datenschutzverletzung länger dauert, muss ohne unangemessene weitere Verzögerung schrittweise gemeldet werden.

Wenn die Datenschutzverletzung ein **hohes Risiko** für die Rechte und Freiheiten natürlicher Personen zur Folge hat, muss auch **die betroffene Person** von der Verletzung in klarer und einfacher Sprache benachrichtigt werden. Ein hohes Risiko wird va dann gegeben sein, wenn die Verletzung zu einem physischen, materiellen oder immateriellen Schaden für die Betroffenen führen kann. Darunter fallen zB Identitätsdiebstahl, finanzielle Verluste und Rufschädigung. Nach Art 34 Abs 3 DSGVO ist diese Benachrichtigung va dann nicht erforderlich, wenn der Verantwortliche (im Vorhinein) geeignete technische und organisatorische Sicherheitsvorkehrungen getroffen oder durch nachfolgende Maßnahmen sichergestellt hat, dass das hohe Risiko für die Rechte und Freiheiten der betroffenen Personen aller Wahrscheinlichkeit nach nicht mehr besteht.

> Als nachfolgende Maßnahmen kommen zB in Betracht: Der Abschluss einer Vertraulichkeitsvereinbarung mit dem Empfänger, dem versehentlich zu Unrecht personenbezogene Daten Dritter übermittelt wurden, die Fernlöschung der Daten bei verlorenen Notebooks oder Smartphones, der Austausch betroffener Kreditkarten, nachdem die Kreditkartendaten einschließlich der Prüfziffern bekannt geworden waren oder das Zurücksetzen der Passwörter zu Online-Accounts der Kunden, nachdem die Passwörter unbefugt abgegriffen wurden bzw die vollständige Sperrung des Accounts.

Die betroffenen Personen müssen ebenfalls **unverzüglich** benachrichtigt werden. Die Information hat grundsätzlich auf dem Weg der direkten Kommunikation mit den betroffenen Personen stattzufinden. Sollte dies einen unverhältnismäßig hohen Aufwand mit sich bringen, kann stattdessen auch eine öffentliche Bekanntmachung oder ähnliche Maßnahme eingesetzt werden, zB durch an herausragender Stelle platzierte Banner oder Meldungen auf der Website. Ziel der Information der betroffenen Personen ist es, diese insbesondere über notwendige Schutzvorkehrungen zu informieren, die von den Betroffenen selbst ergriffen werden können.

In folgender Entscheidung hat die DSB einem Verantwortlichen aufgetragen, die betroffenen Personen von der Datenschutzverletzung zu informieren:

 DSB 08.08.2018, DSB-D084.133/0002-DSB/2018
Der Verantwortlichen (einem Rettungsdienst) wird aufgetragen, innerhalb einer Frist von vier Wochen jene Personen, deren Gesundheitsdaten vom **Verlust eines Suchtgiftbuches** betroffen sind, zu benachrichtigen und einen Nachweis darüber sowie das Schreiben in Kopie an die Datenschutzbehörde zu übermitteln.

9.6 Datenschutzbeauftragter

Die DSGVO sieht in Art 37 keine allgemeine Pflicht zur Bestellung eines Datenschutzbeauftragten vor. **Nur in folgenden Fällen** haben Verantwortliche einen Datenschutzbeauftragten **verpflichtend zu benennen**:
* die Verarbeitung wird von einer Behörde oder öffentlichen Stelle durchgeführt, mit Ausnahme von Gerichten, die im Rahmen ihrer justiziellen Tätigkeit handeln;
* die Kerntätigkeit des Verantwortlichen oder des Auftragsverarbeiters besteht in der Durchführung von Verarbeitungsvorgängen, die eine umfangreiche regelmäßige und systematische Überwachung von betroffenen Personen erforderlich machen, oder
* die Kerntätigkeit des Verantwortlichen oder des Auftragsverarbeiters besteht in der umfangreichen Verarbeitung besonders schützenswerter Daten.

Damit ist die Frage, was als Kerntätigkeit eines Unternehmens anzusehen ist, von entscheidender Bedeutung für die Pflicht zur Bestellung eines Datenschutzbeauftragten im privaten Bereich. Dazu hält ErwGr 97 fest, dass sich die Kerntätigkeit stets auf die Datenverarbeitung als Haupttätigkeit, nicht aber als Nebentätigkeit bezieht. Sind **Datenverarbeitungsvorgänge untrennbar** mit der Schlüsseltätigkeit **verbunden**, zählen diese ebenfalls zur Kerntätigkeit. In diesem Sinn führt die Artikel 29-Datenschutzgruppe ein Krankenhaus als Beispiel an. Obwohl die eigentliche Kerntätigkeit eines Krankenhauses jedenfalls in der Heilbehandlung der Patienten besteht, kommt eine effektive Heilbehandlung nicht ohne Verarbeitung von Gesundheitsdaten der Patientinnen und Patienten aus, weshalb die Datenverarbeitung der Kerntätigkeit zuzurechnen ist.

Was unter **„umfangreich"** zu verstehen ist, wird in der DSGVO nicht näher erläutert. Die „Auslegungshilfe" in ErwGr 91 verneint eine „umfangreiche" Verarbeitung personenbezogener Daten, wenn sie von einem einzelnen Arzt oder sonstigen Angehörigen eines Gesundheitsberufs oder von einem einzelnen Rechtsanwalt vorgenommen wird. Dies ist aber uE kein brauchbares Kriterium, weil es für die Erfüllung des Tatbestandselementes „umfangreich" nicht auf die Zahl der Verantwortlichen, die die Verarbeitungen durchführen, ankommen kann. So können etwa einzelne niedergelassene Allgemeinmediziner Daten von mehreren tausenden Patienten verarbeiten und damit uU deutlich mehr als hochspezialisierte Gruppenpraxen von Privatärzten. Ein einzelner Rechtsanwalt, der auf Strafverteidigung spezialisiert ist, wird mehr an strafrechtlich relevanten Daten verarbeiten als eine Kanzleigemeinschaft, die vorwiegend im Vertrags- oder Wirtschaftsrecht tätig ist und lediglich Pflichtverteidigungen durchführt. Zudem stellen sich fast unlösbare Abgrenzungsfragen, ab wie vielen Ärzten oder Rechtsanwälten der Begriff „umfangreich" erfüllt sein soll.

In diesem Zusammenhang ist auch bemerkenswert, dass die Artikel 29-Datenschutzgruppe folgende, von ErwGr 91 abweichende Kriterien für die Beurteilung, ob eine „umfangreiche" Verarbeitung vorliegt, empfiehlt:
- die Zahl der betroffenen Personen – entweder als bestimmte Zahl oder als Anteil an der maßgeblichen Bevölkerung;
- das Datenvolumen und/oder das Spektrum an in Bearbeitung befindlichen Daten;
- die Dauer oder Permanenz der Datenverarbeitungstätigkeit;
- die geografische Ausdehnung der Verarbeitungstätigkeit.

Nach der DSB war im Fall einer Allergie-Tagesklinik ein Datenschutzbeauftragter verpflichtend zu benennen:

 DSB 16.11.2018, DSB-D213.692/0001-DSB/2018
Die Verantwortliche hat gegen die **Pflicht zur Bestellung eines Datenschutzbeauftragten** verstoßen:
a) die Kerntätigkeit der Verantwortlichen (einer Allergie-Tagesklinik) liegt in der Diagnostik und Behandlung von Allergien – sohin in der Verarbeitung von Gesundheitsdaten nach Art 9 Abs 1 DSGVO
b) sie beschäftigt zwölf Büro- bzw Labormitarbeiter, siebzehn Ärzte und zwei Ernährungsberater
c) Gesundheitsdaten sind von Gesetzes wegen tlw. mindestens 10 Jahren zu speichern (§ 51 ÄrzteG).

Inhaltlich **hat der Datenschutzbeauftragte die Aufgabe**, den Auftraggeber und den Dienstleister, die personenbezogene Daten verarbeiten, sowohl über ihre Pflichten nach der DSGVO, als auch hinsichtlich ihrer Pflichten nach anderen Datenschutzvorschriften der EU oder der Mitgliedstaaten zu unterrichten und zu beraten. Weiters obliegt dem Datenschutzbeauftragen die Überwachung der Einhaltung der DSGVO und anderer Datenschutzvorschriften sowie die Überwachung der Strategien des Auftraggebers oder Dienstleisters für den Schutz personenbezogener Daten, einschließlich der Zuweisung von Zuständigkeiten, der Sensibilisierung und Schulung der Mitarbeiter. Außerdem ist der Datenschutzbeauftragte Anspruchsperson für die Aufsichtsbehörde.

Der Datenschutzbeauftragte kann, muss aber kein Mitarbeiter des Verantwortlichen bzw Auftragsverarbeiters sein, ebenso können **externe** (selbständige) **Datenschutzbeauftragte** bestellt werden. Sollte es sich um einen Mitarbeiter handeln, ist er in der Ausübung seiner Tätigkeit als Datenschutzbeauftragter dennoch unabhängig. Der Verantwortliche bzw der Auftragsverarbeiter hat in diesem Fall zu gewährleisten, dass es zu keinen Interessenskonflikten kommt, etwa wenn der Datenschutzbeauftragte sich selbst zu überwachen oder seine eigene Arbeitsleistung zu überprüfen hätte. Daraus ist abzuleiten, dass einige Positionen (wie etwa Mitglied der Geschäftsleitung, Entscheidungsträger mit maßgeblicher Kompetenz hinsichtlich der Mittel und Zwecke von Datenverarbeitungen oder Leitungsfunktion in datenschutzsensiblen Betriebsbereichen, wie IT, Marketing oder Personalverwaltung) mit jener als Datenschutzbeauftragter unvereinbar sind.

Die **Kontaktdaten** des Datenschutzbeauftragten sind der Aufsichtsbehörde mitzuteilen und zu veröffentlichen. Bei Unternehmensgruppen (Konzernen) ist es auch zulässig, einen gemeinsamen Datenschutzbeauftragten zur bestellen.

Von der Möglichkeit, die Einsetzung eines Datenschutzbeauftragten auch auf weitere Institutionen über die in der DSGVO festgelegten Kriterien hinaus verpflichtend auszudehnen (Öffnungsklausel), hat der österreichische Gesetzgeber im DSG keinen Gebrauch gemacht. Es wurden lediglich die Verschwiegenheitspflichten detaillierter ausformuliert und organisatorische Spezifikationen getroffen (§ 5 DSG).

> **Kontrollfragen:**
>
> - Welche Publizitätspflichten haben der Verantwortliche und der Auftragsverarbeiter? Gibt es Ausnahmen von dieser Pflicht?
> - Wann ist eine Datenschutz-Folgenabschätzung durchzuführen?
> - Wie sieht der grundsätzliche Verfahrensablauf der Datenschutz-Folgenabschätzung aus?
> - Welche Meldepflichten gibt es für den Fall einer Datenschutzverletzung?
> - Unter welchen Voraussetzungen muss ein Datenschutzbeauftragter benannt werden?
> - Welche Aufgaben hat der Datenschutzbeauftragte?
> - Muss der Datenschutzbeauftragte ein Mitarbeiter des Verantwortlichen oder Auftragsverarbeiters sein?

10 Selbstregulierung und Zertifizierung

10.1 Einleitung

Bereits in Art 27 DS-RL war das Instrument der sog. Selbstregulierung vorgesehen, und zwar in Form der Ausarbeitung von Verhaltensregeln („Codes of Conduct") durch institutionell organisierte Berufsverbände. Dieses Instrument wurde von der Praxis – soweit ersichtlich – nicht wirklich angenommen. Wieweit sich dies auch im Anwendungsbereich der DSGVO fortsetzen wird, bleibt abzuwarten. Mit Art 40 DSGVO wird dieser Ansatz zur **Selbstregulierung** jedenfalls deutlich weiterentwickelt. Danach sollen Verbände und Vereinigungen, die Kategorien von Verantwortlichen oder Auftragsverarbeitern vertreten, dazu ermutigt werden, entsprechende datenschutzrechtlich relevante **Verhaltensregeln** zu erarbeiten. Da die DSGVO sehr hohe Bußgelder vorsieht (siehe Art 83 DSGVO), sollen diese Verhaltensregeln vor allem kleineren und mittleren Unternehmen zugutekommen, um sicherzustellen, dass diese den Vorgaben der DSGVO nachkommen.

Die **Zertifizierung** – als Instrument der Publizität zum Nachweis der korrekten Verarbeitung von Daten – soll dafür sorgen, dass Dritten und betroffenen Parteien rasch und auf unkomplizierte Weise dargelegt werden kann, dass die Anforderungen der DSGVO eingehalten werden. Es ist davon auszugehen, dass eine Zertifizierung auch als ein Instrument der Imagepflege eines datenverarbeitenden Unternehmens verwendet werden wird.

Konkrete – in der DSGVO festgeschriebene – Vorteile einer Zertifizierung bestehen darin, dass sich Unternehmen aus Drittländern einem derartigen Kodex unterwerfen können, was zur Folge hat, dass ein Datentransfer an diese Unternehmen unter erleichterten Voraussetzungen möglich ist (siehe Art 46 Abs 2 lit e und f DSGVO). Weiters kann die Einhaltung eines genehmigten Zertifizierungsverfahrens als Gesichtspunkt herangezogen werden, um die Erfüllung der folgenden Verpflichtungen nachzuweisen:

* das Vorliegen der **entsprechenden technischen und organisatorischen Maßnahmen** (siehe Art 24 Abs 3 DSGVO),
* die **Auswahl eines geeigneten Auftragsverarbeiters** (siehe Art 28 Abs 5 DSGVO),
* das Vorhandensein und die Pflege im Zusammenhang mit **Maßnahmen der Datensicherheit** (siehe Art 32 Abs 3 DSGVO).

Die tatsächlichen Vorteile einer Zertifizierung (oder einer tauglichen Selbstregulierung) im Zusammenhang mit der Verhängung von Bußgeldern (siehe Art 83 Abs 2 lit j DSGVO) – Berücksichtigung bzw Mäßigung bei der Festlegung der Bußgeldhöhe – werden sich erst durch die Praxis der Strafbemessung durch die DSB zeigen. Wie weit diese Zertifizierungsmaßnahmen generell zu einem Vorteil für ein datenverarbeitendes Unternehmen führen werden, kann erst nach Analyse der entsprechenden Judikatur zu diesen neuen Instrumenten beurteilt werden.

Selbstregulierung und **Zertifizierung** stehen nicht in Konkurrenz zueinander, sondern sind als komplementär zu verstehen. Im Idealfall soll es zu einer Art Kombination zwischen den „Codes of Conducts" als Verhaltensnormen und der Zertifizierung als Nachweis, dass datenschutzrechtliche Maßnahmen eingehalten werden, kommen.

10.2 Selbstregulierung durch Verhaltensregeln

10.2.1 Allgemeines

Aus ErwGr 98 ist ersichtlich, dass der europäische Gesetzgeber mit Verhaltensregeln (engl „**Codes of Conduct**") ein abgestuftes Regelungskonzept vorsieht, um den Risiken gerecht zu werden, die bei der jeweiligen Datenverarbeitung entstehen könnten.

> Verbände oder andere Vereinigungen, die bestimmte Kategorien von Verantwortlichen oder Auftragsverarbeitern vertreten, sollten ermutigt werden, in den Grenzen dieser Verordnung Verhaltensregeln auszuarbeiten, um eine wirksame Anwendung dieser Verordnung zu erleichtern, wobei den Besonderheiten der in bestimmten Sektoren erfolgenden Verarbeitungen und den besonderen Bedürfnissen der Kleinstunternehmen sowie der kleinen und mittleren Unternehmen Rechnung zu tragen ist. Insbesondere könnten in diesen Verhaltensregeln – unter Berücksichtigung des mit der Verarbeitung wahrscheinlich einhergehenden Risikos für die Rechte und Freiheiten natürlicher Personen – die Pflichten der Verantwortlichen und der Auftragsverarbeiter bestimmt werden.

Unter den genannten Verbänden und Vereinigungen sind insb Berufsverbände und sonstige Organisationen zu verstehen, in denen sich Unternehmen zusammenschließen. Eine bestimmte Mindestanzahl oder eine bestimmte Branchenabdeckung ist nach dem Wortlaut der Bestimmung nicht erforderlich. So werden hierzu etwa die Berufsverbände von Freiberuflern wie Rechtsanwälten, Ärzten, Ziviltechnikern und Steuerberatern gehören sowie die allgemeinen Pflichtverbände wie Wirtschaftskammern oder andere Interessensvertretungen.

> Selbstregulierungsmaßnahmen bieten auch die Möglichkeit, schneller auf geänderte technische oder organisatorische Maßnahmen durch Ausweitung oder Einschränkung des damit verbundenen Verhaltenskodex zu reagieren. Gerade im Bereich des Datenschutzes besteht oft das Problem, dass die technischen Erneuerungen den zugehörigen Regelungsmaterien „davongaloppieren" (siehe zB die Entwicklungen im Zusammenhang mit Cloud-Computing oder Big Data). Das Instrument der Selbstregulierung kann – trotz eines eventuell vermehrten Ressourcenaufwands – für ein datenverarbeitendes Unternehmen gegenüber den betroffenen Personen einen Vorteil hinsichtlich der Stärkung von Vertrauen und Stabilität nach sich ziehen und somit einen Wettbewerbsvorteil bedeuten.

So wie in der DSGVO insgesamt kommt auch hier der sog. „**risikobasierte Ansatz**" zur Anwendung, wonach die Verarbeitung schutzwürdigerer Daten einen höheren technischen/organisatorischen Sorgfaltsmaßstab erfordert als jene von weniger sensiblen Daten. Die Grundsätze der Datenverarbeitung nach der DSGVO dürfen diesbezüglich aber nicht eingeschränkt werden.

10.2.2 Inhalt von Verhaltensregeln

Zu den genauen **Inhalten von Verhaltensregeln** finden sich in Art 40 Abs 2 DSGVO einige Schwerpunkte, die zum Gegenstand eines „Code of Conduct" gemacht werden können und sollen. Es sind dies:
* faire und transparente Verarbeitung;
* die berechtigten Interessen des Verantwortlichen in bestimmten Zusammenhängen;
* Erhebung personenbezogener Daten;
* Pseudonymisierung personenbezogener Daten;
* Unterrichtung der Öffentlichkeit und der betroffenen Personen;
* Ausübung der Rechte betroffener Personen;
* Unterrichtung und Schutz von Kindern sowie die Art und Weise, in der die Einwilligung des Trägers der elterlichen Verantwortung für das Kind einzuholen ist;
* die Maßnahmen und Verfahren gemäß den Artikeln 24 und 25 und die Maßnahmen für die Sicherheit der Verarbeitung gemäß Artikel 32;
* die Meldung von Verletzungen des Schutzes personenbezogener Daten an Aufsichtsbehörden und die Benachrichtigung der betroffenen Person von solchen Verletzungen des Schutzes personenbezogener Daten;
* die Übermittlung personenbezogener Daten an Drittländer oder an internationale Organisationen oder
* außergerichtliche Verfahren und sonstige Streitbeilegungsverfahren zur Beilegung von Streitigkeiten zwischen Verantwortlichen und betroffenen Personen im Zusammenhang mit der Verarbeitung, unbeschadet der Rechte betroffener Personen gemäß den Artikeln 77 und 79.

Verhaltensregeln im Rahmen der Selbstregulierung dienen ausschließlich zur Präzisierung der Bestimmungen in der DSGVO. Es wird durch die Schaffung von Verhaltensregeln nicht bezweckt, eine Art „Parallelrechtsordnung" zur DSGVO zu erzeugen. Daher kann zB durch Verhaltensregeln keine eigene Rechtsgrundlage für die Verarbeitung von Daten geschaffen werden.

Die Annahme eines Code of Conducts ist freiwillig bzw ergibt sich aus der jeweiligen Berufssatzung des betroffenen Verbandes. Sofern sich ein Unternehmen aber einer solchen Selbstregulierung durch Annahme eines Code of Conducts unterwirft, verlangt Art 40 Abs 4 DSGVO, dass sich das Unternehmen auch dazu verpflichten muss, sich einer **Kontrolle der Selbstregulierung zu unterziehen.** Diese Kontrolle kann nach Art 41 Abs 1 DSGVO von einer Stelle durchgeführt werden, die über das geeignete Fachwissen hinsichtlich des Gegenstands der Verhaltensregeln verfügt und die von der zuständigen Aufsichtsbehörde zu diesem Zweck akkreditiert wurde. In Österreich wurden die Voraussetzungen für die Akkreditierung einer Überwachungsstelle durch die Überwachungsstellenakkreditierungs-Verordnung – ÜStAkk-V der DSB, BGBl II 264/2019, näher konkretisiert. Unabhängig von der allfälligen Einrichtung von derartigen Überwachungsstellen bleiben die Aufgaben und Befugnisse der Aufsichtsbehörde gemäß den Art 57 und 58 bestehen.

10.2.3 Genehmigung von Verhaltensregeln

Nachdem ein Verband Verhaltensregeln festgelegt hat, bedürfen diese einer **Genehmigung**. Dabei ist zu unterscheiden, ob sich die Verhaltensregeln nur auf einen oder – grenzüberschreitend – auf mehrere Mitgliedstaaten beziehen. Sofern nur ein einzelner Mitgliedstaat betroffen ist, wird zur Genehmigung die Zuständigkeit der jeweiligen Aufsichtsbehörde begründet (Art 40 Abs 5 DSGVO). Diese hat die Verhaltensregeln auf DSGVO-Konformität zu überprüfen, sich ggf gegenüber dem antragstellenden Verband zu äußern und die Regeln zu genehmigen. Die Aufsichtsbehörde ist auch zur **Veröffentlichung der Verhaltensregeln** verpflichtet (siehe Art 40 Abs 6 DSGVO). Bei Verhaltensregeln, die mehrere Mitgliedstaaten (mindestens zwei) betreffen, ist ein mehrstufiges Genehmigungsverfahren vorgesehen, in dem zunächst die antragsempfangende Aufsichtsbehörde die Verhaltensregeln dem Europäischen Datenschutzausschuss vorzulegen hat. Dieser muss dann nach den Regeln des Kohärenzverfahrens (Art 63 ff DSGVO) Stellung nehmen, worauf die Kommission die Möglichkeit hat, mit einem sog. Durchführungsrechtsakt die allgemeine Gültigkeit der eingereichten Verhaltensregeln innerhalb der Union zu beschließen (unionsweite Geltung der Verhaltensregeln). Tut sie dies nicht, kommt es – bei einer zustimmenden Stellungnahme durch den Ausschuss – lediglich zu einem bilateralen bzw multilateralen Zustimmungsbeschluss der entsprechenden Aufsichtsbehörde mit Rechtswirkung auf die antragstellenden Parteien.

10.2.4 Verhaltensregeln in Österreich

Mittlerweile ist die DSB ihrer Verpflichtung nach Art 40 Abs 6 genehmigte Verhaltensregeln, die nur Österreich betreffen, zu veröffentlichen, nachgekommen. Zum Zeitpunkt der Drucklegung dieses Buches (November 2020) wurden in Österreich **für folgende Branchen** Verhaltensregeln gemäß Art 40 Abs 5 genehmigt:

- Adressverlage und Direktmarketingunternehmen gem § 151 Gewerbeordnung,
- Private Bildungseinrichtungen,
- Bilanzbuchhaltungsberufe (Bilanzbuchhalter, Buchhalter, Personalverrechner),
- Internet Service Provider,
- Garagen- und Parkplatzbetriebe in Österreich und
- Netzbetreiber bei der Verarbeitung von mit intelligenten Messgeräten erhobenen personenbezogenen Daten von Endverbrauchern nach den §§ 83 ff ElWOG 2010.

10.2.5 Sanktionen

Ein Verstoß gegen Verhaltensregeln ist **nicht** mit den Sanktionsvorschriften in Art 83 DSGVO (Bußgeldkatalog) verbunden, sofern er nicht gleichzeitig einen Verstoß gegen Bestimmungen der DSGVO darstellt. Art 41 Abs 4 DSGVO sieht allerdings vor, dass die überwachende Stelle vorbehaltlich geeigneter Garantien im Falle einer Verletzung der Verhaltensregeln durch einen Verantwortlichen oder einen Auftragsverarbeiter geeignete Maßnahmen vorsieht, einschließlich eines vorläufigen oder endgültigen Ausschlusses des Verantwortlichen oder Auftragsverarbeiters von den Verhaltensregeln. Sie unterrichtet die zuständige Aufsichtsbehörde über solche Maßnahmen und deren Begründung.

10.3 Zertifizierungen

Zertifizierungen haben Publizitätswirkung und vermitteln, dass die datenverarbeitende Stelle die Normen der DSGVO und des DSG ordnungsgemäß einhält. Überprüft werden vor allem Maßnahmen zur Datensicherheit und des Datenschutzes im Allgemeinen. **Zertifizierungsstellen** müssen einem **Akkreditierungsverfahren** unterworfen sein. Für Österreich ist in § 21 Abs 3 Satz 2 vorgesehen, dass die DSB als einzige nationale Akkreditierungsstelle fungiert. Eine Akkreditierung darf für einen Zeitraum von maximal fünf Jahren erfolgen und ist danach jeweils zu erneuern (siehe Art 42 Abs 4 DSGVO).

Dies ist nicht zu verwechseln mit der Dauer der Gültigkeit eines Zertifikats, das von einer Zertifizierungsstelle an einen Datenverarbeiter vergeben wird. Dieses darf **eine Gültigkeit von drei Jahren nicht überschreiten** (Art 42 Abs 7 DSGVO).

Folgende Bedingungen sind für die Akkreditierung einer Zertifizierungsstelle gem Art 43 Abs 2 DSGVO vorgesehen. Zertifizierungsstellen müssen:
- ihre **Unabhängigkeit** und ihr **Fachwissen** hinsichtlich des Gegenstands der Zertifizierung zur Zufriedenheit der **zuständigen Aufsichtsbehörde nachgewiesen** haben;
- sich **verpflichtet** haben, die entsprechenden **Zertifizierungskriterien einzuhalten**;
- **Verfahren** für die **Erteilung**, die regelmäßige **Überprüfung** und den **Widerruf** der Datenschutzzertifizierung sowie der Datenschutzsiegel und -prüfzeichen **festgelegt** haben;
- **Verfahren** und Strukturen festgelegt haben, mit denen sie **Beschwerden** über Verletzungen der Zertifizierung oder die Art und Weise, in der die Zertifizierung von dem Verantwortlichen oder dem Auftragsverarbeiter umgesetzt wird oder wurde, **nachgehen**, und diese Verfahren und Strukturen für betroffene Personen und die Öffentlichkeit transparent machen und
- zur Zufriedenheit der zuständigen Aufsichtsbehörde nachgewiesen haben, dass ihre Aufgaben und Pflichten nicht zu einem Interessenkonflikt führen.

Nach Art 83 Abs 4 lit a DSGVO sind **Verstöße** des Verantwortlichen oder Auftragsverarbeiters **gegen Zertifizierungsbestimmungen** mit **Geldbußen bis**

zu 10 Mio EUR oder bis zu 2 % des gesamten weltweit erzielten Jahresumsatzes des vorangegangenen Geschäftsjahres bedroht. Dies wird mit ein Grund sein, warum abzuwarten bleibt, ob sich das System der Zertifizierungen in der Praxis durchsetzen wird. Im Hinblick auf sonstige Zertifizierungsmöglichkeiten (zB ISO-Normen) ist mittlerweile deutlich geworden, dass eine solche mit einem hohen finanziellen und auch sonstigen Ressourceneinsatz verbunden ist.

Kontrollfragen:

- Sind Maßnahmen der Selbstregulierung bzw Zertifizierungen verpflichtend vorzunehmen?
- In welchem Verhältnis stehen die Verhaltensregeln („Codes of Conduct") zu den Bestimmungen der DSGVO?
- Wer kann Verhaltensregeln aufstellen?
- Wer führt Zertifizierungen durch?

11 Videoüberwachung/Bildverarbeitung

11.1 Allgemeines

Die DSGVO sieht **keine eigenen Regelungen** für Bildverarbeitungen bzw **für Videoüberwachungen** vor. Dies ist als ein Versäumnis des europäischen Gesetzgebers zu betrachten, weil einige der allgemeinen Regelungen, wie va die Informationspflicht nach Art 13 DSGVO, für Videoüberwachungen unpassend erscheinen. Außerdem wird bei Bilddaten in der Fachliteratur schon seit längerer Zeit die Frage diskutiert, ob diese zwingend als **besondere Kategorien personenbezogener Daten** zu qualifizieren sind oder ob es auf den Zusammenhang (Kontext) ankommt, in dem diese Daten verwendet werden. Regelmäßig wird va aus Gesichtsbildern die rassische und ethnische Herkunft der Abgebildeten hervorgehen, bzw enthalten Bilddaten dann Gesundheitsdaten, wenn zB ein Rollstuhl, eine Krücke oder ein Gipsfuß erfasst ist. Aber auch schon eine optische Brille fällt in diese Kategorie sensibler Daten. Die DSB hat in ihrer bisherigen Rsp ohne nähere Begründung vertreten, dass Bilddaten keine sensiblen Daten seien, der EuGH hat sich die Frage nach der Art der verarbeiteten Daten bei der Beurteilung der Zulässigkeit einer Videoüberwachung gar nicht gestellt, sondern Art 6 Abs 1 DSGVO angewendet. Bei der konkreten Interessenabwägung ist nach Ansicht des EuGH dann aber schon auf die sensible Natur der aufgezeichneten Bilddaten Bedacht zu nehmen. Diesbezüglich ist daher eine Klarstellung durch den europäischen Gesetzgeber dringend erforderlich.

 EuGH 11.12.2019, C-708/18 (Asociatia de Proprietari bloc M5A-ScaraA)
Bei der Interessenabwägung zur Beurteilung der **Zulässigkeit eines Videoüberwachungssystems**, das in den Gemeinschaftsbereichen eines Wohngebäudes installiert ist, um den Schutz und die Sicherheit von Personen und Eigentum zu gewährleisten, ist insbesondere der möglicherweise sensiblen Natur der personenbezogenen Daten Rechnung zu tragen.

DSB 07.06.2018, DSB-D202.207/0001-DSB/2018
Mit **Bilddaten** liegt keine Verarbeitung besonderer Kategorien personenbezogener Daten iSd Art 9 DSGVO vor.

Unter diesen Aspekten war die Vorgangsweise des österreichischen Gesetzgebers an sich zu begrüßen, im DSG in den §§ 12 und 13 **Sonderbestimmungen über die „Bildverarbeitung"** vorzusehen (siehe aber gleich unter 11.2.). Diese Bestimmungen zielen darauf ab, grundsätzlich alle Bildaufnahmen durch Verantwortliche des privaten Bereichs zu regeln, sofern diese nicht ohnehin aufgrund von Art 2 Abs 2 lit c DSGVO („Haushaltsausnahme", siehe dazu Kapitel 3.1.4) vom Anwendungsbereich des Datenschutzrechts ausgenommen sind und auch andere Gesetze hierzu nichts Besonderes vorsehen. Für die Anwendbarkeit der §§ 12 und 13 DSG spielt die Zuordnung von Bilddaten zu einer bestimmten Datenkategorie nämlich keine Rolle.

Allerdings wurde in der Fachliteratur schon vor Inkrafttreten des DSG bezweifelt, ob ein Nationalstaat nach der DSGVO überhaupt die Kompetenz zur Regelung eines Sonderdatenschutzrechts für die Verarbeitung von Bilddaten besitzt. Die in Betracht kommenden Öffnungsklauseln sind:

- Art 9 Abs 2 lit g DSGVO, im Falle einer Qualifikation der Bilddaten als sensible Daten: „die Verarbeitung ist auf der Grundlage [...] des Rechts eines Mitgliedstaates, das [...] aus Gründen eines erheblichen öffentlichen Interesses erforderlich" bzw
- Art 6 Abs 2 DSGVO iVm Abs 1 lit e bei einer Qualifikation als nicht-sensible Daten: „die Verarbeitung ist zur Wahrnehmung einer Aufgabe erforderlich, die im öffentlichen Interesse liegt".

11.2 Judikaturdivergenz

Nun hat das BVwG in inzwischen bereits mehrfach bestätigter Rsp ausgesprochen, dass die **§§ 12 und 13 DSG** auf Bildverarbeitungen zu privaten Zwecken nicht anwendbar sind, weil diese Bestimmungen nicht von den Öffnungsklauseln in Art 6 Abs 2 und Abs 3 gedeckt sind. Auch die DSB beurteilt zurzeit (November 2020) Bildverarbeitungen ausschließlich auf Basis der Art 5 und 6 DSGVO. Eine Bestätigung dieser Rechtsansicht durch den VwGH ist noch ausständig.

 BVwG 20.11.2019, W256 2214855-1, BVwG 25.11.2019, W211 2210458-1, BVwG 02.03.2020, W211 2217212-1
Die **Bestimmungen des DSG zur Bildverarbeitung** (§§ 12 und 13 DSG) **sind nicht anzuwenden**, da sie der DSGVO mangels anwendbarer Öffnungsklausel nicht entsprechen.

Allerdings ist fast zeitgleich ein Urteil des OGH ergangen, in dem das zivile Höchstgericht von der Anwendbarkeit der österreichischen Bestimmungen über Bildverarbeitungen in den §§ 12 und 13 DSG ausgegangen ist (OGH 27.11.2019, 6 Ob 150/19f). Auch in OGH 20.05.2020, 6 Ob 206/19s (Zulässigkeit eines Handyvideos zu Beweiszwecken) wird wiederum auf das berechtigte Interesse nach § 12 Abs 2 Z 4 DSG hingewiesen. Angesichts dieser **Judikaturdivergenz** ist für eine endgültige Klärung der Anwendbarkeit oder Unanwendbarkeit der §§ 12 und 13 DSG die weitere Entwicklung der Rsp abzuwarten.

Im Folgenden werden daher sowohl die Sonderregelungen in den §§ 12 und 13 DSG kurz dargestellt, als auch ein Hinweis auf die allgemeinen Regelungen der DSGVO gegeben, die auf Videoüberwachungen anzuwenden sind.

11.3 Begriff der Bildaufnahme

Der Begriff der Bildaufnahme wird in § 12 Abs 1 DSG sehr weit definiert:

> **§ 12 DSG**
> Eine Bildaufnahme (...) bezeichnet die durch Verwendung technischer Einrichtungen zur Bildverarbeitung vorgenommene Feststellung von Ereignissen im

öffentlichen oder nicht-öffentlichen Raum zu privaten Zwecken. Zur Bildaufnahme gehören auch dabei mitverarbeitete akustische Informationen. (...)

Problematisch an dieser Begriffsbestimmung ist, dass die Wendung „**zu privaten Zwecken**" in der Definition der Bildverarbeitung mehr als missverständlich ist. Erst aus den Erläuterungen wird deutlich, dass „grundsätzlich alle Bildaufnahmen durch Verantwortliche des privaten Bereichs (so zB auch das Anfertigen von Fotografien zu beruflichen Zwecken)" den Bestimmungen der §§ 12 und 13 DSG unterliegen sollen.

Die DSGVO enthält keine Begriffsdefinition einer Bildaufnahme oder einer Videoüberwachung. Bildliche bzw fotografische Abbildungen einer lebenden, erkennbaren natürlichen Person sind personenbezogene Daten iSd Art 4 Z 1 und fallen bei einer automatisierten Verarbeitung in den Anwendungsbereich der DSGVO.

11.4 Zulässigkeit einer Bildaufnahme

Eine Bildaufnahme zu derartigen „privaten Zwecken" (und gemäß § 12 Abs 5 DSG auch deren Übermittlung) ist nach § 12 Abs 2 DSG zulässig:
* im lebenswichtigen Interesse einer Person,
* mit Einwilligung der betroffenen Person,
* auf gesetzlicher Grundlage,
* wenn im Einzelfall überwiegende berechtigte Interessen des Verantwortlichen oder eines Dritten bestehen und die Verhältnismäßigkeit gegeben ist.

Damit kann eine Videoüberwachung oder sonstige Bildverarbeitung va auf den Rechtfertigungstatbestand der **berechtigten Interessen** gestützt werden. Als Beispiele für eine derartige positive Interessenabwägung werden in § 12 Abs 3 DSG angeführt: der vorbeugende Schutz auf privaten Liegenschaften, der vorbeugende Schutz an öffentlich zugänglichen Orten mit Hausrecht und ein privates Dokumentationsinteresse, das nicht auf die identifizierende Erfassung unbeteiligter Personen gerichtet ist. Damit werden nach den Erläuterungen exemplarische, quasi massenhaft auftretende Fallkonstellationen erfasst, wie zB die Überwachung von Einfamilienhäusern, die Überwachung in öffentlichen Verkehrsmitteln oder sog Freizeitkameras uÄ. Wie konkrete Einzelfälle, etwa Unfallkameras („Dash-Cams"), das Fotografieren ins Publikum oder von Teilnehmern am Podium bei Veranstaltungen oder das Hochladen von Mitarbeiterfotos auf Unternehmens-Websites, von der Rsp beurteilt werden, bleibt abzuwarten.

Absolut unzulässig sind Bildaufnahmen im höchstpersönlichen Lebensbereich ohne Einwilligung, Bildaufnahmen zur Arbeitnehmerkontrolle, der automationsunterstützte Abgleich von mittels Bildaufnahmen gewonnener personenbezogener Daten mit anderen personenbezogenen Daten und die Auswertung von mittels Bildaufnahmen gewonnener personenbezogener Daten anhand von sensiblen Daten als Auswahlkriterium.

Wenn man die Frage nach dem Vorliegen besonderer Datenkategorien beiseitelässt (siehe dazu oben Kapitel 11.1), ist nach den allgemeinen Regeln der DSGVO für die Zulässigkeit einer Videoüberwachung das Vorliegen eines der Erlaubnistatbestände des Art 6 Abs 1 DSGVO und die Einhaltung der allgemeinen Grundsätze des Art 5 DSGVO zu prüfen. IdR wird dabei eine **Interessenabwägung nach Art 6 Abs 1 lit f DSGVO** vorzunehmen sein.

 BVwG 20.11.2019, W256 2214855-1
Nach der die Rechtmäßigkeit einer Datenverarbeitung regelnden Bestimmung des Art 6 Abs 1 DSGVO in der hier (für Private) einschlägigen lit f ist eine Verarbeitung (im konkreten Fall eine **private Videoüberwachung**) rechtmäßig, wenn sie zur Wahrung der berechtigten Interessen des Verantwortlichen oder eines Dritten erforderlich ist, sofern nicht die Interessen oder Grundrechte und Grundfreiheiten der betroffenen Person, die den Schutz personenbezogener Daten erfordern, überwiegen.

11.5 Speicherdauer und Kennzeichnung

Nach § 13 Abs 2 und 3 DSG hat der Verantwortliche jeden Verarbeitungsvorgang zu protokollieren, wobei darunter jeder Zugriff auf bzw jede Auswertung von Bilddaten zu verstehen ist. Eine länger als **72 Stunden** andauernde Aufbewahrung muss verhältnismäßig sein und ist gesondert zu protokollieren und zu begründen. Die Löschungspflicht gilt nicht bei Vorliegen eines privaten Dokumentationsinteresses.

Aus der DSGVO ergibt sich keine konkrete Frist für die Dauer der Aufbewahrung von Bilddaten. Diesbezüglich sind die allgemeinen Grundsätze des Art 5 DSGVO heranzuziehen, wobei im Zusammenhang mit Bilddaten der **Speicherbegrenzung** nach Art 5 Abs 1 lit e DSGVO eine besondere Bedeutung zukommt.

 BVwG 25.11.2019, W211 2210458-1
Die **Aufbewahrung der gespeicherten Bilddaten für einen Zeitraum von 14 Tagen** verstieß damit gegen den Grundsatz des Art 5 Abs 1 lit e DSGVO, da sich im Verfahren keinerlei Hinweise darauf ergeben haben, dass mit der Speicherung der Daten für 14 Tage tatsächlich ein unbedingt erforderliches Mindestmaß eingehalten wurde.

Gemäß § 13 Abs 5 und 6 DSG hat der Verantwortliche einer Bildaufnahme diese geeignet zu kennzeichnen. Aus der **Kennzeichnung** hat jedenfalls der Verantwortliche eindeutig hervorzugehen, es sei denn, dieser ist den betroffenen Personen nach den Umständen des Falles bereits bekannt. Die Kennzeichnungspflicht gilt nicht beim Zulässigkeitstatbestand des privaten Dokumentationsinteresses und für zeitlich strikt zu begrenzende Verarbeitungen im Einzelfall, deren Zweck ausschließlich mittels einer verdeckten Ermittlung erreicht werden kann (zB Ausforschung durch einen Privatdetektiv), unter der Bedingung, dass der Verantwortliche ausreichende Garantien zur Wahrung der Betroffeneninteressen vorsieht, insbesondere durch eine nachträgliche Information der betroffenen Personen.

Nach der DSGVO sind bei der Kennzeichnung einer Bildaufnahme genau genommen jedenfalls alle Informationen nach Art 13 Abs 1 zu erteilen. Die Ansicht des BVwG, dass aufgrund der Informationsmenge ein „**geschichteter Zugang**" für die Erteilung der Information gewählt werden kann, ist als pragmatischer Versuch einer ansatzweise praktikablen Lösung zu sehen. Inwieweit er mit den strengen Vorgaben des Art 13 DSGVO vereinbar ist, erscheint allerdings zweifelhaft. Außerdem bleibt immer noch die Frage offen, mit welchen konkreten anderen Mitteln die zweite Schicht an Informationen bei einer Videoüberwachung erteilt werden kann.

BVwG 02.03.2020, W211 2217212-1
Auf eine Dashcam in einem Kfz, bei der personenbezogene Daten durch Bildaufnahmen verarbeitet werden, ist insb **Art 13 DSGVO** anzuwenden. Aufgrund der Informationsmenge, die einer betroffenen Person zukommen soll, kann von einem Verantwortlichen ein „**geschichteter Zugang**" und eine Kombination aus Mitteln gewählt werden, um dem Transparenzgebot zu entsprechen. Im Rahmen einer Videoüberwachung sollte die wichtigste Information in einem Warnhinweis dargestellt werden, während die notwendigen weiteren Informationen mit anderen Mitteln zur Verfügung gestellt werden können (als zweite Schicht).

Kontrollfragen:

- Handelt es sich bei Bilddaten um besondere Kategorien iSd Art 9 DSGVO? Warum bedarf es einer Klarstellung durch den europäischen Gesetzgeber?
- Auf welche rechtliche Grundlage stützt sich der österreichische Gesetzgeber, wenn er spezielle Regeln für die Bildverarbeitung im DSG aufstellt?
- Was umfasst der Begriff „Bildaufnahmen" iSd § 12 DSG?
- Wann ist eine Bildaufnahme rechtmäßig (sowohl nach der DSGVO als auch nach dem DSG)?
- Welche Pflichten sind bei einer Videoüberwachung zu beachten?

12 Beschäftigtendatenschutz

12.1 Vorbemerkungen

Beschäftigtendatenschutz bezeichnet den Schutz von Arbeitnehmern bei der **Verarbeitung ihrer personenbezogenen Daten im Rahmen des Arbeitsverhältnisses.** In der Unternehmenspraxis betrifft regelmäßig ein wesentlicher Teil der Datenverarbeitungen Arbeitnehmer: Schon im Zusammenhang mit dem Bewerbungsprozess werden Daten potenzieller Arbeitnehmer erfasst und gespeichert, später als Arbeitnehmer kommt es zu Datenverarbeitungen im Rahmen der Personalverwaltung und Lohnverrechnung, des Arbeitnehmerschutzes am Arbeitsplatz, der Weiterbildung, der Verwaltung von Mitarbeiterbeteiligungsprogrammen sowie von Karriere-, Anwesenheits- oder Kontaktdatenbanken.

Aufgrund des dem Arbeitsverhältnis immanenten **Ungleichgewichts** zwischen Arbeitgeber und Arbeitnehmer bestehen in diesen Verarbeitungssituationen einige Besonderheiten. Zudem werden im Beschäftigungsdatenschutz die klassischen datenschutzrechtlichen Rollen – Betroffener, Verantwortlicher und gegebenenfalls Auftragsverarbeiter – durch einen zusätzlichen Akteur, nämlich den Betriebsrat (bzw andere Organe der Arbeitnehmervertretung), ergänzt. Dieser verarbeitet einerseits, in Erfüllung seiner Aufgaben, selbst personenbezogene Daten der von ihm vertretenen Arbeitnehmer und ist in diesem Bereich Verantwortlicher. Andererseits werden dem Betriebsrat im Arbeitsverfassungsrecht (ArbVG) umfangreiche Mitbestimmungsrechte eingeräumt, die die Verarbeitung von Arbeitnehmerdaten durch den Arbeitgeber betreffen.

Der europäische Gesetzgeber trägt der Bedeutung des Beschäftigtendatenschutzes Rechnung und hat hierzu eine eigene Bestimmung im Kapitel IX „für besondere Verarbeitungssituationen" vorgesehen (Art 88 DSGVO). Im Folgenden soll auf die wesentlichen Grundlagen des Beschäftigtendatenschutzes eingegangen und einige praxisrelevante Fragen in diesem Zusammenhang behandelt werden.

12.2 Gesetzliche Grundlagen

12.2.1 Europarechtliche Vorgabe

Auch auf die Verarbeitung von Mitarbeiterdaten ist das Datenschutzregime vollinhaltlich anwendbar. Allerdings bezeichnet die DSGVO die Verarbeitung von Mitarbeiterdaten als eine **besondere Verarbeitungssituation.** Der europäische Gesetzgeber hat davon abgesehen, selbst Regelungen hinsichtlich des Beschäftigtendatenschutzes vorzusehen, die unmittelbar anwendbar wären. Dies wäre aufgrund der starken Unterschiede der nationalen Arbeitsrechtsregimes wohl auch ein schwieriges Unterfangen. Vielmehr gestattet die Öffnungsklausel des Art 88 DSGVO den Mitgliedstaaten, im Bereich der Datenverarbeitung im Arbeitsverhältnis eigene, spezifischere Vorschriften zu schaffen. Im Bereich Beschäftigtendatenschutz findet daher **keine europäische Vereinheitlichung** statt, sondern es sind jeweils länderspezifische Regelungen zu beachten. Gemäß Abs 3 des Art 88 DSGVO haben die Mitgliedstaaten die jeweils in diesem Bereich erlassenen Rechtsvorschriften zu notifizieren.

> **Art 88 DSGVO** – Datenverarbeitung im Beschäftigungskontext
> (1) Die Mitgliedstaaten können durch Rechtsvorschriften oder durch Kollektivvereinbarungen spezifischere Vorschriften zur Gewährleistung des Schutzes der Rechte und Freiheiten hinsichtlich der Verarbeitung personenbezogener Beschäftigtendaten im Beschäftigungskontext, insbesondere für Zwecke der Einstellung, der Erfüllung des Arbeitsvertrags einschließlich der Erfüllung von durch Rechtsvorschriften oder durch Kollektivvereinbarungen festgelegten Pflichten, des Managements, der Planung und der Organisation der Arbeit, der Gleichheit und Diversität am Arbeitsplatz, der Gesundheit und Sicherheit am Arbeitsplatz, des Schutzes des Eigentums der Arbeitgeber oder der Kunden sowie für Zwecke der Inanspruchnahme der mit der Beschäftigung zusammenhängenden individuellen oder kollektiven Rechte und Leistungen und für Zwecke der Beendigung des Beschäftigungsverhältnisses vorsehen.
> (2) Diese Vorschriften umfassen angemessene und besondere Maßnahmen zur Wahrung der menschlichen Würde, der berechtigten Interessen und der Grundrechte der betroffenen Person, insbesondere im Hinblick auf die Transparenz der Verarbeitung, die Übermittlung personenbezogener Daten innerhalb einer Unternehmensgruppe oder einer Gruppe von Unternehmen, die eine gemeinsame Wirtschaftstätigkeit ausüben, und die Überwachungssysteme am Arbeitsplatz.
> (3) Jeder Mitgliedstaat teilt der Kommission bis zum 25. Mai 2018 die Rechtsvorschriften, die er aufgrund von Absatz 1 erlässt, sowie unverzüglich alle späteren Änderungen dieser Vorschriften mit.

12.2.2 Umsetzung in Österreich

Im Zuge der Anpassung des DSG 2000 an die DSGVO war zunächst vorgesehen, in **§ 11 DSG** eine Bestimmung zum Beschäftigtendatenschutz aufzunehmen. Diese Bestimmung sollte aber keine eigenen Regelungen über Datenverarbeitung im Beschäftigungskontext schaffen. Vielmehr sollten die Bestimmungen des Arbeitsverfassungsgesetzes (ArbVG), sofern sie die Verarbeitung personenbezogener Daten regeln, zu Regelungen im Sinne des Art 88 DSGVO erklärt werden.

Noch vor Inkrafttreten des DSG mit 25.05.2018 wollte der Gesetzgeber Unklarheiten im DSG verbessern, darunter auch in Bezug auf Datenverarbeitungen im Beschäftigungskontext. Im entsprechenden Antrag war vorgesehen, im DSG explizit die §§ 89, 91, 96, 96a und 97 ArbVG, sowie die Mitwirkungsrechte in Bezug auf die Personalvertretung als datenschutzrechtliche Regelungen des ArbVG zu nennen. Im Zuge des Gesetzgebungsverfahrens kam es aber zu einer kurzfristigen, umfassenden Abänderung des Antrags. Insbesondere wurde der vormalige Inhalt des § 11 DSG komplett abgeändert: Die Regelung zum Beschäftigtendatenschutz fiel ersatzlos weg und wurde durch eine (vielbeachtete, im 2. Abschnitt des DSG aber deplatzierte) Regelung betreffend Verwarnungen durch die DSB ausgetauscht.

Somit hat der **österreichische Gesetzgeber** letztendlich von der **Öffnungsklausel** des Art 88 DSGVO **keinen Gebrauch** gemacht. Nicht nur im DSG, sondern auch in den arbeitsrechtlichen Gesetzen wurden keine Regelungen zum Beschäftigtendatenschutz aufgenommen oder geändert.

Das ließ die Frage offen, ob die bestehenden Regelungen zu Personaldatenverarbeitungen in arbeitsrechtlichen Gesetzen dennoch Regelungen iSd Art 88 DSGVO sein könnten. Es handelt sich dabei im Wesentlichen um (aus den 80er bzw 90er Jahren stammende) rein arbeitsrechtliche Vorgaben zu Mitbestimmungsrechten des Betriebsrats: In gewissen Fällen der Verarbeitung von Arbeitnehmerdaten ist demnach eine Betriebsvereinbarung, also die (teilweise durch die Schlichtungsstelle ersetzbare) Zustimmung des Betriebsrats, notwendig. Würden diese Bestimmungen der Arbeitsverfassung als datenschutzrechtliche Schutznormen im Sinne des Art 88 ArbVG qualifiziert, hätte dies zur Folge, dass Verstöße dagegen mit den beträchtlichen Geldbußen nach Art 83 DSGVO sanktioniert wären. Die relevanten Bestimmungen haben aber keinerlei datenschutzrechtlichen Gehalt und erfüllen damit die Maßstäbe des Art 88 DSGVO nicht, der materielle Vorschriften zu Themen wie Transparenz der Verarbeitung im Arbeitsverhältnis oder Übermittlung personenbezogener Daten innerhalb einer Unternehmensgruppe vor Augen hat. Zudem erfolgte hinsichtlich der genannten Normen, entgegen den ursprünglichen Vorhaben, auch **keine Notifikation** nach Art 88 Abs 3 DSGVO an die Europäische Kommission, womit Österreich wohl gänzlich auf speziellere gesetzliche Regelungen im Bereich Beschäftigtendatenschutz verzichten will. Dies scheint auch der Rechtsansicht der DSB zu entsprechen, die auf Rückfrage auf die Rechtsansicht von *Brodil* verweist, der davon ausgeht, dass mit dieser Vorgangsweise auf spezifischere Regelungen im arbeitsrechtlichen Bereich verzichtet wird (Arbeitnehmerdatenschutz und Datenschutz-Grundverordnung (DSGVO), ecolex 2018, 486).

In der Lehre werden die Regelungen des ArbVG zur Verarbeitung von personenbezogenen Daten vereinzelt trotzdem als spezifischere Vorschriften nach Art 88 DSGVO angesehen. Auch bezieht sich die Notifizierungspflicht des Art 88 Abs 3 DSGVO dem Wortlaut nach nicht auf bereits bestehende Rechtsvorschriften, sondern auf solche, die der Mitgliedstaat (neu) erlässt, womit allein die Tatsache, dass die Vorschriften nicht notifiziert wurden, keine ausreichende Klarstellung der Situation bringt.

Auch wenn der rechtliche Status der relevanten ArbVG-Bestimmungen nicht endgültig geklärt ist, sind die genannten **arbeitsrechtlichen Mitbestimmungsrechte** ohne weitere Schritte des Gesetzgebers richtigerweise **nicht als spezifischere Vorschriften gemäß Art 88 DSGVO anzusehen**. Auch die hL geht derzeit davon aus, dass Verstöße gegen Mitwirkungsrechte der Belegschaft nicht mit der Verhängung einer Geldbuße gem Art 83 Abs 5 lit d DSGVO begegnet werden kann.

Aber auch auf anderem Wege könnte man zum Ergebnis gelangen, dass der Nichtabschluss betriebsverfassungsrechtlich notwendiger Betriebsvereinbarungen datenschutzrechtliche Geldbußen auslöst:

So wird etwa argumentiert, dass das **Fehlen einer Betriebsvereinbarung** generell einen **Verstoß gegen die Grundsätze der Datenverarbeitung** (Art 5–7, 9 DSGVO) darstelle und somit wiederum zur Anwendung der DSGVO-Geldbußen führen könnte. Tatsächlich wurde seitens der Datenschutzbehörde bereits vor Inkrafttreten der DSGVO die Vorlage von arbeitsrechtlichen Betriebsvereinbarungen verlangt, und zwar mit der Begründung, dem Arbeitgeber fehle ohne diese die rechtliche Befugnis zur Datenverarbeitung (und diese sei folglich unrechtmäßig). Eine weitere Argumentationslinie lautet, dass in solchen Fällen ein **Verstoß gegen den Zweckmäßigkeitsgrundsatz vorliege,** da keine legitimen Zwecke für die Datenverarbeitung vorliegen könnten, wenn die Bestimmungen des Arbeitsverfassungsrechts nicht eingehalten würden. Zuletzt wird ins Treffen geführt, dass es am (in den meisten Fällen notwendigen) **„berechtigten Interesse"** iSd Art 6 Abs 1 lit f DSGVO **mangle**, wenn betriebsverfassungsrechtliche Vorschriften verletzt würden. Ein Interesse sei nämlich nach nur dann „berechtigt", wenn es im Einklang mit dem Unionsrecht und dem einzelstaatlichen Recht stehe.

Insgesamt ist diesen Argumenten, die allesamt daraus, dass betriebliche Mitbestimmungsrechte nicht gewahrt werden, einen Verstoß gegen die Grundsätze der Datenverarbeitung (und damit der Möglichkeit der Verhängung von Geldbußen nach Art 83 Abs 5 lit a DSGVO) ableiten wollen, uE nicht zu folgen. Der Grundsatz der Rechtmäßigkeit bezieht sich nach hL auf die Rechtmäßigkeit iSd der DSGVO und nicht auf die gesamte Rechtsordnung, womit Verstöße gegen ArbVG-Vorgaben zur Mitbestimmung im Rahmen der datenschutzrechtlichen Rechtmäßigkeitsprüfung nicht zu berücksichtigen sind. Die Legitimitätsanforderung an die Zwecke der Datenverarbeitung bezieht sich zwar nach hL auf die gesamte Rechtsordnung, sodass die Zwecke der Datenverarbeitung im Einklang mit dem ArbVG stehen müssen. Doch die arbeitsverfassungsrechtliche Vorgabe, dass der Betriebsinhaber für bestimmte Maßnahmen Vereinbarungen mit dem Betriebsrat abzuschließen hat, ist ein reines Instrument zur Umsetzung der generellen betrieblichen Mitbestimmung und enthält keine materiellrechtlichen Inhalte. Die Nichteinhaltung dieser reinen „Formvorschrift" kann auf die inhaltliche Beurteilung der Rechtmäßigkeit einer Datenverarbeitung, der Legitimität der Zwecke der Datenverarbeitung oder des Vorliegens von berechtigten Interessen keine Auswirkung haben. Umgekehrt bleibt ja eine unzulässige Datenverarbeitung auch bei Vorliegen einer entsprechenden Betriebsvereinbarung unzulässig und wird nicht etwa durch die Umsetzung in Form einer Betriebsvereinbarung inhaltlich „saniert".

Zur getrennt zu betrachtenden Frage, ob eine Betriebsvereinbarung einen eigenständigen datenschutzrechtlichen Erlaubnistatbestand bilden kann, siehe Punkt 12.3.5.

12.3 Rechtmäßigkeit der Verarbeitung im Beschäftigungskontext

12.3.1 Allgemeines

Für die Rechtmäßigkeit der Verarbeitung von Arbeitnehmerdaten gelten die allgemeinen Vorschriften des Art 6 DSGVO, jede Datenverarbeitung muss also durch einen Erlaubnistatbestand gedeckt sein und daneben auch die allgemeinen Grundsätze des Art 5 DSGVO einhalten.

Im Zusammenhang mit der Verarbeitung von Arbeitnehmerdaten kommen gleich mehrere Erlaubnistatbestände als Rechtsgrundlagen der Verarbeitung in Betracht, insbesondere die Vertragserfüllung, die Erfüllung rechtlicher Pflichten sowie die Wahrung berechtigter Interessen des Arbeitgebers. Zu beachten ist jeweils, dass die Verarbeitung der personenbezogenen Daten nur soweit zulässig ist, als sie zur Erreichung des jeweiligen Zweckes auch tatsächlich notwendig ist.

12.3.2 Vertragserfüllung und Erfüllung einer rechtlichen Verpflichtung

Da jedem Arbeitsverhältnis ein (zumindest konkludent abgeschlossener) **Arbeitsvertrag** zu Grunde liegt, können die grundlegenden Datenverarbeitungen zur Verwaltung des Arbeitsverhältnisses regelmäßig auf den Erlaubnistatbestand der **Vertragserfüllung** (Art 6 Abs 1 lit b DSGVO) gestützt werden. Zudem ist der Erlaubnistatbestand der Erfüllung einer rechtlichen Verpflichtung (des Arbeitgebers) (Art 6 Abs 1 lit c DSGVO) hier von Relevanz, da die Begründung eines Arbeitsverhältnisses nicht nur vertragliche, sondern auch zahlreiche rechtliche Verpflichtungen des Arbeitgebers auslöst, die neben dem Arbeitsrecht auch beispielsweise dem Sozial- oder Steuerrecht entspringen.

Unter diese Erlaubnistatbestände können die meisten **regelmäßigen Datenverarbeitungen im Beschäftigungskontext** subsumiert werden, die etwa die Verarbeitung und Übermittlung von Daten zur Gehaltsverrechnung, aber auch die Einhaltung von Arbeitszeitaufzeichnungs- oder Meldepflichten gegenüber Behörden betreffen. Die in der Praxis häufigsten Datenverarbeitungen in diesem Zusammenhang wurden bis zum Inkrafttreten des DSG in den Standardanwendungen SA002 und SA033 tabellarisch erfasst. Nunmehr werden sie im „Whitelist"-Katalog der Ausnahmen von der Datenschutz-Folgenabschätzung (der DSFA-AV in DSFA-A02) geführt (siehe dazu Kapitel 9.3.1).

Auch Datenverarbeitungen zur Durchführung vorvertraglicher Maßnahmen auf Anfrage der betroffenen Person sind vom Erlaubnistatbestand der Vertragserfüllung gedeckt, somit können auch **Bewerberdaten** auf dieser Grundlage verarbeitet werden.

Zur Vertragserfüllung bzw zur Erfüllung einer rechtlichen Verpflichtung werden beispielsweise Daten wie Vordienstzeiten, Bankverbindung, Arbeitszeiterfassung, Urlaubsverwaltung, das vereinbarte Entgelt, Daten zur Verwaltung von Bonus- oder Mitarbeiterbeteiligungsprogrammen, Dienstnehmer-Sozialversicherungsdaten einschließlich der Sozialversicherungsnummer (die gleichzeitig das Geburtsdatum und damit das Alter beinhaltet), Informationen zur Staatsbürgerschaft oder Daten zur Beschäftigungsbewilligung verarbeitet.

12.3.3 Wahrung berechtigter Interessen

Zudem sind auch im Arbeitsverhältnis Datenverarbeitungen rechtmäßig, wenn sie zur Wahrung berechtigter Interessen des Verantwortlichen, also des Arbeitgebers, oder eines Dritten erforderlich sind (Art 6 Abs 1 lit f DSGVO). Berechtigte Interessen, die nicht der Vertragserfüllung selbst dienen, sind beispielsweise im Zusammenhang mit internen Fortbildungsmaßnahmen oder bei Datenübermittlungen im Konzern oder bei internen Untersuchungen vorstellbar. Generell scheint dieser Erlaubnistatbestand unter der neuen Rechtslage weiter ausgelegt zu werden, da die Absehbarkeit der Datenverwendung für den Arbeitnehmer berücksichtigt wird und auch rein wirtschaftliche Interessen des Arbeitgebers ausdrücklich anerkannt werden.

12.3.4 Einwilligung

Im Beschäftigungsverhältnis gelten die bereits unter Kapitel 5.4.2 dargestellten Voraussetzungen für eine **gültige Einwilligung**. Das bestehende Ungleichgewicht zwischen Arbeitgeber und Arbeitnehmer, begründet durch die wirtschaftliche Unterlegenheit des Arbeitnehmers, hat aber maßgeblichen Einfluss auf die Freiwilligkeit der Einwilligung von Arbeitnehmern. Insbesondere die Artikel 29-Datenschutzgruppe (nunmehr Europäischer Datenschutzausschuss) vertritt in dieser Frage die sehr strenge Linie, dass Arbeitnehmer überhaupt nur **in seltenen Fällen eine wirksame Einwilligung erteilen können**. Dies wird damit begründet, dass der Arbeitnehmer in der Regel Angst vor Konsequenzen hat, sollte er seine Einwilligung verweigern. Auch die DSB vertritt die Meinung, dass die Wirksamkeit von Einwilligungen auf Grund der verdünnten Willensfreiheit im Beschäftigungsverhältnis fraglich sei.

Einwilligungen im Beschäftigungskontext sind aber jedenfalls nicht gänzlich unmöglich: So nennt etwa ErwGr 155 als möglichen Inhalt von mitgliedstaatlichen Beschäftigtendatenschutzvorschriften die Regelung von Bedingungen, unter denen personenbezogene Daten im Beschäftigungskontext auf der Grundlage von Einwilligung des Beschäftigten verarbeitet werden dürfen. Wenn die Verarbeitung der Daten zum Vorteil des Arbeitnehmers geschieht bzw. dieser keine negativen Auswirkungen bei Nichterteilung zu erwarten hat, sollte eine Einwilligung möglich sein. Folglich ist eine genaue Abwägung der Vorteile für Arbeitnehmer sowie der Freiwilligkeit der Einwilligung durchzuführen.

Wenn Arbeitnehmern zum Beispiel zusätzliche soziale Leistungen oder die Teilnahme an einem Mitarbeiterbeteiligungsprogramm angeboten werden sollen, kann argumentiert werden, dass eine Einwilligung wirksam erteilt werden kann.

In der Praxis wird die Einwilligung aber ohnehin selten die vom Arbeitgeber präferierte Rechtsgrundlage für Datenverarbeitungen im Personalbereich darstellen. Dies deshalb, da die Einwilligung jederzeit vom Arbeitnehmer widerrufbar ist. Ein solcher Widerruf durch einzelne Arbeitnehmer ist im Rahmen von allgemeinen, betrieblichen Datenverarbeitungen kaum zu administrieren.

Darüber hinaus ist bei Einwilligungserklärungen auch das **Koppelungsver-**

bot zu beachten. Oftmals wird in Arbeitsverträgen eine generelle Einwilligung zur Verarbeitung von Daten des Arbeitnehmers eingefügt, die Verarbeitungen abdecken soll, die nicht für die Verwaltung des Beschäftigungsverhältnisses notwendig sind. Durch die Aufnahme in den Arbeitsvertrag wird jedoch unzulässigerweise der Abschluss des Arbeitsvertrages von der Erteilung der Einwilligung abhängig gemacht, obwohl die Einwilligung nicht für die Erfüllung des Vertrags notwendig ist.

Zusammengefasst lässt sich sagen, dass eine Einwilligung von Arbeitnehmern zwar **nicht generell unwirksam ist, aber** eine sehr **unsichere und unpraktikable Rechtsgrundlage** für die Verarbeitung personenbezogener Arbeitnehmerdaten darstellt. Es sollten daher, soweit möglich, andere Rechtsgrundlagen für die Verarbeitung von Arbeitnehmerdaten herangezogen werden.

12.3.5 Betriebsvereinbarungen

Nach § 29 ArbVG sind Betriebsvereinbarungen schriftliche Vereinbarungen zwischen Betriebsinhaber und Betriebsrat, deren Regelung durch Gesetz oder Kollektivvertrag dem Instrument der Betriebsvereinbarung vorbehalten ist. Betriebsvereinbarungen, deren Gegenstände außerhalb dieses Regelungsbereichs liegen, sind rechtsunwirksam.

Als datenschutzrechtlich relevant gelten insbesondere die folgenden Betriebsvereinbarungs-Tatbestände des Arbeitsverfassungsgesetzes:

1. Einführung von **Personalfragebögen**, sofern in diesen nicht bloß die allgemeinen Angaben zur Person und Angaben über die fachlichen Voraussetzungen für die beabsichtigte Verwendung des Arbeitnehmers enthalten sind (§ 96 Abs 1 Z 2 ArbVG)
   Es handelt sich um eine sog. **notwendige Betriebsvereinbarung**, deren Maßnahme nur durch Betriebsvereinbarung geregelt werden kann und vom Arbeitgeber erst nach deren Abschluss umgesetzt werden darf. Hier besteht also ein **echtes Vetorecht** des Betriebsrats, die stärkste Form der Mitbestimmung. Für betriebsratspflichtige Betriebe ohne Betriebsrat wird daher zT vertreten, dass der Betriebsinhaber Maßnahmen, die dieser Art der Mitbestimmung unterliegen, nicht wirksam umsetzen könne. Dies ist aber richtigerweise zu verneinen. Nur im Hinblick auf Kontrollmaßnahmen (siehe dazu gleich unter 2.) schuf der Gesetzgeber eine Sonderregelung für betriebsratslose Betriebe.
   Die Mitbestimmung kommt aufgrund des kollektiven Charakters von Betriebsvereinbarungen aber nur dann zur Anwendung, wenn die Fragebögen den einzelnen Arbeitnehmern zugeordnet werden können. Der OGH legt den Begriff „Personalfragebogen" eng aus und subsumiert darunter nur Maßnahmen, die geeignet sind, dem Arbeitgeber Informationen über persönliche Umstände und Meinungen der einzelnen Arbeitnehmer zu verschaffen, an denen ein berechtigtes Geheimhaltungsinteresse besteht. So wurde etwa eine anonymisierte Betriebsklimabefragung als nicht zustimmungspflichtig eingestuft. Auch rein mündliche, nicht standardisierte Fragebögen (etwa im Rahmen des Bewerbungsgesprächs), die nicht auto-

mationsunterstützt erfasst werden, unterliegen nicht der Mitbestimmung. Notwendige Betriebsvereinbarungen können, soweit sie keine Vorschriften über ihre Geltungsdauer enthalten, von jedem der Vertragspartner jederzeit ohne Einhaltung einer Frist schriftlich gekündigt werden.

2. Einführung von **Kontrollmaßnahmen** und technischen Systemen zur Kontrolle der Arbeitnehmer, sofern diese Maßnahmen (Systeme) die **Menschenwürde berühren** (§ 96 Abs 1 Z 3 ArbVG)

Besteht kein Betriebsrat (unabhängig davon, ob eine Betriebsratspflicht besteht oder nicht), ist gemäß § 10 AVRAG die **Zustimmung der einzelnen Arbeitnehmer** notwendig. Diese stellt keine datenschutzrechtliche Einwilligung dar und ist, sofern nicht vertraglich eine Befristung vereinbart wurde, durch den Arbeitnehmer jederzeit schriftlich ohne Einhaltung einer Frist kündbar.

Grundsätzlich stellt der Betriebsvereinbarungstatbestand des § 96 Abs 1 Z 3 ArbVG eine **notwendige Betriebsvereinbarung** dar, sodass die Zustimmung des Betriebsrats auch in diesen Angelegenheiten unumgänglich ist. Laut der „**Wandlungsthese**" des OGH soll es aber möglich sein, die Kontrollmaßnahme in gewissen Fällen unter den weniger strengen Tatbestand der „Einführung von Systemen zur automationsunterstützten Ermittlung, Verarbeitung und Übermittlung von personenbezogenen Daten des Arbeitnehmers" (siehe dazu gleich unter 3.) einzuordnen. Dadurch wird die Möglichkeit geschaffen, die Zustimmung des Betriebsrates zu einer Betriebsvereinbarung durch die **Entscheidung einer Schlichtungsstelle** zu ersetzen, um in Situationen zu lösen, in denen der Betriebsrat sinnvolle und angemessene Maßnahmen blockiert. Voraussetzung für diese „Wandlung" ist, dass der Verantwortliche dem Betriebsrat eine Betriebsvereinbarung mit entsprechenden Garantien, wie zB Einsicht in die Daten nur unter Einbeziehung des Betriebsrates oder die Möglichkeit des Betriebsrates zur Überprüfung von Sicherheitsmaßnahmen (insbesondere durch Beziehung externer IT-Experten), anbietet. Ungeklärt ist bislang, inwiefern diese Wandlungsthese auch auf Betriebe ohne Betriebsrat anzuwenden ist. Grundsätzlich können Arbeitnehmer nämlich durch Verweigerung ihrer Zustimmung nach § 10 AVRAG die Einführung der jeweiligen Maßnahme nicht generell, aber betreffend die Verarbeitung ihrer personenbezogenen Daten verhindern (ohne dass diese Weigerung einer inhaltlichen Prüfung unterliegen würde).

Kontrollmaßnahmen, die die Menschenwürde verletzen, wie beispielsweise Kamerasysteme in Toiletten oder Waschräumen, sind generell unzulässig. Aber auch die Einordnung, ob durch eine Kontrollmaßnahme die Menschenwürde zwar nicht verletzt, aber berührt wird oder nicht, ist in der Regel nicht eindeutig. Bei der Beurteilung ist insbesondere auf das Recht auf Achtung des Privat- und Familienlebens (Art 8 EMRK), das Recht auf Datenschutz (§ 1 DSG), das Brief- und Fernmeldegeheimnis (Art 10, 10a StGG), die Meinungsfreiheit (Art 10 EMRK) sowie einfachgesetzliche Persönlichkeitsrechte (insbesondere § 16 ABGB) zu achten.

In der Vergangenheit verlangte die DSB im Rahmen von behördlichen Genehmigungsverfahren (insbesondere im Zusammenhang mit **Whistleblowing Systemen** sowie **Videoüberwachung am Arbeitsplatz**) die Vorlage einer entsprechenden Betriebsvereinbarung und gab somit klar zu erkennen, dass es sich aus ihrer Sicht in diesen Fällen um mitbestimmungspflichtige Maßnahmen handelt. Obwohl diese Einschätzung eine arbeitsrechtliche Frage darstellt, bestätigte der VwGH die Vorgehensweise der DSB im Zusammenhang mit einer Videoüberwachung, da die Einstufung der Betriebsvereinbarungspflicht als Vorfrage zur datenschutzrechtlichen Zulässigkeit angesehen wurde. Es ist daher davon auszugehen, dass die DSB auch in Zukunft den Abschluss einer Betriebsvereinbarung bzw die Einholung arbeitsrechtlicher Zustimmungserklärungen nach § 10 AVRAG verlangen wird. Weitere häufige Vorgänge, die als die Menschenwürde berührende Kontrollmaßnahmen eingestuft werden, sind Systeme, die es erlauben ein **Bewegungsprofil** zu erstellen, wie etwa **GPS-Tracking von Arbeitnehmern**.

Der Abschluss einer Betriebsvereinbarung hat neben der arbeitsrechtlichen Notwendigkeit auch einen weiteren Vorteil: Die DSB hat in der von ihr erlassenen Blacklist ausdrücklich festgehalten hat, dass im Zusammenhang mit Beschäftigungsverhältnissen eine Datenschutzfolgenabschätzung selbst bei Vorliegen der Tatbestände der Black-List dann nicht zwingend durchzuführen ist, wenn eine entsprechende Betriebsvereinbarung vorliegt (siehe dazu Kapitel 9.3.1).

 OGH 22.01.2020, 9 Ob A 120/19s

Mit den ohne Abschluss einer nach § 96 Abs 1 Z 3 ArbVG erforderlichen Betriebsvereinbarung bzw ohne Zustimmung des Arbeitnehmers nach § 10 AVRAG vom Arbeitgeber durchgeführten **GPS-Ortungen** des dem Arbeitnehmer auch für die private Nutzung zur Verfügung gestellten Dienstfahrzeugs greift der Arbeitgeber rechtswidrig und schuldhaft in die Privatsphäre des Arbeitnehmers ein.

3. Einführung von **Systemen zur automationsunterstützten Ermittlung, Verarbeitung und Übermittlung von personenbezogenen Daten** des Arbeitnehmers, die über die Ermittlung von allgemeinen Angaben zur Person und fachlichen Voraussetzungen hinausgehen; außer die tatsächliche oder vorgesehene Verwendung dieser Daten geht über die Erfüllung von Verpflichtungen nicht hinaus, die sich aus Gesetz, Normen der kollektiven Rechtsgestaltung oder Arbeitsvertrag ergeben (§ 96a Abs 1 Z 1 ArbVG)
Hierbei handelt es sich um eine sog. **notwendig erzwingbare Betriebsvereinbarung**, bei der die Zustimmung des Betriebsrats notwendigerweise einzuholen ist, aber im Falle der Verweigerung die Betriebsratszustimmung durch eine Entscheidung der **Schlichtungsstelle** ersetzt werden kann. Aufgrund der weiten Formulierung und Auslegung des Tatbestands lösen praktisch alle am Markt erhältlichen Personalverwaltungssysteme diese Mitbestimmung aus.

4. Einführung von **Systemen zur Beurteilung von Arbeitnehmern** des Betriebes, sofern mit diesen Daten erhoben werden, die nicht durch die betriebliche Verwendung gerechtfertigt sind (§ 96a Abs 1 Z 2 ArbVG)

Auch hier handelt es sich um einen Fall der **notwendigen erzwingbaren Betriebsvereinbarung**, bei dem die Zustimmung des Betriebsrates durch eine Entscheidung der Schlichtungsstelle ersetzt werden kann. Welche Personalbeurteilungssysteme erfasst sind und in welchen Fällen die Datenerhebung „durch die betriebliche Verwendung gerechtfertigt" ist in der Praxis oft schwer fassbar. Folgende Kriterien sprechen für eine Mitbestimmungspflicht: Mitarbeiterbeurteilung bezieht sich auf künftige, mit der derzeitigen Verwendung wenig Zusammenhang aufweisende Personalentwicklungsmaßnahmen; die erhobenen Aspekte haben wenig mit der konkreten betrieblichen Verwendung zu tun; schwere Messbarkeit der für die Beurteilung verwendeten Kriterien.

5. Maßnahmen zur zweckentsprechenden **Benützung von Betriebseinrichtungen und Betriebsmitteln** (§ 97 Abs 1 Z 6 ArbVG)
   In diesem Bereich besteht eine bloß **erzwingbare Mitbestimmung**. Das bedeutet, die Umsetzung der Angelegenheit bedarf zu ihrer Rechtswirksamkeit zwar keiner Betriebsvereinbarung, aber beide Teile (meist wohl der Betriebsrat) können bei Nichteinigung die Schlichtungsstelle anrufen und dort den Abschluss einer Betriebsvereinbarung erzwingen. Der Tatbestand ähnelt dem der Bestimmung des § 97 Z 1 ArbVG, der für allgemeine Ordnungsvorschriften, die das Verhalten der Arbeitnehmer im Betrieb regeln, ebenfalls eine erzwingbare Mitbestimmung vorsieht. Datenschutzrechtlich relevante Themengebiete sind etwa **Policies betreffend mobile devices, bring-your-own-device** (BYOD) oder die Nutzung der betrieblichen **IT-Infrastruktur**. Derartige Regelungen werden regelmäßig in Form einer einseitigen Weisung des Arbeitgebers implementiert, was auch zulässig ist. Oft wird aber übersehen, dass dieses Weisungsrecht aber durch die Mitbestimmungstatbestände beschränkt wird, sodass der **Betriebsrat hier die Möglichkeit hat, Änderungen in den Policies durchzusetzen**.

Vor Anwendbarkeit der DSGVO war klar, dass Betriebsvereinbarungen keinen (zusätzlichen) Erlaubnistatbestand für die Verarbeitung von Arbeitnehmerdaten darstellten. In Österreich bestand rechtlich **ein Nebeneinander von Arbeits- und Datenschutzrecht**, es gab wie oben bereits beschrieben nur eine **indirekte inhaltliche Verschränkung** der beiden Rechtsgebiete: Die DSB verlangte die Vorlage arbeitsrechtlich notwendiger Betriebsvereinbarungen oder Zustimmungen von Mitarbeitern nach § 10 AVRAG und vertrat die Ansicht, dass dem Arbeitgeber ohne diese die rechtliche Befugnis zur Datenverarbeitung fehle. Einen eigenen Erlaubnistatbestand stellten Betriebsvereinbarungen aber nicht dar, auch wenn sie zT als Indiz für das Vorliegen überwiegender berechtigter Interessen an der Datenverarbeitung gewertet wurden.

Die DSGVO hat nunmehr zu dieser Frage eine neue Diskussion entfacht: Wie eingangs erwähnt, ermöglicht die in Art 88 enthaltene Öffnungsklausel den Mitgliedstaaten durch Rechtsvorschriften oder *Kollektivvereinbarungen* spezifische Vorschriften hinsichtlich Beschäftigtendatenschutz vorzusehen. Der entsprechende ErwGr 155 nennt sogar ausdrücklich **Betriebsvereinbarungen** in diesem Zusammenhang.

ErwGr 155: Im Recht der Mitgliedstaaten oder in Kollektivvereinbarungen (einschließlich 'Betriebsvereinbarungen') können spezifische Vorschriften für die Verarbeitung personenbezogener Beschäftigtendaten im Beschäftigungskontext vorgesehen werden, und zwar insbesondere Vorschriften über die Bedingungen, unter denen personenbezogene Daten im Beschäftigungskontext auf der Grundlage der Einwilligung des Beschäftigten verarbeitet werden dürfen, über die Verarbeitung dieser Daten für Zwecke der Einstellung, der Erfüllung des Arbeitsvertrags einschließlich der Erfüllung von durch Rechtsvorschriften oder durch Kollektivvereinbarungen festgelegten Pflichten, des Managements, der Planung und der Organisation der Arbeit, der Gleichheit und Diversität am Arbeitsplatz, der Gesundheit und Sicherheit am Arbeitsplatz sowie für Zwecke der Inanspruchnahme der mit der Beschäftigung zusammenhängenden individuellen oder kollektiven Rechte und Leistungen und für Zwecke der Beendigung des Beschäftigungsverhältnisses.

Auch Betriebsvereinbarungen können also spezifische Vorschriften zum Beschäftigtendatenschutz iSd Art 88 DSGVO enthalten. Damit geht wohl einher, dass **Betriebsvereinbarungen** dann, wenn sie die inhaltlichen Erfordernisse des Art 88 DSGVO erfüllen, auch datenschutzrechtlich rechtfertigend sein können, d.h. einen **eigenen Erlaubnistatbestand im Beschäftigtendatenschutz darstellen können**.

Grundsätzlich fordert Art 88 DSGVO aber eine Umsetzung durch die Mitgliedstaaten. In Österreich ist diese, wie unter Punkt 12.2.2 dargestellt, nicht erfolgt. Es **fehlt daher an der notwendigen innerstaatlichen Umsetzung und Ermächtigung** zum Abschluss einer „Datenschutz-Betriebsvereinbarung". Diskutiert wird, ob dennoch der Abschluss einer „genuin europarechtlichen" Datenschutz-Betriebsvereinbarung möglich sei, die keinerlei innerstaatliche Rechtsgrundlage benötigt, sondern direkt auf Art 88 DSGVO fußt. Diese hätte die in Art 88 Abs 1 DSGVO genannten Zwecke und die inhaltlichen Vorgaben des Abs 2 zu erfüllen, könnte aber – anders als bislang – als zusätzlicher, nur im Bereich Beschäftigungsdatenschutz bestehender, datenschutzrechtlicher Erlaubnistatbestand wirken. Dies ist nach derzeitiger Rechtslage völlig unklar, aber erscheint uE schwer argumentierbar. Die insgesamt bestehende Rechtsunsicherheit im Zusammenhang mit Betriebsvereinbarungen wird aber wohl erst durch die Judikatur beseitigt werden können. Bis zu dieser Klärung können datenschutzrechtlich relevante Betriebsvereinbarungen bestenfalls mit einem Verweis auf Art 88 ausdrücklich (auch) als europarechtliche Betriebsvereinbarung und datenschutzrechtlicher Erlaubnistatbestand ausgestaltet werden, sollte ihnen die Judikatur diese Wirkung zugestehen.

12.3.6 Verarbeitung besonderer Kategorien personenbezogener Daten im Beschäftigungskontext

Sofern besondere Kategorien von personenbezogenen Daten (vormals im Wesentlichen „sensible" Daten) verarbeitet werden, verlangt Art 9 Abs 2 DSGVO
– vor der allgemeinen Rechtmäßigkeitsprüfung gemäß Art 6 Abs 1 DSGVO
– das Vorliegen eines der in Art 9 Abs 2 DSGVO taxativ aufgelisteten Aus-

nahmetatbestände (siehe dazu Kapitel 5.7). Im Beschäftigungskontext sieht Art 9 Abs 2 lit b eine eigene Rechtsgrundlage in Bezug auf Arbeitnehmerdaten vor: Demnach ist die Verarbeitung sensibler Daten dann zulässig, wenn sie erforderlich ist, damit der Verantwortliche **den ihm aus dem Arbeitsrecht und dem Recht der sozialen Sicherheit und des Sozialschutzes erwachsenden Pflichten nachkommen kann**, soweit dies nach dem Unionsrecht oder dem Recht der Mitgliedsstaaten oder einer Kollektivvereinbarung nach dem Recht der Mitgliedstaaten, das geeignete Garantien für die Grundrechte und die Interessen der betroffenen Person vorsieht, zulässig ist. Dabei handelt es sich um einen **reinen Verweis auf arbeits- und sozialversicherungsrechtliche Regelungen**, die die Verarbeitung dieser besonderen Kategorien personenbezogener Daten zulassen. Praktisch relevante Daten dieser Kategorie sind Informationen zu Religion und Weltanschauung, Gewerkschaftszugehörigkeit und Gesundheitsdaten des Arbeitnehmers.

Die Zulässigkeit der Datenverarbeitung auf Grundlage des Tatbestands der lit b ist uE zunächst im Hinblick auf gewisse **Gesundheitsdaten** gegeben: In diesem Bereich kann der Arbeitgeber etwa Daten zur Stellung als „begünstigter Behinderter" im Rahmen des BEinstG oder Daten zu Verwaltung von Krankenständen und Entgeltfortzahlungsansprüchen nach dem AngG bzw dem EFZG verarbeiten.

Vor allem während der „**Corona-Krise**" kommt es zu einem **rapiden Anstieg der Verarbeitung von Gesundheitsdaten**. Aufgrund der Fürsorgepflicht des Arbeitgebers hat dieser die Gesundheitsrisiken für die Belegschaft zu minimieren, weshalb etwa SARS-CoV-2 Schnelltests, Fiebermessungen, Befragungen von Arbeitnehmern oder Meldungen von Infektionsfällen regelmäßig (auch) auf die Erfüllung der arbeitsrechtlichen Fürsorgepflicht gemäß Art 9 Abs 2 lit b DSGVO gestützt werden können.

Bei Daten über eine **Schwangerschaft** stellt sich die Frage, ob es sich hier um Gesundheitsdaten handelt, da eine Schwangerschaft keine Krankheit ist. Allerdings ist der Schutz der Schwangeren und des ungeborenen Kindes darauf ausgerichtet, deren Gesundheit zu schützen und insofern wohl davon auszugehen, dass auch hier Art 9 DSGVO Anwendung findet. Der Arbeitgeber kann Daten zur Schwangerschaft daher auf der Grundlage des Art 9 Abs 2 lit b DSGVO nur im Rahmen seiner Verpflichtungen nach dem MuttSchG verarbeiten.

Diskutiert wird auch, ob die **Sozialversicherungsnummer** ein Gesundheitsdatum darstellt: Sie bezieht sich aber per se als solche weder auf die körperliche oder geistige Gesundheit einer natürlichen Person, noch gehen aus ihr Informationen über deren Gesundheitszustand hervor. Damit ist die Sozialversicherungsnummer nicht vom Wortlaut des Art 4 Z 15 DSGVO erfasst. Allerdings weist der dazugehörende ErwGr 35 in eine andere Richtung: Demnach gehören auch Nummern, Symbole oder Kennzeichen, die einer natürlichen Person zugeteilt wurden, um diese natürliche Person für gesundheitliche Zwecke eindeutig zu identifizieren, zu den Gesundheitsdaten. Nach dieser Definition wären Sozialversicherungsnummern ganz eindeutig als Gesundheitsdaten und damit als besondere Kategorie personenbezogener Daten zu qualifizieren. Es ist aber zu bezweifeln, ob dieses Auslegungsergebnis noch im äußersten Wortlaut der

Definition in Art 4 Z 15 der DSGVO Deckung findet. Wenn man das uE mit guten Gründen verneint, ist nach der Judikatur des EuGH bei einem derartigen Widerspruch vom Vorrang des Gesetzestextes vor den Erwägungsgründen auszugehen.

Auch die DSB hat die Sozialversicherungsnummer mangels Bezug auf den Gesundheits- oder Krankheitszustand zuletzt **nicht als Gesundheitsdatum eingestuft.** Kennziffern iSv ErwGr 35 seien nicht per se als Gesundheitsdatum zu qualifizieren, sondern es müsse auch im Hinblick auf solche Kennziffern ein gewisser Bezug zu Informationen über den Gesundheitszustand bestehen. Unabhängig von der Qualifikation als Gesundheitsdatum ist jedoch die Rechtsprechung zu beachten, wonach die Sozialversicherungsnummer nicht als allgemeines Identifikationsmerkmal (in Sachverhalten ohne sozialversicherungsrechtlichen Bezug) verwendet werden darf.

 DSB 09.04.2019, DSB-D123.526/0001-DSB/2019
Die **Sozialversicherungsnummer** ist mangels Bezugs auf den Gesundheits- oder Krankheitszustand als „normales" Datum und **nicht als Gesundheitsdatum iSd Art 4 Z 15** zu klassifizieren.

DSB 09.04.2019, DSB-D123.526/0001-DSB/2019
Unzulässigkeit der Anführung der Sozialversicherungsnummer in Erinnerungs-Mails des AMS an den Arbeitslosen

Die Speicherung und Verarbeitung des **Religionsbekenntnisses** kann uE nur dann auf Art 9 Abs 2 lit b DSGVO gestützt werden, wenn der Arbeitnehmer dem Arbeitgeber zunächst freiwillig Informationen über sein Religionsbekenntnis erteilt. Abgesehen davon, ist der Arbeitgeber uE nicht berechtigt, Daten über das Religionsbekenntnis abzufragen und zu verarbeiten – außer der betroffene Arbeitnehmer erteilt eine ausdrückliche Einwilligung gemäß Art 9 Abs 2 lit a DSGVO.

Ebenso besteht für die Verarbeitung von Daten über die **Gewerkschaftszugehörigkeit** keine rechtliche Grundlage, weshalb auch hierzu eine ausdrückliche Einwilligung der betroffenen Person erforderlich ist. Beim Beitritt eines Arbeitnehmers zur Gewerkschaft kann sich der Arbeitnehmer für die Option des sog. „Betriebsabzugs" entscheiden. Damit erteilt er dem Arbeitgeber die ausdrückliche Einwilligung zur Verarbeitung der für den Abzug des Gewerkschaftsbeitrags vom Gehalt notwendigen Daten. Solange diese Einwilligung vom Arbeitnehmer nicht widerrufen wurde, ist die Verarbeitung der Daten über die Gewerkschaftszugehörigkeit zulässig.

12.4 Datenverarbeitung durch den Betriebsrat

Dem Betriebsrat werden im Rahmen seiner Vertretungstätigkeit personenbezogene Daten der von ihm vertretenen Arbeitnehmer übermittelt bzw bekannt. Nachdem dem Betriebsrat **keine eigene Rechtspersönlichkeit und Rechtsfähigkeit** zukommt, wäre uE wohl richtigerweise davon auszugehen, dass nicht er selbst, sondern die von ihm vertretene Belegschaft (die eine der

Gesamthand ähnliche Rechtsgemeinschaft darstellt) als Verantwortlicher im Sinne der DSGVO qualifiziert werden kann. Dies sieht die DSB anders und hat nun klargestellt, dass **ihrer Ansicht nach der Betriebsrat** (und nicht die Belegschaft) **als datenschutzrechtlicher Verantwortlicher** anzusehen sei, sofern er für Zwecke der kollektiven Vertretung der Arbeitnehmerschaft personenbezogene Daten verarbeitete.

 DSB 04.12.2019, DSB-D084.1389/0001-DSB/2019
Betriebsrat ist eigener Verantwortlicher. Soweit der Betriebsrat für Zwecke der kollektiven Vertretung der Arbeitnehmerschaft personenbezogene Daten verarbeitet, ist er ein eigenständiger (vom Betriebsinhaber verschiedener) Verantwortlicher.

Daraus ergäbe sich, dass auch eine Körperschaft ohne Rechtspersönlichkeit datenschutzrechtlicher Verantwortlicher sein kann, was dem Konzept, dass der Verantwortliche auch primärer Adressat von Ansprüchen gegenüber einer betroffenen Person sein soll, nicht gerecht wird. Aber selbst wenn der Betriebsrat datenschutzrechtlicher Verantwortlicher sein kann, bleibt damit die **Haftungsfrage** bei DSGVO Verstößen **weiterhin völlig ungeklärt**. Der Betriebsrat ist eine nicht vermögensfähige Körperschaft ohne Rechtspersönlichkeit, weshalb gegen ihn keine Geldstrafen verhängt oder Schadenersatzansprüche gestellt werden können. Wegen der mangelnden Vermögensfähigkeit kommt aber auch die Belegschaft nicht als Adressat von Geldbußen in Betracht. Richtigerweise argumentiert etwa *Salcher* (DSGVO-Geldbußen gegen den Betriebsrat?, ecolex 2019, 616), dass auch eine Sanktionierung des vermögensfähigen Betriebsratsfonds oder einzelner Betriebsratsmitglieder an ihrer Stelle ausscheide, weil weder das DSG noch das VStG einen derartigen Wechsel im Sanktionsadressaten vorsehen. Er kommt zum Ergebnis, dass bei datenschutzrechtlichen Verstößen von Betriebsratsmitgliedern in Ausübung ihrer Vertretungsbefugnisse die DSB Geldbußen ausschließlich gegenüber dem **Betriebsratsvorsitzenden als nach außen vertretungsbefugte natürliche Person** iS des subsidiär heranzuziehenden § 9 Abs 1 VStG verhängen könnte. Eine spätere Überwälzung der Verwaltungsstrafe auf die handelnden („schlichten") Betriebsratsmitglieder scheide ebenso aus wie der nachträgliche Ersatz aus Mitteln des Betriebsratsfonds. Diese Rechtsansicht würde aber dazu führen, dass der Betriebsratsvorsitzende (um fehlendes Verschulden nach § 5 Abs 1 VStG nachweisen zu können) ein wirksames begleitendes Kontrollsystem im Betriebsrat einzurichten hätte. Diese Anforderung ist uE mit dem im ArbVG vorgesehenen Konzept des ehrenamtlichen Mandats zur Vertretung der Rechte der Belegschaft (das relativ wenige Pflichten der Betriebsratsmitglieder vorsieht) nicht vereinbar. Andere Meinungen qualifizieren den Betriebsrat als „öffentliche Stelle" im Sinne des § 30 Abs 5 DSG, und schließen daraus, dass bei derartigen Verstößen generell **keine Geldbußen verhängt werden könnten**. Dies erscheint uE im Ergebnis die sachgerechteste Lösung der Haftungsfrage zu sein.

Datenverarbeitungen durch den Betriebsrat werfen in der Praxis Fragen zum Verhältnis zwischen den arbeitsverfassungsrechtlichen **Einsichtsrechten** des Betriebsrats (in der Folge immer als Vertreter der Belegschaft) und dem Grundrecht auf Datenschutz der einzelnen Arbeitnehmer auf: Können sich Arbeitnehmer beispielsweise dagegen aussprechen, dass dem Betriebsrat ihre Gehalts- und Lohnabrechnungen vom Arbeitgeber übermittelt werden? Die Rechtsprechung (zur alten Rechtslage) stellte dazu klar, dass das Datenschutzrecht die Einsichtsrechte des Betriebsrats nicht beschränke. Die vom arbeitsrechtlichen Einsichtsrecht umfassten Informationen seien daher – auch gegen den Willen der einzelnen Arbeitnehmer – an den Betriebsrat zu übermitteln. Dies vor allem auch deshalb, da der Arbeitgeber sonst die Möglichkeit hätte, die Rechte des Betriebsrats auszuhöhlen, wenn er einzelne Dienstnehmer unter Druck setzen würde, eine Einsichtnahme des Betriebsrats zu verhindern.

Daran ändert sich auch nach der neuen Rechtslage im Wesentlichen nichts. Allerdings werden den Betriebsrat als Verantwortlichen nunmehr auch die umfassenden Informationspflichten der DSGVO treffen, wodurch die Arbeitnehmervertreter gezwungen sind, ihre Vertretungstätigkeit und die Ausübung ihrer Kompetenzen vorab und transparent gegenüber den einzelnen Arbeitnehmern offenzulegen. Da die Interessen der einzelnen Arbeitnehmer von denen der Gesamtbelegschaft abweichen können, **könnten Arbeitnehmer ihre Betroffenenrechte auch gegenüber dem Betriebsrat** ausüben, also beispielsweise bei Datenverarbeitungen, die (nur) auf die Wahrung berechtigter Interessen gestützt sind, von ihrem Widerspruchsrecht gegenüber dem Betriebsrat Gebrauch machen. In der Regel werden Datenverarbeitungen durch den Betriebsrat allerdings auf dem Erlaubnistatbestand der Erfüllung einer rechtlichen Verpflichtung (Art 6 Abs 1 lit c DSGVO), beruhen. Denn der Betriebsrat hat gemäß § 38 ArbVG die Aufgabe, die wirtschaftlichen, sozialen, gesundheitlichen und kulturellen Interessen der Arbeitnehmer im Betrieb wahrzunehmen.

Im Unternehmensalltag ergeben sich regelmäßig Fragen hinsichtlich der Abgrenzung der arbeitsverfassungsrechtlichen Befugnisse des Betriebsrats und der Pflicht des Arbeitgebers, Daten seiner Arbeitnehmer (auch gegenüber dem Betriebsrat) zu schützen. Der Arbeitgeber hat damit die nicht ganz einfache Aufgabe, zu überprüfen, welche Arbeitnehmerdaten er an den Betriebsrat weiterleiten muss und welche Daten er nicht weiterleiten darf. Um dies zu beurteilen, ist abzugrenzen, welche **Einsichtsrechte dem Betriebsrat** nach dem Arbeitsverfassungsgesetz überhaupt zustehen:

Dem Betriebsrat kommt gemäß § 89 Z 1 ArbVG ein **allgemeines Überwachungsrecht** zu, das ihm, in gewissem Ausmaß, auch Einsichtsrechte zugesteht. Zudem kommen im Einzelfall weitere Einsichtsrechte des Betriebsrats im Zusammenhang mit der Ausübung von Informations-, Interventions- oder Mitbestimmungsrechten in Frage.

Konkret beinhaltet das Überwachungsrecht des Betriebsrats jedenfalls Einsichtsrechte in Aufzeichnungen über die Bezüge der Arbeitnehmer und die erforderlichen Unterlagen für die Berechnung der Bezüge. Auch darüberhinausgehende Aufzeichnungen, die die Arbeitnehmer betreffen, sind vom Einsichtsrecht umfasst. Dies bezieht sich allerdings wohl nur auf Aufzeichnungen, die aufgrund einer Rechtsvorschrift zu führen sind (insbesondere gemäß AZG, UrlG oder ASchG).

Nicht umfasst von obengenannten Überwachungsrechten des Betriebsrats sind beispielsweise personenbezogene Daten zur Personalentwicklung oder -planung. Hier wäre daher grundsätzlich die Zustimmung des Arbeitnehmers zur Weitergabe an den Betriebsrat notwendig. Der Gesetzgeber hat in § 89 Z 4 ArbVG auch klargestellt, dass für die Einsicht des Betriebsrats in den „Personalakt" vorab die Einwilligung des einzelnen Arbeitnehmers einzuholen ist. Eine Übermittlung dieser Informationen an den Betriebsrat ohne Einwilligung wäre daher arbeits- und datenschutzrechtlich unzulässig und könnte zu Schadenersatz- und Unterlassungsansprüchen der Arbeitnehmer gegenüber dem Arbeitgeber führen.

Die Rechtsprechung hat in diesem Zusammenhang auch festgehalten, dass es **nicht notwendig** sei, dass der Arbeitgeber dem Betriebsrat auf die einsichtsfähigen Daten **elektronischen Dauerzugriff** gewährt (wie zB durch einen eigenen, ständigen Zugang zur Personalverwaltungs-Software). Eine derartige Vorgehensweise wäre wohl zulässig, sofern die Zugriffsrechte auf die oben beschriebenen Datenarten beschränkt sind. Den Verpflichtungen des Arbeitgebers wäre aber auch genüge getan, wenn dem Betriebsrat Ausdrucke aus dem EDV-System übergeben würden. Aus administrativen Gründen ist dies allerdings oft vom Arbeitgeber nicht gewünscht.

Das Einsichtsrecht des Betriebsrats **beschränkt sich zudem auf jene Arbeitnehmer, die er vertritt,** also insbesondere nicht auf Daten von leitenden Angestellten oder Daten von bereits ausgeschiedenen Arbeitnehmern.

12.5 Datenminimierung und Speicherung im Beschäftigungskontext

Natürlich sind auch im Beschäftigungskontext die allgemeinen Grundsätze der Datenminimierung und Speicherbegrenzung des Art 5 DSGVO zu beachten. Generell sollten daher nur die Daten von Arbeitnehmern erhoben werden, die auch tatsächlich zur jeweiligen Zweckerreichung notwendig sind. Sobald Arbeitnehmerdaten nicht mehr für die Zwecke benötigt werden, sind sie nach den allgemeinen Grundsätzen zu löschen. Da der primäre Zweck der Verarbeitung von Arbeitnehmerdaten in der Regel in der Verwaltung des Beschäftigungsverhältnisses besteht, müssten die entsprechenden Daten damit bei Beendigung des Beschäftigungsverhältnisses gelöscht werden.

Das österreichische Recht sieht allerdings verschiedene **Aufbewahrungspflichten** des Arbeitgebers hinsichtlich Arbeitnehmerdaten vor und enthält diverse **Verjährungsfristen** für arbeitsrechtliche Ansprüche. Aus diesen beiden kann jeweils die datenschutzrechtliche Zulässigkeit einer über das Beschäftigungsverhältnis hinausgehenden Speicherung der Daten abgeleitet werden. Im ersteren Fall ist die Speicherung aufgrund der Erfüllung einer rechtlichen Verpflichtung zulässig, im zweiten zur Verteidigung gegen allfällige Rechtsansprüche von Arbeitnehmern. In Fällen, in denen **verschiedene, unterschiedlich lange Fristen** auf dieselben Daten anwendbar sind, kann für datenschutzrechtliche Zwecke **jeweils die längere Frist** zugrunde gelegt werden.

Zu den wichtigsten Aufbewahrungs- und Verjährungsfristen im Zusammenhang mit Beschäftigtendatenschutz zählen insbesondere:
* Daten betreffend Lohnsteuer- und Abgabenpflicht: **7 Jahre** (§ 132 Abs 1 BAO)
* Unternehmensrechtliche Aufbewahrungspflicht: **7 Jahre** (nach §§ 190, 212 UGB)
* Ansprüche auf Ersatz wegen diskriminierender Ablehnung einer Bewerbung: **6 Monate** (§§ 15 Abs 1, 29 Abs 1 GlBG bzw. § 7k Abs 1 iVm Abs 2 Z 1 BEinstG)
* Ansprüche auf Entgelt oder auf Auslagenersatz: 3 Jahre (§ 1486 Z 5 ABGB)
* Aufzeichnungen und Berichte über Arbeitsunfälle: mind. 5 Jahre (§ 16 ASchG)
* Anspruch auf Dienstzeugnis: 30 Jahre (nach § 1478 ABGB)

Insbesondere die 7-jährige Aufbewahrungsdauer nach § 132 BAO für Unterlagen, die für die Abgabenerhebung von Bedeutung sind, ist im Arbeitsverhältnis relevant, da wohl die meisten arbeitsrechtlichen Dokumente eine – zumindest theoretische – Relevanz für die Abgabenerhebung haben können. Somit kann die höchstzulässige Aufbewahrungsdauer für die meisten Daten im Beschäftigungskontext wohl mit 3 Jahren nach Beendigung des Dienstverhältnisses, höchstens aber **7 Jahre nach Ende des Kalender- oder Geschäftsjahres, auf welches sich die Daten beziehen,** angenommen werden.

 DSB 27.8.2018, DSB-D123.085/0003-DSB/2018
Ein allgemeiner Hinweis auf potentiell zukünftige, noch nicht anhängige Verfahren ist nicht ausreichend, um ein Löschungsbegehren (hier hinsichtlich **Bewerbungsunterlagen**) zu verwehren. Im vorliegenden Fall hat sich die Beschwerdegegnerin jedoch konkret auf das GlBG bezogen und somit einen konkreten Anspruch benannt, der ihr gegenüber innerhalb eines konkreten Zeitraumes geltend gemacht werden könnte.

12.6 Datengeheimnis

Eine besondere Verpflichtung im Zusammenhang mit Arbeitnehmern ist in § 6 DSG geregelt. Gemäß dieser Bestimmung sind nicht nur Verantwortliche und Auftragsverarbeiter, sondern auch deren Mitarbeiter verpflichtet, das Datengeheimnis zu wahren.

> **§ 6** (1) Der Verantwortliche, der Auftragsverarbeiter und ihre Mitarbeiter – das sind Arbeitnehmer (Dienstnehmer) und Personen in einem arbeitnehmerähnlichen (dienstnehmerähnlichen) Verhältnis – haben personenbezogene Daten aus Datenverarbeitungen, die ihnen ausschließlich auf Grund ihrer berufsmäßigen Beschäftigung anvertraut wurden oder zugänglich geworden sind, unbeschadet sonstiger gesetzlicher Verschwiegenheitspflichten, geheim zu halten, soweit kein rechtlich zulässiger Grund für eine Übermittlung der anvertrauten oder zugänglich gewordenen personenbezogenen Daten besteht (Datengeheimnis).
> (…)

Der Arbeitgeber als Verantwortlicher oder Auftragsverarbeiter, hat außerdem den Arbeitnehmer vertraglich dazu zu verpflichten, das Datengeheimnis **auch nach Beendigung des Arbeitsverhältnisses** einzuhalten. Es ist ebenfalls in § 6 DSG vorgesehen, dass Arbeitnehmer personenbezogene Daten nur auf Grund einer ausdrücklichen Anordnung ihres Arbeitgebers übermitteln dürfen. Hierfür verlangt der Gesetzgeber ebenfalls eine eigene vertragliche Verpflichtung. Neben den genannten Verpflichtungen sind die Arbeitnehmer zudem über die für sie geltenden Übermittlungsanordnungen und über die Folgen einer Verletzung des Datengeheimnisses zu belehren.

In der Praxis können die **notwendigen vertraglichen Verpflichtungen** und Belehrungen in eine entsprechende Klausel im Arbeitsvertrag aufgenommen werden oder, insbesondere für Arbeitnehmer in einem bereits bestehenden Arbeitsverhältnis, mittels Zusatz zum Arbeitsvertrag vereinbart werden.

12.7 Exkurs: Bewerber

Für die Verarbeitung von Bewerberdaten sind grundsätzlich weder in der DSGVO noch im DSG spezielle Bestimmungen enthalten, es besteht jedoch ein gewisses **Naheverhältnis zum Beschäftigtendatenschutz**. Die Verarbeitung personenbezogener Daten zum Zwecke der Einstellung wird zB im ErwGr 155 im Zusammenhang mit Beschäftigtendatenschutz erwähnt.

Als Rechtsgrundlagen für die Verarbeitung von personenbezogenen Daten im Zuge eines Bewerbungsverfahrens kommt insbesondere die Vornahme vorvertraglicher Maßnahmen in Betracht, da ja der Abschluss eines Arbeitsvertrages idealerweise in Aussicht genommen wird. Es kann aber auch ein berechtigtes Interesse des (potentiellen) Arbeitgebers in Betracht gezogen werden.

Ähnlich wie bei Arbeitnehmern besteht auch bezüglich Bewerbern ein Ungleichgewicht zwischen (potentiellem) Arbeitgeber und Bewerber, da dieser in der Regel die wirtschaftlich schwächere Position hat. Jedoch ist das Ungleichgewicht nicht so stark ausgeprägt wie zwischen Arbeitgeber und Arbeitnehmer.

Besondere Fragen im Bewerbungsprozess ergeben sich insbesondere durch **neue Technologien** und **Konzernmatrixstrukturen**. Während die Verwendung von **Online-Bewerbungsplattformen** oder die Recherche über potentielle Arbeitnehmer in sozialen Netzwerken in der Regel wohl zulässig sein werden, wird für die **Übermittlung** von Bewerberdaten an **andere Konzernunternehmen** als das anstellende Unternehmen wohl im Regelfall die Einwilligung des Bewerbers notwendig sein.

Eine besondere Herausforderung im Zusammenhang mit Bewerbern stellen die **vorab zu erfüllenden Informationspflichten** gemäß Art 12 ff DSGVO dar. Im Fall von geschalteten Inseraten könnte beispielsweise bereits im Inserat die entsprechende Information enthalten sein oder zumindest eine (verkürzte) Darstellung mit einer Verlinkung auf die Website des Unternehmens. Bei Initiativbewerbungen sollte, sofern dem Bewerber geantwortet wird (auch wenn es sich dabei um eine Absage handeln sollte) die entsprechende Information mitgeteilt werden. Sofern eine Initiativbewerbung nicht behandelt wird, kann argumentiert werden, dass gar keine Daten verarbeitet werden und somit auch keine Information notwendig ist. In diesem Fall sollte die Bewerbung jedoch sofort gelöscht werden.

Im Sinne der Speicherbegrenzung sind Bewerberdaten grundsätzlich sobald nicht mehr notwendig, daher nach Abschluss des Bewerbungsverfahrens zu löschen. Mit der Verjährungsfrist von Ansprüchen nach dem GlBG kann jedoch argumentiert werden, dass eine Aufbewahrung von bis zu 6 Monaten nach Verständigung eines Bewerbers über die Absage zulässig ist. Eine längere Evidenzhaltung von Bewerberdaten ist ohne Einwilligung des Bewerbers nicht zulässig.

 DSB 27.8.2018, DSB-D123.085/0003-DSB/2018
Keine Pflicht zur Löschung von **Bewerbungsunterlagen**, weil im vorliegenden Fall ist die sechsmonatige Frist von § 29 Abs 1 GlBG zum Zeitpunkt der Entscheidung der Datenschutzbehörde noch nicht abgelaufen war.

> ### Kontrollfragen:
>
> - Gibt es in Österreich einen eigenen Beschäftigtendatenschutz?
> - Können Betriebsvereinbarungen als Rechtsgrundlage zur Datenverarbeitung herangezogen werden?
> - Welche datenschutzrechtlich relevanten Betriebsvereinbarungstatbestände gibt es im Arbeitsverfassungsrecht?
> - Kann die Einwilligung von Mitarbeitern eine wirksame Rechtsgrundlage für Datenverarbeitungen sein?
> - Wie lange können Arbeitnehmer- und Bewerberdaten aufbewahrt werden?

13 Medienprivileg/Wissenschaftsprivileg

13.1 Medienprivileg

13.1.1 Allgemeines

Das Grundrecht auf Schutz personenbezogener Daten (Art 8 GRC) steht zu den Grundrechten auf Freiheit der **Meinungsäußerung und Informationsfreiheit** des Art 11 GRC und der Freiheit der Kunst und der Wissenschaft nach Art 13 GRC wegen ihrer diametral unterschiedlichen Schutzrichtungen in einem starken Spannungsverhältnis. Einerseits schränkt der Schutz der Privatsphäre die Informationsfreiheit ein, andererseits ist die Informationsfreiheit ebenso geeignet, die Privatsphäre zu beeinträchtigen. Ein Vorrang eines der relevanten Grundrechte wird weder in der GRC noch in der DSGVO normiert, vielmehr möchte die DSGVO laut ErwGr 4 im Einklang mit allen Grundrechten stehen.

Der notwendige Ausgleich zwischen den Grundrechten auf Datenschutz und den Grundrechten auf Kommunikationsfreiheit und Freiheit der Kunst und Wissenschaft wird – wie schon zuvor in der DS-RL – auch in der DSGVO nicht auf europarechtlicher Ebene vorgenommen. Vielmehr ist es nach Art 85 Abs 1 DSGVO Aufgabe der Mitgliedstaaten, durch Rechtsvorschriften das Recht auf den Schutz personenbezogener Daten mit dem Recht auf freie Meinungsäußerung und Informationsfreiheit in Einklang zu bringen.

Art 85 DSGVO wurde bislang in der Fachliteratur etwas verkürzt als „**Medienprivileg**" bezeichnet, wohl auch deshalb, weil bislang vor allem journalistische Tätigkeiten in der Judikatur der europäischen und österreichischen Gerichte eine Rolle gespielt haben und deshalb auch eingehender diskutiert wurden. Über das Medienprivileg hinaus beinhaltet Art 85 DSGVO, wie zuvor bereits Art 9 DS-RL, eine Privilegierung für Künstler, Literaten und ein neues Wissenschaftsprivileg.

Bei Art 85 Abs 2 DSGVO handelt es sich um eine Öffnungsklausel, die kein unmittelbar anwendbares Recht in den Mitgliedstaaten schafft, sondern nach ihrem diesbezüglich klaren Wortlaut einen Handlungsauftrag an die nationalen Gesetzgeber erteilt. Anders als bei fakultativen Öffnungsklauseln, die bloß eine Ermächtigung zur Schaffung nationaler Regelungen aussprechen, ist Art 85 Abs 2 damit eine **obligatorische Öffnungsklausel**: Der nationale Gesetzgeber muss daher innerhalb der durch sie abgesteckten Grenzen tätig werden.

Konkret verpflichtet Art 85 Abs 2 DSGVO die Mitgliedstaaten zur Schaffung datenschutzrechtlicher Ausnahmen oder Abweichungen für Verarbeitungen von personenbezogenen Daten zu journalistischen oder zu wissenschaftlichen, künstlerischen oder literarischen Zwecken, wenn dies erforderlich ist, um das Recht auf Datenschutz mit dem Recht auf Meinungsäußerungs- und Informationsfreiheit in Einklang zu bringen. Dementsprechend enthält das österreichische DSG in § 9 Abs 1 Privilegierungen für Datenverarbeitungen zu journalistischen Zwecken einerseits und in Abs 2 Privilegierungen für Datenverarbeitungen zu künstlerischen, literarischen und wissenschaftlichen Zwecken andererseits.

13.1.2 Journalistische Zwecke

Die Privilegierung nach Art 85 Abs 2 DSGVO iVm § 9 Abs 1 DSG knüpft an das Vorliegen einer Verarbeitung zu „journalistischen Zwecken" an. Zur Auslegung des Begriffes „**journalistische Zwecke**" kann auf zwei Urteile des EuGH zurückgegriffen werden, die zur Vorgängerbestimmung des Art 9 DS-RL ergangen sind.

EuGH 14.2.2019, C-345/17 (Buivids)
Eine **Videoaufzeichnung von Polizeibeamten** in einer Polizeidienststelle während der Aufnahme einer Aussage und die Veröffentlichung des Videos auf **YouTube**, kann eine Verarbeitung personenbezogener Daten allein zu journalistischen Zwecken sein, sofern aus diesem Video hervorgeht, dass diese Aufzeichnung und diese Veröffentlichung ausschließlich zum Ziel hatten, Informationen, Meinungen oder Ideen in der Öffentlichkeit zu verbreiten, was zu prüfen Sache des vorlegenden Gerichts ist.

EuGH 16.12.2008, C-73/07 (Satakunnan Markkinapörssi und Satamedia)
Die Verarbeitung personenbezogener Daten (hier: von **veröffentlichten Steuerdaten**) dient journalistischen Zwecken, wenn sie auf die Vermittlung von Informationen und Ideen über Fragen öffentlichen Interesses abzielt.

In der Rs Buivids hat der EuGH in seiner Begründung auf die **Kriterien** hingewiesen, die der EGMR in seiner Rsp **für die Zwecke der Abwägung** zwischen dem Recht auf Achtung des Privatlebens und dem Recht auf freie Meinungsäußerung entwickelt hat: Dies sind va
- der Beitrag zu einer Debatte von allgemeinem Interesse,
- der Bekanntheitsgrad der betroffenen Person,
- der Gegenstand der Berichterstattung,
- das vorangegangene Verhalten der betroffenen Person,
- Inhalt, Form und Auswirkungen der Veröffentlichung,
- die Art und Weise sowie die Umstände, unter denen die Informationen erlangt worden sind, und
- deren Richtigkeit.

Die DSB zieht in ihren Bescheiden nun ebenfalls diese Kriterien für ihre Interessenabwägung heran. Bei der Beurteilung eines Facebook-Postings einer polizeilichen Amtshandlung hat va die Überlegung eine Rolle gespielt, ob damit ein **Beitrag zu einer Debatte von allgemeinem Interesse** geleistet wird oder nicht:

DSB 02.12.2019, DSB-D124.352/0003-DSB/2019
Beim **Facebook-Posting** von Fotos einer konkreten **Amtshandlung der Polizei** liegt ein Beitrag zu einer Debatte von öffentlichem Interesse vor. Bei der gegenständlichen Amtshandlung wurde der minderjährige Sohn des Beschwerdegegners, der aus einem Wohnheim abgängig war, in dieses Wohnheim zurückge-

bracht. Insgesamt waren zwei Polizeiautos und sechs uniformierte Beamte an dieser Amtshandlung beteiligt.

Hingegen kann beim zweiten Facebook-Posting, in dem der Nachname einer der an der Amtshandlung beteiligten Polizistinnen genannt wurde, nicht mehr davon ausgegangen werden, dass es darum ging, Informationen, Meinungen oder Ideen in der Öffentlichkeit zu verbreiten bzw einen Beitrag zu einer Debatte von allgemeinem Interesse zu leisten, sondern, dass der Beschwerdegegner seinem Unmut über die Beschwerdeführerin öffentlich Ausdruck verleihen wollte.

13.1.3 Wissenschaftliche, künstlerische oder literarische Zwecke

Zur Auslegung der Begriffe „wissenschaftliche, künstlerische oder literarische Zwecke" liegt bislang keine einschlägige Judikatur auf europäischer und österreichischer Ebene vor. Beim Begriff **„wissenschaftliche Zwecke"** in Art 85 Abs 2 DSGVO ergibt sich die Notwendigkeit einer Abgrenzung zu Art 89, der eine Privilegierung von wissenschaftlichen Forschungszwecken vorsieht (siehe dazu Kapitel 13.2). Aus dem Regelungszweck von Art 85 DSGVO, einen Ausgleich zwischen Freiheit der Meinungsäußerung bzw Informationsfreiheit und Datenschutz zu erreichen, wird deutlich, dass unter wissenschaftlichen Zwecken in Art 85 Abs 2 DSGVO ausschließlich die Privilegierung von Veröffentlichungen bzw der Offenlegung personenbezogener Daten im wissenschaftlichen Kontext zu verstehen ist. Sinn und Zweck der Öffnungsklausel des Art 89 Abs 2 DSGVO (iVm § 7 DSG) ist hingegen die Privilegierung der gesamten wissenschaftlichen Forschung, die jedoch unter dem Vorbehalt der Erfüllung strenger Voraussetzungen steht und nur Ausnahmen von bestimmten Betroffenenrechten ermöglicht. Unter wissenschaftlichen, künstlerischen oder literarischen Zwecken iSd Art 85 Abs 2 DSGVO ist also das Bestehen eines Zusammenhangs mit wissenschaftlich-publizistischen Zwecken bzw ein Bezug zur Literatur oder zur Kunst gemeint.

13.1.4 § 9 DSG

§ 9 DSG – Freiheit der Meinungsäußerung und Informationsfreiheit
(1) Auf die Verarbeitung von personenbezogenen Daten durch Medieninhaber, Herausgeber, Medienmitarbeiter und Arbeitnehmer eines Medienunternehmens oder Mediendienstes im Sinne des Mediengesetzes – MedienG, BGBl. Nr. 314/1981, zu journalistischen Zwecken des Medienunternehmens oder Mediendienstes finden die Bestimmungen dieses Bundesgesetzes sowie von der DSGVO die Kapitel II (Grundsätze), III (Rechte der betroffenen Person), IV (Verantwortlicher und Auftragsverarbeiter), V (Übermittlung personenbezogener Daten an Drittländer oder an internationale Organisationen), VI (Unabhängige Aufsichtsbehörden), VII (Zusammenarbeit und Kohärenz) und IX (Vorschriften für besondere Verarbeitungssituationen) keine Anwendung. Die Datenschutzbehörde hat bei Ausübung ihrer Befugnisse gegenüber den im ersten Satz genannten Personen den Schutz des Redaktionsgeheimnisses (§ 31 MedienG) zu beachten.
(2) Soweit dies erforderlich ist, um das Recht auf Schutz der personenbezogenen Daten mit der Freiheit der Meinungsäußerung und der Informationsfreiheit in Einklang zu bringen, finden von der DSGVO die Kapitel II (Grundsätze),

mit Ausnahme des Art. 5, Kapitel III (Rechte der betroffenen Person), Kapitel IV (Verantwortlicher und Auftragsverarbeiter), mit Ausnahme der Art. 28, 29 und 32, Kapitel V (Übermittlung personenbezogener Daten an Drittländer oder an internationale Organisationen), Kapitel VI (Unabhängige Aufsichtsbehörden), Kapitel VII (Zusammenarbeit und Kohärenz) und Kapitel IX (Vorschriften für besondere Verarbeitungssituationen) auf die Verarbeitung, die zu wissenschaftlichen, künstlerischen oder literarischen Zwecken erfolgt, keine Anwendung. Von den Bestimmungen dieses Bundesgesetzes ist in solchen Fällen § 6 (Datengeheimnis) anzuwenden.

Die österreichische Ausführung der Öffnungsklausel des Art 85 DSGVO findet sich in § 9 DSG. Dabei wurde der Anwendungsbereich der österreichischen Regelung gegenüber der unionsrechtlichen Vorgabe – wie schon in der Vergangenheit in § 48 DSG 2000 – auf die Verarbeitung von personenbezogenen Daten durch Medieninhaber, Herausgeber, Medienmitarbeiter und Arbeitnehmer eines Medienunternehmens oder Mediendienstes im Sinne des Mediengesetzes, **zu journalistischen Zwecken des Medienunternehmens oder Mediendienstes** eingeschränkt. Die Vorgabe in Art 85 DSGVO verlangt hingegen eine Regelung für Verarbeitungen „zu journalistischen Zwecken" ohne Einschränkung auf Zwecke des Medienunternehmens oder Mediendienstes.

Damit schränkt der österreichische Gesetzgeber den Anwendungsbereich von § 9 Abs 1 DSG in unzulässiger Weise gegenüber den unionsrechtlichen Vorgaben ein. Durch den zu engen Wortlaut fallen nämlich private Blogs oder Ähnliches nicht unter die Privilegierung, auch wenn es sich dabei um eine journalistische Tätigkeit handelt. Zudem wird für alle journalistischen Tätigkeiten im Bereich des Medienprivilegs die Anwendbarkeit weiter Teile der DSGVO sowie des DSG pauschal ausgenommen, obwohl die DSGVO einen Ausgleich zwischen den einander entgegenstehenden Grundrechten verlangt. § 9 Abs 2 DSG übernimmt die Erforderlichkeitsklausel aus Art 85 Abs 2 DSGVO ohne selbst die geforderte Abwägung zu treffen und delegiert diese damit an den Rechtsanwender. Beide Privilegierungen in § 9 DSG sind damit **unionsrechtswidrig**.

Darüber hinaus wird sowohl in § 9 Abs 1 DSG als auch in § 9 Abs 2 DSG die Anwendbarkeit des österreichischen Grundrechts auf Datenschutz (§ 1 DSG) generell ausgeschlossen, ohne dass im konkreten Einzelfall eine Interessenabwägung durchzuführen wäre. Damit sind die entsprechenden Textpassagen in § 9 DSG **verfassungswidrig** und von einer Aufhebung durch den VfGH bedroht.

In der bisherigen Anwendungspraxis hat die DSB aus der Generalausnahme der datenschutzrechtlichen Bestimmungen zunächst den Schluss gezogen, dass sie für die Beurteilung von Verarbeitungen zu journalistischen Zwecken unzuständig sei (DSB 13.08.2018, DSB-D123.077/0003-DSB/2018). Auf die darauf in der Fachliteratur geäußerte Kritik hat die DSB reagiert und interpretiert § 9 Abs 1 DSG nunmehr „wortwörtlich", sodass sie sich nur mehr bei Datenverarbeitungen für journalistische Zwecke durch klassische „Medienunternehmen" für unzuständig erachtet, nicht jedoch für Datenverarbeitungen, die durch andere Personen für eben diese Zwecke erfolgen. Die Zulässigkeit der Verarbeitung personenbezogener Daten im Rahmen des sog. „**Bürgerjournalismus**" kann daher vor der DSB überprüft werden. Für die journalistische Tätigkeit von Medienunternehmen und Mediendiensten sind hingegen die ordentlichen Gerichte nach dem MedienG zuständig.

 DSB 18.12.2019, DSB-D123.768/0004-DSB/2019
Beim Posten der Teilnehmerliste einer Besprechung in einer Gemeinde zu einem Parkraumkonzept, auf welcher auch der Name des Beschwerdeführers aufscheint samt Kommentar, dass der Beschwerdeführer an dieser Sitzung nicht teilgenommen hat, auf einer Facebook-Seite, handelt es sich um keine journalistische Tätigkeit, weshalb § 9 Abs 1 DSG nicht zur Anwendung kommt und die DSB zur Behandlung der Beschwerde zuständig ist.

DSB 02.12.2019, DSB-D124.352/0003-DSB/2019
Eine **Videoaufzeichnung von Polizeibeamten** in einer Polizeidienststelle während der Aufnahme einer Aussage und die Veröffentlichung des Videos auf **YouTube**, kann eine Verarbeitung personenbezogener Daten allein zu journalistischen Zwecken sein, sofern aus diesem Video hervorgeht, dass diese Aufzeichnung und diese Veröffentlichung ausschließlich zum Ziel hatten, Informationen, Meinungen oder Ideen in der Öffentlichkeit zu verbreiten, was zu prüfen Sache des vorlegenden Gerichts ist.

13.2 Wissenschaftsprivileg

13.2.1 Allgemeines

Das Recht auf Schutz personenbezogener Daten steht im Spannungsverhältnis zum ebenfalls im Unionsrecht garantierten Recht der **Wissenschaftsfreiheit** gemäß Art 13 GRC. Die DSGVO unternimmt den Versuch, die gegenläufigen Schutzinteressen dieser Grundrechte durch Sondervorschriften miteinander in Einklang zu bringen. Im Sinne der Wissenschaftsfreiheit werden zugunsten der Verarbeitung für wissenschaftliche Forschungszwecke zahlreiche Privilegien und Öffnungsklauseln zur Beschränkung der Betroffenenrechte normiert. Die Inanspruchnahme dieser Privilegien und Öffnungsklauseln wird an die Einhaltung von Bedingungen und Garantien gem Art 89 Abs 1 DSGVO geknüpft.

Folgende **Sonderbestimmungen zugunsten der wissenschaftlichen Forschung** sind in der DSGVO zu finden:

- Bei den Grundsätzen der Verarbeitung (siehe dazu Kapitel 2.2) wird in Art 5 Abs 1 lit b DSGVO fingiert, dass die Verarbeitung von Daten für wissenschaftliche Forschungszwecke als rechtlich vereinbar mit dem ursprünglichen Zweck bei Erhebung der personenbezogenen Daten gilt. Auch dürfen Daten, die für wissenschaftliche Forschung verwendet werden, entgegen der allgemeinen zeitlichen Speicherbegrenzung länger gespeichert werden, soweit die personenbezogenen Daten für wissenschaftliche Forschungszwecke verarbeitet werden (Art 5 Abs 1 lit e DSGVO).
- Art 9 Abs 2 lit j DSGVO sieht eine Ausnahme vom Verarbeitungsverbot von

besonders schutzwürdigen Daten für wissenschaftliche Forschungszwecke iSd Art 89 Abs 1 DSGVO vor, soweit diese Verarbeitung auf der Grundlage des Rechts eines Mitgliedstaates erfolgt.
- In Art 14 Abs 5 lit b DSGVO ist eine Ausnahme von der Informationspflicht vorgesehen, wenn die Erteilung dieser Informationen „die Verwirklichung der Ziele dieser Verarbeitung unmöglich macht oder ernsthaft beeinträchtigt."
- Nach Art 17 Abs 3 lit d DSGVO besteht eine Ausnahme vom Recht auf Löschung für wissenschaftliche Forschungszwecke, soweit durch die Löschung voraussichtlich die Verwirklichung der Ziele dieser Verarbeitung unmöglich gemacht oder ernsthaft beeinträchtigt werden.
- Zum Widerspruchsrecht regelt Art 21 Abs 6 DSGVO, dass grundsätzlich auch bei Daten, die zu wissenschaftlichen Forschungszwecken verarbeitet werden, ein Widerspruchsrecht der betroffenen Person aus Gründen, die sich aus ihrer besonderen Situation ergeben, besteht, es sei denn, die Verarbeitung ist zur Erfüllung einer im öffentlichen Interesse liegenden Aufgabe erforderlich.

Die DSGVO geht von einer **weiten Auslegung des Begriffs der „wissenschaftlichen Forschungszwecke"** aus, der neben der Grundlagenforschung, der angewandten Forschung ua auch die privat finanzierte Forschung einschließt. Das bei Anführung der drei Zwecke in Art 89 Abs 1 DSGVO (Archivzwecke, wissenschaftliche oder historische Forschungszwecke, statistische Zwecke) genannte öffentliche Interesse bezieht sich ausschließlich auf die Verarbeitung für Archivzwecke, weshalb sich Verarbeitungen für wissenschaftliche Forschungszwecke grundsätzlich auch dann auf die Sondervorschriften der DSGVO stützen können, wenn sie kein öffentliches Interesse verfolgen.

13.2.2 Öffnungsklausel für wissenschaftliche Forschung

Art 89 DSGVO selbst sieht keine Öffnungsklausel hinsichtlich der Zulässigkeit der Verarbeitung von Daten zu wissenschaftlichen Forschungszwecken vor, sondern gibt den Mitgliedstaaten in Abs 2 die Möglichkeit, durch innerstaatliche Regelungen **Ausnahmen von Betroffenenrechten**, konkret von den Rechten gemäß der Art 15 (Auskunftsrecht), 16 (Recht auf Berichtigung), 18 (Recht auf Einschränkung der Verarbeitung) und 21 (Widerspruchsrecht)" vorzusehen, solange die geeigneten Garantien gem Art 89 Abs 1 DSGVO eingehalten werden.

Durch **geeignete Garantien** muss sichergestellt werden, dass technische und organisatorische Maßnahmen bestehen, mit denen insbesondere die Achtung des Grundsatzes der Datenminimierung gewährleistet wird. Zu diesen Maßnahmen kann die Pseudonymisierung gehören, sofern es möglich ist, diese Zwecke der jeweiligen Verarbeitung auf diese Weise zu erfüllen. In allen Fällen, in denen diese Zwecke durch die Weiterverarbeitung, bei der die Identifizierung von betroffenen Personen nicht oder nicht mehr möglich ist, erfüllt werden können, werden diese Zwecke auf diese Weise erfüllt.

Ausgangspunkt für die **nationalen Regelungen zur wissenschaftlichen**

Forschung sind daher die Öffnungsklauseln gem Art 6 Abs 2 u 3 iVm Art 6 Abs 1 lit c und e iVm Art 89 DSGVO. Dabei kommt va Art 6 Abs 1 lit e DSGVO als Rechtmäßigkeitstatbestand für die wissenschaftliche Forschung in Betracht. Diese Bestimmung sieht vor, dass die Verarbeitung für die Wahrnehmung einer Aufgabe erforderlich sein muss, die im öffentlichen Interesse liegt. In diesen Fällen bedarf es gemäß Art 6 Abs 3 DSGVO einer Rechtsgrundlage, die zumindest den Zweck der Verarbeitung festlegt. Weitere Konkretisierungen (etwa die Festlegung der Datenkategorien) können, müssen aber nicht erfolgen. Unter diesen Voraussetzungen besteht die Möglichkeit für die Mitgliedstaaten, „spezifischere Bestimmungen zur Anpassung der Anwendung der Vorschriften dieser Verordnung" vorzusehen. Von dieser Möglichkeit hat der österreichische Gesetzgeber im Zusammenhang mit Forschungszwecken in § 7 DSG Gebrauch gemacht.

13.2.3 § 7 DSG

§ 7 DSG ermächtigt zur Verarbeitung von Daten für **wissenschaftliche Forschungszwecke** (darüber hinaus auch für im öffentlichen Interesse liegende Archivzwecke oder statistische Zwecke), wenn die Daten entweder
* öffentlich zugänglich sind,
* der Verantwortliche die Daten für andere Untersuchungen oder auch andere Zwecke zulässigerweise ermittelt hat,
* oder es sich für ihn um pseudonymisierte personenbezogene Daten handelt und der Verantwortliche die Identität der betroffenen Person mit rechtlich zulässigen Mitteln nicht bestimmen kann.

Sind diese Voraussetzungen nicht erfüllt, bedarf die Datenverarbeitung für die wissenschaftliche Forschung einer besonderen gesetzlichen Grundlage, der Einwilligung des Betroffenen oder einer Genehmigung durch die DSB.

13.2.4 Forschungsorganisationsgesetz (FOG)

Mit dem Datenschutz-Anpassungsgesetz 2018, BGBl I 2018/31 hat Österreich von der Öffnungsklausel des Art 89 DSGVO Gebrauch gemacht und im **Forschungsorganisationsgesetz** (FOG) Spezialregelungen für die wissenschaftliche Forschung eingeführt, die als leges speciales dem § 7 DSG vorgehen.

Gegenstand des FOG ist die Regelung der leitenden Grundsätze für die Förderung von Wissenschaft und Forschung durch den Bund sowie für die Organisation wissenschaftlicher Einrichtungen des Bundes. Darüber hinaus werden auch Rahmenbedingungen für die Verarbeitung zu im öffentlichen Interesse liegenden Archivzwecken, zu wissenschaftlichen oder historischen Forschungszwecken sowie zu statistischen Zwecken iSd Art 89 Abs 1 DSGVO geregelt.

Besonders bemerkenswert sind dabei:
* Eine sehr weite Definition der **„wissenschaftlichen Einrichtungen"** als natürliche Personen, Personengemeinschaften sowie juristische Personen,

die Art-89-Zwecke verfolgen, wobei es nicht auf die Gemeinnützigkeit der Zwecke iS der Bundesabgabenordnung ankommt oder darauf, ob die Tätigkeit der Forschung oder der experimentellen Entwicklung im universitären, betrieblichen oder außeruniversitären Rahmen erfolgt (§ 2b Z 12 FOG);
- bestimmte **Erleichterungen für die Verarbeitung von besonderen Kategorien personenbezogener Daten**, wie etwa die Verwendung des bereichsspezifischen Personenkennzeichen für den Tätigkeitsbereich „Forschung", die Verarbeitung in pseudonymisierter Form oder eine Veröffentlichung ohne Namen, Adressen oder Foto (§ 2d Abs 2 Z 1 FOG);
- die Möglichkeit, dass wissenschaftliche Einrichtungen personenbezogene Daten inklusive Namensangaben von Verantwortlichen, die bundesgesetzlich vorgesehene Register führen, verlangen können (sog „**Registerforschung**" nach § 2d Abs 2 Z 3 FOG);
- die Zulässigkeit der Verarbeitung von besonderen Kategorien personenbezogener Daten gemäß Art 9 Abs 2 lit j DSGVO, sofern die Betroffenen ihre Einwilligung dazu gegeben haben. Dabei darf für diesen so genannten „**broad consent**" die genaue Zweckangabe durch die Angabe eines oder mehrere Forschungsbereiche oder von Forschungsprojekten ersetzt werden (§ 2d Abs 3 FOG).

Kontrollfragen:

- Was bedeutet der Begriff „Medienprivileg"?
- Unter welchen Voraussetzungen greift die Privilegierung nach Art 85 Abs 2 DSGVO iVm § 9 Abs 1 DSG?
- Was versteht man unter dem Begriff „Verarbeitung zu journalistischen Zwecken"?
- Kann sich eine nicht im Medienbereich tätige Privatperson auf das Medienprivileg berufen?
- Warum sind die datenschutzrechtlichen Privilegien des § 9 DSG unionsrechtswidrig?
- Welche verfassungsrechtlichen Bedenken bestehen gegen § 9 DSG?
- Welche Auswirkungen hat die enge Fassung des § 9 DSG auf den Rechtsschutz?
- Welche Sonderbestimmungen zugunsten wissenschaftlicher Forschung lassen sich in der DSGVO bzw im österreichischen Recht finden?

14 Aufsichtsbehörden und europäische Zusammenarbeit

14.1 Datenschutzbehörde

14.1.1 Allgemeines

Die DSGVO sieht in Art 51 Abs 1 die Errichtung von mindestens einer unabhängigen Aufsichtsbehörde in jedem Mitgliedstaat vor, die für die **Überwachung der Anwendung der DSGVO zuständig ist**. Um diese Aufgabe erfüllen zu können, müssen die Aufsichtsbehörden **unabhängig** sein. Ihre rechtsverbindlichen Beschlüsse unterliegen allerdings gemäß Art 78 DSGVO der **gerichtlichen Überprüfung**.

Um zur einheitlichen Anwendung der DSGVO innerhalb der Union beizutragen, sieht Art 51 Abs 2 vor, dass die nationalen Aufsichtsbehörden untereinander und mit der Kommission zusammenarbeiten. Die näheren Bestimmungen dazu sind in Kapitel VII (Art 60 ff) zu finden (siehe dazu unter Kapitel 14.5).

Die DSGVO enthält in Kapitel VI Vorschriften betreffend die Unabhängigkeit, Aufgaben und Befugnisse der nationalen Aufsichtsbehörden, welche teils unmittelbar anwendbares Recht darstellen, teilweise aber auch einen zwingenden Regelungsauftrag an die einzelnen Mitgliedstaaten enthalten. Die entsprechenden österreichischen Durchführungsbestimmungen sind in den §§ 18 – 23 DSG zu finden.

Österreich war 1978 einer der ersten Staaten Europas, der mit der Datenschutzkommission (DSK) eine eigene Behörde für den Rechtsschutz und die Überwachung im Bereich Datenschutz einsetzte. Die enge organisatorische Angliederung der DSK an das Bundeskanzleramt führte dazu, dass der EuGH feststellte, dass die Datenschutzkommission nicht die bereits in der DS-RL vorgesehene „völlige Unabhängigkeit" aufwies (EuGH 16.10.2012, C-614/10 [Kommission gg Österreich]).

> Ab 1. Jänner 2014 übernahm dann die neu organisierte **Datenschutzbehörde (DSB)** die Aufgaben der Datenschutzkommission. Die DSB ist die nationale Aufsichtsbehörde gem Art 51 DSGVO in Österreich. Sie ist monokratisch organisiert, weisungsfrei und unabhängig. Ihre weitreichenden Aufgaben und Befugnisse ergeben sich aus den Art 57 und 58 DSGVO. Anders als beispielsweise in Deutschland, wo es mehrere Aufsichtsbehörden gibt, besteht in Österreich weiterhin nur eine zuständige nationale Aufsichtsbehörde.

14.1.2 Organisation

Unabhängigkeit

Gemäß Art 52 DSGVO handeln die Aufsichtsbehörden in „völliger Unabhängigkeit". Die DSGVO hält dabei am bereits in der DS-RL enthaltenen Grundsatz der Unabhängigkeit fest, gestaltet diesen jedoch im Sinne der bisherigen EuGH Judikatur näher aus. Die Mitglieder der Aufsichtsbehörden haben nunmehr **weisungsfrei** sowie **frei von sonstiger direkter oder indirekter Beeinflussung** zu arbeiten.

§ 19 Abs 3 DSG sieht allerdings ein Unterrichtungsrecht des Bundesministers für Justiz (BMJ) bezüglich der Gegenstände der Geschäftsführung gegenüber dem Leiter der DSB vor. Der Leiter der DSB hat dem aber nur insoweit zu entsprechen, als dies der völligen Unabhängigkeit der DSB iSd Art 52 DSGVO nicht widerspricht.

Es ist den Mitgliedern der Aufsichtsbehörden generell **untersagt**, während ihrer Amtszeit eine **mit ihrem Amt nicht zu vereinbarende entgeltliche oder unentgeltliche Tätigkeit auszuüben**. In § 19 Abs 2 DSG wird konkretisiert, dass der Leiter der österreichischen DSB für die Dauer seines Amtes keine Tätigkeit auszuüben darf, die

- Zweifel an der unabhängigen Ausübung seines Amtes oder seiner Unbefangenheit hervorrufen könnte,
- ihn bei der Erfüllung seiner dienstlichen Aufgaben behindert oder
- wesentliche dienstliche Interessen gefährdet.

> Als mit dem Amt vereinbare Tätigkeiten sind wissenschaftliche Tätigkeiten wie zum Beispiel Lehraufträge und Vorträge sowie Publikationen denkbar. Hingegen sind Leitungs- und Aufsichtsfunktionen in Unternehmen grundsätzlich nicht mit dem Amt vereinbar.

Es ist darüber hinaus sicherzustellen, dass der Aufsichtsbehörde eine **ausreichende personelle, technische und finanzielle Ausstattung** zur Verfügung steht und sie über ein **eigenes Budget** verfügt. Hinsichtlich des Budgets unterliegt die DSB der Finanzkontrolle des Rechnungshofes, welche allerdings die Unabhängigkeit der DSB nicht beeinträchtigen darf.

Art 52 Abs 5 DSGVO sieht vor, dass die Aufsichtsbehörde **Personalhoheit** über ihre Mitarbeiter haben muss, dh eigenes Personal beschäftigt. Das Personal untersteht ausschließlich dem Leiter der DSB (bzw dessen Stellvertreter). Die DSB ist somit Dienstbehörde und Personalstelle (§ 19 Abs 1 DSG).

Organisationsstruktur
Nach der DSGVO steht es den Mitgliedstaaten frei, die Aufsichtsbehörde kollegial oder monokratisch zu organisieren.

Im Gegensatz zur kollegialen Organisationsform steht in einer monokratischen Aufsichtsbehörde eine Einzelperson der Behörde vor. Im Falle der DSB ist dies der **Leiter der DSB**, welcher in Abwesenheit durch seinen Stellvertreter vertreten wird.

In Österreich obliegt die **Ernennung** des Leiters der DSB dem **Bundespräsidenten** auf **Vorschlag der Bundesregierung**. Zwingende Voraussetzung für die Ernennung sind die für die Erfüllung der Aufgaben und Ausübung der Befugnisse **erforderliche Qualifikation, Erfahrung und Sachkunde**. Die genauen Voraussetzungen an den Leiter der DSB und dessen Stellvertreter sowie ein Bestellungsverbot gewisser Personen (etwa Mitglieder der Bundesregierung) sind in Ausführung des Art 54 Abs 1 lit c DSGVO in § 20 Abs 2 und 3 DSG geregelt.

Die **Amtszeit** des Leiters der DSB beträgt **fünf Jahre,** wobei eine (auch wiederholte) Wiederernennung der Mitglieder möglich ist. Die zum Zeitpunkt des Inkrafttretens des DSG laufenden Funktionsperioden des Leiters der DSB sowie deren Stellvertreter wurden bis zu deren Ablauf fortgesetzt. Das Amt endet entweder durch Ablauf der Amtszeit, den Rücktritt des Leiters oder eine verpflichtende Versetzung in den Ruhestand. Eine Enthebung ist gemäß der DSGVO nur für den Fall einer schweren Verfehlung oder des Wegfalls der Voraussetzungen für die Wahrnehmung des Amtes vorgesehen.

Sowohl während als auch nach Beendigung der Amts- bzw Dienstzeit der Leiter und des Personals der Aufsichtsbehörde sind diese zur **Verschwiegenheit betreffend vertrauliche Informationen verpflichtet.**

14.1.3 Aufgaben

Die Regelungen in der DSGVO über Aufgaben und Befugnisse der Aufsichtsbehörde sind in der Form gestaltet, dass zunächst in Art 57 DSGVO die Aufgaben der Aufsichtsbehörden normiert werden und in Art 58 DSGVO die korrespondierenden Befugnisse, um diesen Aufgaben nachkommen zu können. Art 57 DSGVO sowie §§ 21 f DSG legen die Aufgaben der DSB fest, die im Vergleich zur früheren Rechtslage nach dem DSG 2000 erheblich ausgeweitet wurden.

Die Aufzählung der Aufgaben in Art 57 Abs 1 DSGVO ist keine abschließende, da sie nur *„unbeschadet anderer in dieser Verordnung dargelegter Aufgaben"* gilt. Der demonstrative Charakter der Aufzählung wird auch durch Art 57 Abs 1 lit v DSGVO bestärkt, dem zufolge die Aufsichtsbehörde jede sonstige Aufgabe betreffend den Schutz personenbezogener Daten zu erfüllen hat. Den Mitgliedstaaten wurde es überdies freigestellt, andere Aufgaben der Aufsichtsbehörde festzulegen (ErwGr 129 Satz 3). Der österreichische Gesetzgeber hat von dieser Ermächtigung nicht Gebrauch gemacht, sondern lediglich Aufgaben, welche bereits in der DSGVO enthalten sind, konkretisiert. Die umfassende Liste kann in die folgenden Aufgabengebiete zusammengefasst werden:

- **Überwachung und Durchsetzung der Anwendung der DSGVO** (lit a);
- **Sensibilisierung und Aufklärung** der Öffentlichkeit insbesondere über Vorschriften, Garantien und Rechte sowie der Verantwortlichen und Auftragsverarbeiter über ihre Pflichten gemäß der DSGVO (lit b, d);
- **Beratung** der Exekutive und Legislative sowie – im Rahmen der Datenschutz-Folgeabschätzung gemäß Art 36 DSGVO – auch der Verantwortlichen (lit c, l);
- Befassung und Untersuchung von **Beschwerden von betroffenen Personen** (lit f).

Beschwerden von betroffenen Personen sind zum Beispiel durch Bereitstellung eines (elektronischen) Beschwerdeformulars zu erleichtern (Art 57 Abs 2 DSGVO).

- **Zusammenarbeit** mit anderen Aufsichtsbehörden (lit e, g);

- Verfolgung maßgeblicher Entwicklungen, insbesondere in der Informations- und Kommunikationstechnologie (lit i);
- Festlegung einer **Liste** mit Verarbeitungsarten, welche einer **Datenschutz-Folgeabschätzung** bedürfen (lit k);
- Einführung und Überprüfung von **Verhaltensregeln und Zertifizierungsmechanismen** sowie Akkreditierung und Überwachung der Zertifizierungsstellen (lit m–q);
- Festlegung und *Genehmigung von* **Vertragsklauseln** sowie Genehmigung von **verbindlichen internen Vorschriften** (lit j, r, s);
- Führung **interner Verzeichnisse über Verstöße gegen die DSGVO** sowie von der Aufsichtsbehörde **ergriffene Maßnahmen** (lit u);
- Leistung von Beiträgen zur Tätigkeit des Europäischen Datenschutzausschusses (lit t).

> Listen gemäß Art 35 Abs 4, 5 DSGVO betreffend die Verarbeitungsarten, welche (k)einer Datenschutz-Folgeabschätzung bedürfen („weiße Liste" bzw „schwarze Liste"), sowie die festzulegenden Kriterien für Akkreditierungs- und Zertifizierungsstellen sind nach § 21 Abs 2 DSG von der DSB im Wege von Verordnungen im BGBl kundzumachen. Die Datenschutz-Folgenabschätzung-Ausnahme-Verordnung („Whitelist") wurde in BGBl II 108/2018, die Datenschutz-Folgenabschätzung-Verordnung („Blacklist") in BGBl II 278/2018 kundgemacht. Siehe zum Inhalt dieser Verordnung Kapitel 9.3.

Für betroffene Personen und für Datenschutzbeauftragte ist die Erfüllung der Aufgaben durch die DSB unentgeltlich (Art 57 Abs 3 DSGVO). Abweichend davon kann die DSB gemäß Art 57 Abs 4 DSGVO bei offenkundig unbegründeten oder exzessiven Anfragen eine angemessene Gebühr verlangen oder sich sogar weigern, tätig zu werden. Die Beweislast für die offenkundige Unbegründetheit bzw den exzessiven Charakter trägt die DSB.

14.1.4 Befugnisse

Die in Art 58 DSGVO aufgezählten, für die Erfüllung der Aufgaben der DSB erforderlichen Befugnisse lassen sich in die folgenden drei Gruppen unterteilen:
- **Untersuchungsbefugnisse (Art 58 Abs 1 DSGVO);**
- **Abhilfebefugnisse (Art 58 Abs 2 DSGVO);**
- **Beratungs- und Genehmigungsbefugnisse (Art 58 Abs 3 DSGVO).**

Die Betretungs- und Einschaurechte der DSB sind in § 22 DSG durch den österreichischen Gesetzgeber weiter konkretisiert worden, um der nationalen Rechtsordnung zu entsprechen.

Untersuchungsbefugnisse
Hierunter sind Befugnisse zu verstehen, die der Überprüfung der Einhaltung der DSGVO dienen und die Aufklärung von datenschutzrechtlich relevanten Sachverhalten ermöglichen. Die Untersuchungsbefugnisse bestehen **auch ohne Verdacht auf Verstöße gegen das Datenschutzrecht**. Sie lassen sich

thematisch in **Informationsbefugnisse** (lit a, e), **Hinweisbefugnisse** (lit d) und **Einschaubefugnisse** (lit b, c und f) untergliedern.

Die DSB kann sich Informationen durch die Verantwortlichen oder Auftragsverarbeiter bereitstellen lassen, aber auch den Zugang zu personenbezogenen Daten und Informationen verlangen (lit a und e). Die lit b, c und f verschaffen den Aufsichtsbehörden die Möglichkeit, Datenschutzüberprüfungen und Überprüfungen von Zertifizierungen vorzunehmen sowie Zugang zu Geschäftsräumen von Verantwortlichen und Auftragsverarbeitern zu erhalten.

Auch nach § 22 DSG können vom Verantwortlichen bzw Auftragsverarbeiter insbesondere alle notwendigen Aufklärungen verlangt werden und Einschau in Datenverarbeitungen und die entsprechenden Unterlagen begehrt werden. Die DSB ist – nach Verständigung des Inhabers, des Verantwortlichen bzw des Auftragsverarbeiters – berechtigt, Räumlichkeiten, in welchen Datenverarbeitungen vorgenommen werden, zu betreten, Datenverarbeitungsanlagen in Betrieb zu setzen, die Verarbeitungen durchzuführen sowie Kopien von Datenträgern im unbedingt erforderlichen Ausmaß herzustellen. Die Kontrolltätigkeit ist unter möglichster Schonung der Rechte des Verantwortlichen bzw Auftragsverarbeiters durchzuführen.

Besteht der bloße Verdacht auf einen Verstoß gegen die DSGVO, kann die DSB den Verantwortlichen oder Auftragsverarbeiter auf diesen vermeintlichen Verstoß hinweisen (lit d).

Abhilfebefugnisse
Um im Falle von **bereits erfolgten bzw voraussichtlich bevorstehenden Verstößen** gegen die DSGVO vorgehen zu können, ist die DSB zur Wiederherstellung eines verordnungskonformen Zustands mit umfassenden **Abhilfebefugnissen** ausgestattet. Die Maßnahmen sind dabei nach Verhältnismäßigkeit gestuft und reichen von einfacher Warnung und Verwarnung des Verantwortlichen oder des Auftragsverarbeiters (lit a, b) über die Erteilung von Aufträgen (lit c, d, e) bis hin zu vorübergehenden oder endgültigen Beschränkungen, einschließlich eines Verbots der Datenverarbeitung (lit e, f). Gemäß § 22 Abs 4 DSG kann die DSB bei Gefahr im Verzug die Weiterführung der Datenverarbeitung nach dem AVG mittels Mandatsbescheids (teilweise) untersagen bzw auf Antrag eines Betroffenen die Einschränkung einer Datenverarbeitung anordnen (§ 11 Abs 4 DSG). Darüber hinaus kann die Aufsichtsbehörde auch ausgegebene Zertifizierungen widerrufen (lit h) sowie die Aussetzung von Übermittlungen von personenbezogenen Daten in Drittstaaten bzw zu internationalen Organisationen anordnen (lit j).

Bisher hat die DSB von diesen zahlreichen Abhilfebefugnissen va die Erteilung von Aufträgen nach Art 58 Abs 2 lit c und lit d in Anspruch genommen. Beispielsweise wurde nach Art 58 Abs 2 lit c einer Beschwerdegegnerin aufgetragen, innerhalb einer Frist von 4 Wochen bei sonstiger Exekution dem Löschbegehren nachzukommen und den Beschwerdeführer, sowie die Datenschutzbehörde von der Löschung des verfahrensgegenständlichen Warnlisteneintrags schriftlich in Kenntnis zu setzen (DSB 08.11.2019, DSB-D122.970/0004-DSB/2019). In einer Warnung nach Art 58 Abs 2 lit a hat die DSB ausgesprochen, dass der genannte beabsichtigte Verarbeitungsvorgang (hier: eine Dashcam) voraussichtlich gegen die DSGVO verstößt (DSB 09.07.2018, DSB-D485.000/0001-DSB/2018-I).

Zusätzlich zu den in Art 58 lit a–h angeführten Maßnahmen kann die DSB gemäß § 22 Abs 5 DSG gegen natürliche und juristische Personen ganz erhebliche Geldbußen verhängen (siehe dazu Kapitel 15.4). Damit liegt seit dem Geltungsbeginn der DSGVO die Kompetenz zur Verhängung von Geldstrafen nicht mehr bei den Bezirksverwaltungsbehörden, sondern bei der DSB.

Beratungs- und Genehmigungsbefugnisse
Für Verantwortliche darf die Aufsichtsbehörde im Zuge der Konsultation nach Art 36 DSGVO tätig werden (lit a). Weiters ist die Aufsichtsbehörde befugt, zu allen datenschutzrechtlichen Fragen von sich aus oder auf Anfrage Stellungnahmen an das Parlament, Regierung oder sonstige Einrichtungen und Stellen eines Mitgliedstaates zu richten. Sie kann sich mit diesen Stellungnahmen auch an die Öffentlichkeit wenden (lit b). In lit d eigens erwähnt wird die Befugnis, zu Entwürfen von Verhaltensregeln gemäß Art 40 Abs 5 DSGVO Stellungnahmen abzugeben und diese auch zu billigen.

Die lit c und e–j enthalten Verweise auf Genehmigungsbefugnisse in den verschiedenen in der DSGVO vorgesehenen Verfahren. Hierzu zählen insbesondere die Akkreditierung von Zertifizierungsstellen, das Festlegen von Standarddatenschutzklauseln sowie die Genehmigung von Vertragsklauseln, Verwaltungsvereinbarungen und verbindlichen internen Vorschriften.

Verschwiegenheitspflicht
Grundsätzlich ist für die DSB eine **Verschwiegenheitspflicht** vorgesehen. Informationen, die ihr oder von ihr Beauftragten zukommen, dürfen nur für die Kontrolle im Rahmen der Vollziehung datenschutzrechtlicher Vorschriften verwendet werden. Die Verschwiegenheitspflicht besteht auch gegenüber Gerichten und Verwaltungsbehörden, insbesondere auch gegenüber Abgabenbehörden. Allerdings hat die DSB bei Verdacht einer strafbaren Handlung gemäß § 63 DSG oder nach §§ 118a, 119, 119a, 126a–126c, 148a oder 278a StGB oder eines Verbrechens mit einer Freiheitsstrafe, deren Höchstmaß fünf Jahre übersteigt, Anzeige zu erstatten.

Zusätzliche Befugnisse
Die **Öffnungsklausel** in Art 58 Abs 6 ermöglicht es den Mitgliedstaaten, zusätzlich zu den oben angeführten Befugnissen durch nationale Rechtsvorschriften zusätzliche Befugnisse zu erteilen. Diese dürfen jedoch nicht die effektive Zusammenarbeit der Aufsichtsbehörden beeinträchtigen. Von dieser Möglichkeit hat der österreichische Gesetzgeber vorerst keinen Gebrauch gemacht. Etwaige zusätzliche Befugnisse werden wohl in den entsprechenden Materiengesetzen und nicht dem DSG geregelt werden.

Tätigkeitsbericht
Ausdrücklich geregelt wird in Art 59 DSGVO und § 23 DSG die Verpflichtung der DSB, jährliche Tätigkeitsberichte zu erstellen. Die DSB hat den Tätigkeits-

bericht bis spätestens 31. März eines jeden Jahres zu erstellen und dem BMJ vorzulegen, welcher den Bericht in Folge der Bundesregierung, dem Nationalrat und dem Bundesrat vorlegt. Zusätzlich soll der Tätigkeitsbericht der Öffentlichkeit, der Kommission, dem Europäischen Datenschutzausschuss sowie dem Datenschutzrat zugänglich gemacht werden. Der Tätigkeitsbericht hat die **Tätigkeiten** der DSB, die Arten der **gemeldeten Verstöße** sowie die Arten der **getroffenen Maßnahmen** gemäß Art 58 Abs 2 DSGVO zu beinhalten.

Darüber hinaus hat die DSB wie bisher Entscheidungen von grundsätzlicher Bedeutung für die Allgemeinheit in geeigneter Weise zu veröffentlichen. Hierbei ist jedoch auf die Erfordernisse der Amtsverschwiegenheit zu achten (§ 23 DSG).

14.1.5 Ausschluss der Aufsicht über Gerichte

Art 55 Abs 3 DSGVO schließt die sachliche Zuständigkeit der Aufsichtsbehörden für **Verarbeitungen von Gerichten** aus, die im Rahmen ihrer **justiziellen Tätigkeit** vorgenommen werden. Die justizielle Tätigkeit umfasst Maßnahmen, die in richterlicher Unabhängigkeit erbracht werden, worunter va die richterliche Entscheidung, aber auch vorbereitende und nachfolgende Handlungen fallen, wie etwa Ladungen, Fristsetzungen, Beweiserhebungen und Protokollführung, aber auch die Judikaturdokumentation, wenn diese durch den oder die Richter erfolgt.

Damit soll laut ErwGr 20 die Unabhängigkeit der Justiz bei der Ausübung ihrer gerichtlichen Aufgaben einschließlich ihrer Beschlussfassung unangetastet bleiben. Im selben ErwGr wird aber ausdrücklich festgehalten, dass die DSGVO ungeachtet dessen sehr wohl für die Tätigkeiten der Gerichte und anderer Justizbehörden gilt. Allerdings sollen mit der Aufsicht über die Verarbeitung personenbezogener Daten durch Gerichte im Rahmen ihrer justiziellen Tätigkeit besondere Stellen im Justizsystem des Mitgliedstaats betraut werden können, die insbesondere die Einhaltung der Vorschriften dieser Verordnung sicherstellen.

In Österreich besteht seit dem Jahr 2005 für den Bereich der **ordentlichen Gerichtsbarkeit** ein eigener **justizinterner Rechtsschutz**, der im GOG in den §§ 83 ff eingerichtet ist. Danach ist zur Entscheidung über Beschwerden in bürgerlichen Rechtssachen das im Instanzenzug übergeordnete Gericht zuständig, in Strafsachen das Oberlandesgericht. Betrifft die Beschwerde eine Verletzung durch ein Organ des OGH, so ist dieser zur Entscheidung zuständig (§ 85 Abs 2 GOG). Die Entscheidung ergeht in bürgerlichen Rechtssachen im Außerstreitverfahren, in Strafsachen nach den Bestimmungen der StPO (§ 85a GOG).

14.2 Datenschutzrat

14.2.1 Aufgaben

Der bereits im DSG 2000 vorgesehene Datenschutzrat bleibt auch nach Geltungsbeginn der DSGVO bestehen, ist aber nun beim BMJ eingerichtet. Die entsprechenden Regelungen finden sich in den §§ 14 ff DSG. Der Datenschutzrat soll zu Fragen von grundsätzlicher Bedeutung für den Datenschutz Stellung nehmen, die einheitliche Fortentwicklung des Datenschutzes fördern und die Bundesregierung bei datenschutzrechtlich relevanten Vorhaben beraten. Hierzu kann der Datenschutzrat **Empfehlungen abgeben**, **Gutachten erstellen** oder in Auftrag geben und **Stellungnahmen zu Gesetzesentwürfen** abgeben. Auch steht ihm das Recht zu, von Verantwortlichen des öffentlichen Bereiches Auskünfte und Berichte zu verlangen sowie seine Beobachtungen, Bedenken und Anregungen zu veröffentlichen.

14.2.2 Zusammensetzung

Zusammengesetzt ist der Datenschutzrat gemäß § 15 DSG aus zwölf Vertretern der politischen Parteien, je einem Vertreter der Bundeskammer für Arbeiter und Angestellte sowie der Wirtschaftskammer Österreich, zwei Vertretern der Länder, je einem Vertreter des Gemeindebundes und des Städtebundes, einem Vertreter des Bundes sowie einem Vertreter aus dem Kreis der Datenschutzbeauftragten der Bundesministerien und zwei nationalen oder internationalen Experten aus dem Bereich des Datenschutzes (benannt vom Datenschutzrat). Für jedes Mitglied ist zudem ein Ersatzmitglied zu entsenden. Der Leiter der DSB ist berechtigt, an den Sitzungen des Datenschutzrates teilzunehmen, es steht ihm jedoch kein Stimmrecht zu.

Die Funktionsperiode der Mitglieder beginnt mit der Entsendung in den Datenschutzrat und endet entweder mit Abberufung, Ausscheiden oder mit der Neuwahl des Hauptausschusses des Nationalrates. Im Falle einer Neuwahl des Hauptausschusses des Nationalrates hat die konstituierende Sitzung des Datenschutzrates frühestens sechs Wochen nach der Wahl stattzufinden und ist vom BMJ einzuberufen. Eine Wiederbestellung der Mitglieder und Ersatzmitglieder ist möglich.

14.2.3 Verfahrensweise

Dem Datenschutzrat steht ein Vorsitzender vor, der aus den Mitgliedern des Datenschutzrates gewählt wird und der den Datenschutzrat nach außen vertritt. Die Geschäftsführung obliegt dem BMJ. Auch das notwendige Personal hat vom BMJ zur Verfügung gestellt zu werden und ist fachlich an die Weisungen des Vorsitzenden des Datenschutzrates gebunden.

Sitzungen des Datenschutzrates werden nach Bedarf einberufen, können von jedem Mitglied beantragt werden und sind nicht öffentlich. Für Beratungen und für die Beschlussfassung ist gemäß § 17 Abs 3 DSG ein Präsenzquorum von der Hälfte der Mitglieder zu erfüllen. Beschlüsse werden durch einfache Mehrheit gefasst.

14.3 Europäischer Datenschutzausschuss (EDSA)

14.3.1 Allgemeines

Durch die DSGVO wird die frühere „**Artikel 29-Datenschutzgruppe**" (eine Gruppe, die nach Art 29 DS-RL aus je einem Vertreter der nationalen Kontrollstellen bestand) durch den Europäischen Datenschutzausschuss („Ausschuss") abgelöst. Der Ausschuss hat allerdings weitaus mehr Kompetenzen als die Artikel 29-Datenschutzgruppe, die im Wesentlichen (rechtsunverbindliche, aber praxisrelevante) Stellungnahmen zu aktuellen Datenschutzfragen verfasste (sog „**Working Papers**"). Der Ausschuss ist mit **eigener Rechtspersönlichkeit** ausgestattet (Art 68 Abs 1 DSGVO). Im Wesentlichen soll der Ausschuss zur einheitlichen Anwendung der DSGVO beitragen, die Kommission insbesondere hinsichtlich des Schutzniveaus in Drittländern beraten und die Zusammenarbeit der Aufsichtsbehörden fördern. In seiner Tätigkeit ist der Ausschuss gleich den nationalen Aufsichtsbehörden unabhängig und weisungsfrei (Art 69 DSGVO).

14.3.2 Zusammensetzung

Der Ausschuss setzt sich aus den **Leitern der Aufsichtsbehörde jedes Mitgliedstaates** und dem Europäischen Datenschutzbeauftragten (siehe dazu Kapitel 14.4) zusammen. Gemäß Art 68 Abs 5 DSGVO ist die Kommission berechtigt, an den Tätigkeiten und Sitzungen des Ausschusses teilzunehmen, hat allerdings kein Stimmrecht.

14.3.3 Verfahrensweise

Geschäftsordnung und Beschlussfassung
Die Geschäftsordnung sowie die Arbeitsweise des Ausschusses werden durch eine Zweidrittelmehrheit der Mitglieder festgelegt. Abgesehen davon fasst der Ausschuss, mit einigen Ausnahmen (vgl Art 65 DSGVO), seine Beschlüsse grundsätzlich mit **einfacher Mehrheit** der Mitglieder.

Jahresbericht
Der Ausschuss hat gemäß Art 71 DSGVO einen **Jahresbericht** vorzulegen. Inhalt des Jahresberichts ist der Schutz von Daten natürlicher Personen in der EU sowie gegebenenfalls auch in Drittländern. Gemäß Art 71 Abs 2 DSGVO hat der Jahresbericht ebenfalls eine Überprüfung der von ihm erstellten Leitlinien, Empfehlungen und bewährten Verfahren sowie der verbindlichen Beschlüsse im Kohärenzverfahren gemäß Art 65 DSGVO zu beinhalten.

> Der Jahresbericht wird dem Europäischen Parlament, dem Rat und der Kommission übermittelt und veröffentlicht.

14.3.4 Organe

Vorsitz
Der Vorsitz wird laut Art 73 DSGVO mit einfacher Mehrheit aus dem Kreis der Mitglieder gewählt und besteht aus einem Vorsitzenden sowie zwei stellvertretenden Vorsitzenden. Die Amtszeit des Vorsitzes beträgt **fünf Jahre**; eine **einmalige Wiederwahl** ist zulässig.

Die Aufgaben des Vorsitzes umfassen die Vertretung des Ausschusses nach außen sowie die Führung der Geschäfte des Ausschusses. Die Aufteilung der Aufgaben zwischen dem Vorsitzenden und seinen Stellvertretern wird durch die Geschäftsordnung festgelegt.

Sekretariat
Unterstützt wird der Ausschuss analytisch, administrativ und logistisch gemäß Art 75 DSGVO vom Sekretariat, welches vom Europäischen Datenschutzbeauftragten bereitgestellt wird.

14.3.5 Aufgaben des Datenschutzausschusses

Art 70 DSGVO enthält eine umfangreiche Auflistung der Aufgaben des Ausschusses zur Sicherstellung der einheitlichen Anwendung der DSGVO. Der Ausschuss wird hierbei entweder **von sich aus oder auf Ersuchen der Kommission tätig**. Aus der Formulierung von Art 70 Abs 1 DSGVO („insbesondere") lässt sich ableiten, dass auch diese Auflistung bloß demonstrativen Charakter hat. Die Aufgaben des Ausschusses lassen sich thematisch wie folgt zusammenfassen:
- **Stellungnahmen** (lit q–t, x);
- **Empfehlungen und Beratung** (lit b–d, f–k, m, p);
- **Prüfung und Überwachung** (lit a, e, l, o);
- **Förderung** (lit n, u–w);
- **Dokumentation** (lit o, y).

Stellungnahmen
Neben der umfassenden **Stellungnahmebefugnis im Kohärenzverfahren** gemäß Art 64 DSGVO (siehe unten 14.5.5) und im **Streitbeilegungsverfahren** gemäß Art 65 DSGVO sind auch Stellungnahmebefugnisse des Ausschusses gegenüber der Kommission vorgesehen.

> Stellungnahmen gegenüber der Kommission betreffen insbesondere Zertifizierungsanforderungen, Bildsymbole, Angemessenheit des Datenschutzniveaus in Drittländern sowie die Verhaltensregeln gemäß Art 40 Abs 9 DSGVO.

Empfehlungen und Beratung
Den wohl größten Teil der Aufgaben des Ausschusses nimmt das **Bereitstellen von Leitlinien, Empfehlungen und bewährten Verfahren** in Fällen ein, in denen eine einheitliche Vorgehensweise sinnvoll und erforderlich scheint. Dies unter anderem im Verfahren für die Feststellung von Verletzungen des Datenschutzes, der Kriterien und Bedingungen für Übermittlungen perso-

nenbezogener Daten gemäß Art 49 DSGVO oder die Anwendung von Maßnahmen der Aufsichtsbehörden gemäß Art 58 DSGVO und der Festsetzung von Geldbußen. Die Leitlinien des EDSA werden auf der Website https://edpb.europa.eu/edpb_de laufend veröffentlicht.

Darüber hinaus wird der Ausschuss umfassend **betreffend alle Datenschutzfragen in der Union beratend** für die Kommission tätig. Explizit wird in Art 70 Abs 1 lit b DSGVO angeführt, dass der Ausschuss der Kommission Vorschläge zur Änderung der DSGVO unterbreiten kann.

Prüfung und Überwachung

Neben der Erstellung der Leitlinien, Empfehlungen und bewährten Verfahren hat der Ausschuss auch die praktische Anwendung dieser sowie generell die **Anwendung der DSGVO** zum Zwecke der Sicherstellung der einheitlichen Anwendung zu **überprüfen und überwachen**. Dem Ausschuss obliegt zudem auch die Akkreditierung und regelmäßige Überprüfung der Zertifizierungsstellen.

Förderung

Zu den Förderungstätigkeiten des Ausschusses gehören vor allem die **Förderung der Ausarbeitung von Verhaltensregeln und der Einrichtung von Zertifizierungsverfahren**, aber auch die Förderung der Zusammenarbeit und des Austausches von Information und Fachwissen. Ebenfalls sollen durch den Ausschuss Schulungsprogramme gefördert werden und der Personalaustausch zwischen Aufsichtsbehörden erleichtert werden.

Dokumentation

Wichtigste Dokumentationsaufgabe des Ausschusses ist die Führung eines **elektronischen Registers der Beschlüsse von Aufsichtsbehörden und Gerichten** in Verbindung mit dem Kohärenzverfahren, welches öffentlich zugänglich ist. Aber der Ausschuss soll auch ein **öffentliches Register der akkreditierten Einrichtungen** gemäß 43 Abs 6 DSGVO und der in Drittländern niedergelassenen akkreditierten Verantwortlichen und Auftragsverarbeiter gemäß Art 42 Abs 7 DSGVO führen.

14.4 Exkurs: Europäischer Datenschutzbeauftragter

Durch die Verordnung (EG) 45/2001 wurde 2004 der Europäische Datenschutzbeauftragte als **Kontrollbehörde auf EU-Ebene** eingerichtet. Der Europäische Datenschutzbeauftragte übernimmt die Aufgabe der nationalen Aufsichtsbehörden auf Unionsebene. Wie die nationalen Aufsichtsbehörden und der Ausschuss übt der Europäische Datenschutzbeauftragte sein Amt unabhängig und weisungsfrei aus.

Der Europäische Datenschutzbeauftragte und sein Stellvertreter werden vom Europäischen Parlament und dem Rat ernannt. Die Amtszeit beträgt für beide Organe **fünf Jahre**, eine Wiederernennung ist zulässig. Unterstützt werden der Europäische Datenschutzbeauftragte und sein Stellvertreter von einer Geschäftsstelle.

Zu seinen wichtigsten Aufgaben zählen:
- **Kontrolle der Einhaltung der Datenschutzregeln** bei der Verarbeitung personenbezogener Daten **durch die Organe und Einrichtungen der EU**;
- **Beratung** der EU-Organe und -Einrichtungen;
- Bearbeitung von **Beschwerden**;
- **Zusammenarbeit** mit den nationalen Aufsichtsbehörden der Mitgliedstaaten zur Gewährleistung einer einheitlichen Datenschutzpolitik;
- Beobachtung der Entwicklung neuer Technologien.

14.5 Zuständigkeit, Zusammenarbeit und Kohärenzverfahren

In den Art 55 und 56 regelt die DSGVO die Zuständigkeit der Aufsichtsbehörden. Grundlegend ist hierbei die Errichtung eines **One-Stop-Shop-Systems**, welches die einheitliche Anwendung der DSGVO durch die Aufsichtsbehörden gewährleisten soll. Zu unterscheiden sind dabei die **allgemeine (nationale) Zuständigkeit** sowie die **Zuständigkeit bei grenzüberschreitender Verarbeitung**.

14.5.1 Allgemeine Zuständigkeit (Art 55)

Die Zuständigkeit der nationalen Aufsichtsbehörden richtet sich gem Art 55 DSGVO nach dem **Territorialitätsprinzip**: Jede Aufsichtsbehörde ist für die Erfüllung ihrer Aufgaben und die Ausübung ihrer Befugnisse im Hoheitsgebiet ihres Mitgliedstaates zuständig. Der konkrete Anknüpfungspunkt für die Zuständigkeit (Ort der Datenverarbeitung, Verantwortlicher oder Betroffener) ergibt sich aus den jeweiligen Aufgaben und Befugnissen der Aufsichtsbehörde.

In ErwGr 122 wird näher ausgeführt, welche Fälle hiervon insbesondere umfasst sind. Dies sind vor allem **Datenverarbeitungen im Rahmen von Tätigkeiten einer Niederlassung** von Verantwortlichen und Auftragsverarbeitern **im Mitgliedstaat**, aber auch Verarbeitungstätigkeiten, die Auswirkungen auf betroffene Personen in ihrem Hoheitsgebiet haben, oder von Verantwortlichen oder Auftragsverarbeitern ohne Niederlassung in der EU, sofern sie auf **Betroffene mit Wohnsitz in diesem Mitgliedstaat** ausgerichtet sind.

Jedenfalls zuständig ist die Aufsichtsbehörde des betroffenen Mitgliedstaates nach Art 55 Abs 2 DSGVO im Falle der Verarbeitung von personenbezogenen Daten durch **Behörden oder private Einrichtungen auf Grundlage einer rechtlichen Verpflichtung** (vgl Art 6 Abs 1 lit c, e DSGVO) im Hoheitsgebiet, selbst wenn eine grenzüberschreitende Verarbeitung vorliegt.

Die DSB hat mittlerweile auch klargestellt, dass (auch wenn der Wortlaut [„insbesondere"] des Art 77 DSGVO als auch jener des ErwGr 141 dies nahelegen) eine Beschwerde jedenfalls nicht bei jeder beliebigen Aufsichtsbehörde iSd DSGVO eingebracht werden kann, da es nicht Sinn und Zweck des Art 77 DSGVO sein kann, Aufsichtsbehörden als zur Einbringung einer Beschwerde als zuständig zu erklären, zu denen keinerlei objektiver Konnex besteht. Konkret verlangt die DSB für ihre Zuständigkeit einen gewissen Österreichbezug.

DSB 18.03.2019, DSB-D123.955/0002-DSB/2019
Art 77 DSGVO kann nicht so verstanden werden, als ermögliche er eine völlig freie Behördenwahl („**forum shopping**") unter Umgehung von Aufsichtsbehörden, denen gegebenenfalls eine ordnungsgemäße Verfahrensführung nicht zugetraut wird, zu denen aber kein objektiver Konnex besteht.

14.5.2 Zuständigkeit bei grenzüberschreitender Verarbeitung (Art 56)

Im Falle einer **grenzüberschreitenden Verarbeitung** (iSd Art 4 Z 23 DSGVO) ist gemäß Art 56 DSGVO als alleiniger Ansprechpartner für den Verantwortlichen bzw den Auftragsverarbeiter die sogenannte **federführende Aufsichtsbehörde** vorgesehen.

Art 4 Z 23 DSGVO definiert zwei Fälle der grenzüberschreitenden Verarbeitung:
- eine Verarbeitung personenbezogener Daten, die im Rahmen der Tätigkeiten von **Niederlassungen** eines Verantwortlichen oder eines Auftragsverarbeiters in der Union **in mehr als einem Mitgliedstaat** erfolgt, wenn der Verantwortliche oder Auftragsverarbeiter in mehr als einem Mitgliedstaat niedergelassen ist, oder
- eine Verarbeitung personenbezogener Daten, die im Rahmen der Tätigkeiten einer einzelnen Niederlassung eines Verantwortlichen oder eines Auftragsverarbeiters in der Union erfolgt, die jedoch **erhebliche Auswirkungen auf betroffene Personen in mehr als einem Mitgliedstaat** hat oder haben kann.

Als federführende Aufsichtsbehörde wird grundsätzlich die Aufsichtsbehörde des Mitgliedstaates tätig, in dem der Verantwortliche oder der Auftragsverarbeiter seine **Hauptniederlassung** (oder einzige Niederlassung) hat. Gemäß Art 4 Z 16 DSGVO ist die Hauptniederlassung eines Verantwortlichen der Ort, an dem die Hauptverwaltung gelegen ist, bei Konzernen wird hier vom herrschenden Unternehmen ausgegangen. Abweichend hiervon soll als Hauptniederlassung die Niederlassung gelten, welche **Entscheidungen über die Zwecke und Mittel der Verarbeitung trifft**. In der Praxis kann es daher dazu kommen, dass auch ein Tochterunternehmen im Konzern als Hauptniederlassung iSd Art 56 DSGVO anzusehen ist. Von maßgeblicher Bedeutung sind hier die tatsächlichen Befugnisse und nicht pro forma erteilte Befugnisse. Damit soll verhindert werden, dass sich der Verantwortliche eine federführende Aufsichtsbehörde „aussuchen" kann.

Dieses System kann daher dazu führen, dass für einen Verantwortlichen mehrere federführende Aufsichtsbehörden zuständig sind. Dies ist etwa der Fall, wenn ein multinationales Unternehmen mehrere Niederlassungen hat und jeweils unterschiedliche Niederlassungen für Entscheidungen über die Datenverarbeitungen zuständig sind.

> Ein europaweit agierender Konzern mit Zentrale in Deutschland hat eine bestimmte Funktion (KYC-Prozess, Bonitätsprüfungen, konzernweites Vergütungsschema oder Karriereplanung) an ein Tochterunternehmen in Österreich

> ausgelagert. Die Verarbeitung betreffend diese Funktion erfolgt selbständig durch diese Tochtergesellschaft. Obwohl sich in diesem Beispiel die Zentrale in Deutschland befindet, ist zumindest für die Verarbeitung betreffend die ausgelagerte Funktion die österreichische DSB die federführende Aufsichtsbehörde.

In dem Fall, dass ein Verantwortlicher in der EU einen Auftragsverarbeiter, der ebenfalls in der EU niedergelassen ist, heranzieht, soll bei der Bestimmung der federführenden Aufsichtsbehörde allerdings ebenfalls auf die Hauptniederlassung des Verantwortlichen abgestellt werden. Die Aufsichtsbehörde in dem Mitgliedstaat, in dem der Auftragsverarbeiter seine Niederlassung hat, soll gemäß ErwGr 36 jedenfalls als betroffene Aufsichtsbehörde im Verfahren der Zusammenarbeit angesehen werden.

Unternehmen ohne Niederlassung in der EU

Trotz der ausführlichen Zuständigkeitsregelungen in der DSGVO wurde es unterlassen, zu regeln, welche Aufsichtsbehörde als federführende Aufsichtsbehörde tätig wird, wenn ein Unternehmen in der EU Daten verarbeitet, ohne aber über eine Niederlassung in der EU zu verfügen. Die Artikel 29-Datenschutzgruppe hat entsprechend in ihren Leitlinien klargestellt, dass auf Unternehmen ohne Niederlassung in der EU das One-Stop-Shop-Verfahren nicht anzuwenden ist. Diese Unternehmen müssen sich daher **mit den jeweiligen nationalen Aufsichtsbehörden** der Staaten auseinandersetzen, in denen sie Daten verarbeiten.

Ausnahmen bei rein nationalem Bezug

Entgegen dem One-Stop-Shop-Prinzip bei grenzüberschreitenden Verarbeitungen sieht Art 56 Abs 2 DSGVO vor, dass bei Sachverhalten mit rein nationalem Bezug die nationale Aufsichtsbehörde des betroffenen Mitgliedstaates grundsätzlich zuständig bleibt. Dies ist dann der Fall, wenn eine bei der nationalen Aufsichtsbehörde eingereichte Beschwerde oder ein etwaiger Verstoß gegen die DSGVO **nur mit einer Niederlassung in diesem Mitgliedstaat zusammenhängt** oder nur betroffene Personen in diesem Mitgliedstaat erheblich beeinträchtigt. Diese Bestimmung trägt der Tatsache Rechnung, dass bei einem rein nationalen Bezug streng genommen keine grenzüberschreitende Verarbeitung vorliegt.

> In der Praxis ist folgender Sachverhalt denkbar: Die Hauptniederlassung eines Konzerns liegt in Frankreich, wodurch die federführende Aufsichtsbehörde die französische ist. Wenn nun von einer österreichischen Niederlassung zum Beispiel eine Videoüberwachung, welche nicht auf verbindlichen Vorgaben der Hauptniederlassung beruht, durchgeführt wird, kann es dazu kommen, dass die österreichische DSB zuständig wird, sofern die französische Aufsichtsbehörde das Verfahren nicht an sich zieht.

14.5.3 Prüfungsschema Zuständigkeit

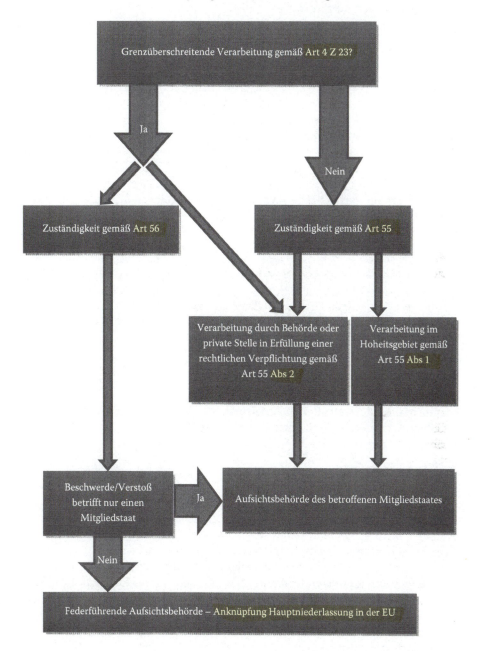

14.5.4 Zusammenarbeit der Aufsichtsbehörden

Die DSGVO enthält umfassende Regelungen über die Zusammenarbeit der einzelnen nationalen Aufsichtsbehörden. Diese Regelungen zielen vor allem darauf ab, den Schutz von betroffenen Personen zu stärken und den Datenverkehr in der EU zu erleichtern.

Es lassen sich die folgenden **drei Arten der Zusammenarbeit** unterscheiden:
- One-Stop-Shop-Verfahren,
- gegenseitige Amtshilfe,
- gemeinsame Maßnahmen.

One-Stop-Shop-Verfahren
Wie bereits dargestellt (siehe Kapitel 14.5.2) führt die DSGVO das System des One-Stop-Shops ein und bestimmt bei grenzüberschreitender Verarbeitung eine **federführende Aufsichtsbehörde**. Die anderen örtlichen Aufsichtsbehörden, welche von der Verarbeitung betroffen sind, werden im Gegensatz dazu **betroffene Aufsichtsbehörden** genannt. Die federführende Aufsichtsbehörde übernimmt dabei als zentrale Stelle die Leitung des Verfahrens und soll sich dabei bemühen, einen Konsens zwischen den einzelnen Aufsichtsbehörden zu erzielen.

> Das Verfahren nach Art 60 DSGVO findet nur bei grenzüberschreitender Verarbeitung Anwendung. Reine Binnensachverhalte sind hiervon nicht umfasst. In diesen Fällen ist gemäß Art 55 DSGVO nur die nationale Aufsichtsbehörde zuständig. Dies ebenfalls, wenn die Verarbeitung durch Behörden oder private Stellen im öffentlichen Interesse erfolgt.

In den Abs 3–9 des Art 60 DSGVO wird der Verfahrensablauf bis zum Erlass des Beschlusses geregelt, welcher sich grob in die folgenden Stadien unterteilen lässt:
- Information der betroffenen Aufsichtsbehörden/Beschlussentwurf;
- Einspruch durch die betroffenen Aufsichtsbehörden;
- Erlass des Beschlusses.

Zu Beginn des Verfahrens hat die federführende Aufsichtsbehörde nach Art 60 Abs 3 DSGVO den anderen betroffenen Aufsichtsbehörden **unverzüglich** alle zweckdienlichen Informationen mitzuteilen und einen **Beschlussentwurf** zur Stellungnahme vorzulegen. Vor der endgültigen Beschlussfassung haben die betroffenen Aufsichtsbehörden also die Möglichkeit zu einer Stellungnahme, ihren Standpunkten ist gebührend Rechnung zu tragen.

Die betroffenen Aufsichtsbehörden haben darüber hinaus die Möglichkeit, **binnen vier Wochen** nach Erhalt des Beschlussentwurfes **Einspruch** einzulegen. Dieser Einspruch muss jedoch **maßgeblich und begründet** sein. Schließt sich die federführende Aufsichtsbehörde dem Einspruch nicht an oder ist sie der Ansicht, dass dieser nicht maßgeblich oder nicht begründet ist, ist von ihr das **Kohärenzverfahren** gemäß Art 63 DSGVO einzuleiten.

Schließt sich die federführende Aufsichtsbehörde dem Einspruch an, ist ein **neuer Beschlussentwurf** an die betroffenen Aufsichtsbehörden zu übermitteln. In diesem Fall haben die betroffenen Aufsichtsbehörden wiederum binnen einer **Frist von zwei Wochen** die Möglichkeit zur **Stellungnahme**. Wird kein (weiterer) Einspruch eingelegt, wird der Beschluss für die beteiligten Aufsichtsbehörden verbindlich (Art 60 Abs 6 DSGVO).

> Für den Fall, dass mehrere Aufsichtsbehörden maßgeblichen und begründeten Einspruch gegen den Beschlussentwurf einlegen, sieht die DSGVO keine gesonderte Regelung vor. Es ist hier wohl davon auszugehen, dass die federführende Aufsichtsbehörde sich bei der Überarbeitung des Beschlussentwurfes um die Erreichung eines Konsenses bemühen muss.

Für die **Erlassung sowie die Zustellung** des Beschlusses ist die Zuständigkeit unterschiedlich, abhängig vom Inhalt des Beschlusses, geregelt. In der Regel hat die **federführende Aufsichtsbehörde** den Beschluss zu erlassen und diesen dem Verantwortlichen oder Auftragsverarbeiter mitzuteilen. Handelt es sich um eine Beschwerde, hat die **Aufsichtsbehörde, bei der die Beschwerde** eingereicht wurde, den Beschwerdeführer zu unterrichten.

Nach Erhalt des Beschlusses hat der **Verantwortliche bzw der Auftragsverarbeiter** die erforderlichen **Maßnahmen umzusetzen** und die federführende Aufsichtsbehörde darüber in Kenntnis zu setzen. Die federführende Aufsichtsbehörde wiederum informiert die anderen betroffenen Aufsichtsbehörden.

Gegenseitige Amtshilfe

In Art 61 DSGVO wird die **gegenseitige Amtshilfe** bei grenzüberschreitenden Sachverhalten geregelt. Gemäß Art 61 Abs 1 S 2 DSGVO bezieht sich die Amtshilfe insbesondere auf **Auskunftsersuchen und aufsichtsbezogene Maßnahmen**, beispielsweise Ersuchen um vorherige Genehmigungen und eine vorherige Konsultation, um Vornahme von Nachprüfungen und Untersuchungen.

Das Amtshilfeersuchen einer Aufsichtsbehörde hat alle erforderlichen Informationen zu enthalten. Die ansuchende Aufsichtsbehörde hat überdies das **Ersuchen zu begründen**. Daten, welche im Zuge des Ersuchens übermittelt werden, sind ausschließlich für das Amtshilfeverfahren zu verwenden. Die angesuchte Aufsichtsbehörde hat das Ersuchen unverzüglich, jedoch spätestens **binnen eines Monats** zu beantworten. Nach Möglichkeit soll diese Frist allerdings nicht voll ausgeschöpft werden. Abs 4 sieht zudem zwei Möglichkeiten vor, ein Ersuchen **abzulehnen**, nämlich wenn
- die Aufsichtsbehörde für den Gegenstand des Ersuchens oder die Maßnahme, die sie durchführen soll, **nicht zuständig** ist oder
- die Erledigung des Ersuchens einen **Verstoß gegen die DSGVO, Unionsrecht oder nationales Recht** darstellt.

Lehnt die ersuchte Aufsichtsbehörde das Ersuchen ab, ist dies der ersuchenden Aufsichtsbehörde zu begründen. Andernfalls ist die ersuchende Aufsichtsbehörde über die Ergebnisse bzw den Fortgang der ergriffenen Maßnahmen auf elektronischem Wege zu unterrichten. Die Kommission ist ermächtigt, Form, Verfahren und die Ausgestaltung des elektronischen Informationsaustausches im Wege von Durchführungsrechtsakten festzulegen.

Reagiert die ersuchte Aufsichtsbehörde nicht auf das Amtshilfeersuchen binnen der einmonatigen Frist, kann die ersuchende Aufsichtsbehörde **einstweilige Maßnahmen** im Hoheitsgebiet ihres Mitgliedstaates (vgl Art 55 Abs 1 DSGVO) ergreifen und ein **Dringlichkeitsverfahren** gem Art 66 DSGVO beim Ausschuss einleiten.

Die Amtshilfe erfolgt grundsätzlich **gebührenfrei**, jedoch sind die Aufsichtsbehörden ermächtigt, eine Erstattung allfälliger Ausgaben untereinander zu vereinbaren (Abs 7).

Gemeinsame Maßnahmen der Aufsichtsbehörden
Die DSGVO schafft die Möglichkeit für Aufsichtsbehörden, **gemeinsame Maßnahmen** wie zB Untersuchungen und Durchsetzungsmaßnahmen durchzuführen, an denen Mitglieder oder Bedienstete mehrerer Aufsichtsbehörden aus verschiedenen Mitgliedstaaten teilnehmen. Diese gemeinsamen Maßnahmen sollen, soweit **zweckmäßig und angemessen**, durchgeführt werden. Bei grenzüberschreitender Verarbeitung ist grundsätzlich jede betroffene Aufsichtsbehörde berechtigt, an der gemeinsamen Maßnahme teilzunehmen, die **Einladung** obliegt der **federführenden Aufsichtsbehörde** bzw der zuständigen nationalen Aufsichtsbehörde. Kommt eine Aufsichtsbehörde der Verpflichtung zur Einladung binnen eines Monats nicht nach, können die anderen Aufsichtsbehörden ähnlich dem Amtshilfeverfahren **einstweilige Maßnahmen** im eigenen Hoheitsgebiet ergreifen und ein **Dringlichkeitsverfahren** beim Ausschuss einleiten.

Art 62 Abs 3 DSGVO enthält eine **Öffnungsklausel**, nach welcher die Mitgliedstaaten vorsehen können, dass die einladende Aufsichtsbehörde den Mitgliedern oder Bediensteten der unterstützenden Behörde **hoheitliche Befugnisse**, zB Untersuchungsbefugnisse, **einräumen** kann. Der österreichische Gesetzgeber hat von dieser Öffnungsklausel jedoch keinen Gebrauch gemacht.

14.5.5 Kohärenzverfahren

> **ErwGr 135:** Um die einheitliche Anwendung dieser Verordnung in der gesamten Union sicherzustellen, sollte ein Verfahren zur Gewährleistung einer einheitlichen Rechtsanwendung (Kohärenzverfahren) für die Zusammenarbeit zwischen den Aufsichtsbehörden eingeführt werden.

Kapitel VII Abschnitt 2 DSGVO regelt den **Kohärenzmechanismus**, der der **einheitlichen Anwendung der DSGVO in den einzelnen Mitgliedstaaten** dienen soll. Der **Europäische Datenschutzausschuss** hat eine **bedeutende Rolle** im Kohärenzverfahren: Er ist ermächtigt, Stellungnahmen abzugeben, bindende Beschlüsse zu fassen, um Uneinigkeiten zwischen den Aufsichtsbehörden zu bereinigen, und dringliche Angelegenheiten im Zuge eines eigens vorgesehenen Dringlichkeitsverfahrens zu erledigen.

Stellungnahme des Ausschusses
In den in Art 64 Abs 1 DSGVO abschließend aufgezählten Fällen **hat** die zuständige Aufsichtsbehörde **vorab den Entwurf ihrer Entscheidung an den Ausschuss** zu übermitteln, welcher dann eine Stellungnahme abgeben kann.

Die Angelegenheiten sind:
- Annahme einer Liste der Verarbeitungsvorgänge, die der Anforderung einer **Datenschutz-Folgenabschätzung** gemäß Art 35 Abs 4 unterliegen;
- Angelegenheiten gemäß Art 40 Abs 7 DSGVO, die die Frage betreffen, ob ein Entwurf von **Verhaltensregeln** oder eine Änderung oder Ergänzung von Verhaltensregeln mit der DSGVO in Einklang steht;
- Billigung der Kriterien für die **Akkreditierung** einer Stelle nach Art 41 Abs 3 DSGVO oder einer Zertifizierungsstelle nach Art 43 Abs 3 DSGVO;
- Festlegung von **Standarddatenschutzklauseln** gemäß Art 46 Abs 2 lit d und Art 28 Abs 8 DSGVO;
- Genehmigung von **Vertragsklauseln** gemäß Art 46 Abs 3 lit a DSGVO;
- Annahme **verbindlicher interner Vorschriften** im Sinne von Art 47 DSGVO.

Darüber hinaus kann jede Aufsichtsbehörde, der Vorsitz des Ausschusses oder die Kommission einen Antrag stellen, dass Angelegenheiten mit allgemeiner Geltung oder mit Auswirkung in mehr als einem Mitgliedstaat vom Ausschuss geprüft werden. Dies insbesondere, wenn eine zur **Amtshilfe oder gemeinsamen Maßnahme** verpflichtete Aufsichtsbehörde dieser Verpflichtung **nicht nachkommt**.

Der Ausschuss ist nach Art 64 Abs 3 DSGVO verpflichtet, seine Stellungnahme grundsätzlich binnen einer **Frist von acht Wochen** abzugeben. Diese Frist kann allerdings einmal um sechs Wochen verlängert werden, sofern es die Komplexität des Falles verlangt (maximale Frist: 14 Wochen). Die Stellungnahme wird mit einfacher Mehrheit beschlossen. Der Vorsitz des Ausschusses hat dann die Stellungnahme an die zuständige Aufsichtsbehörde und die Kommission zu übermitteln sowie zu veröffentlichen.

Im Zuge des Verfahrens sind die zuständige Aufsichtsbehörde sowie die Kommission verpflichtet, dem Ausschuss **alle zweckdienlichen Informationen** zur Verfügung zu stellen. Hier haben sie insbesondere eine kurze Darstellung des Sachverhalts, den Beschlussentwurf, eine Begründung und den Standpunkt anderer Aufsichtsbehörden elektronisch mitzuteilen. Notwendige Übersetzungen werden vom Sekretariat des Ausschusses zur Verfügung gestellt.

Nach Erhalt der Stellungnahme hat die zuständige Aufsichtsbehörde binnen zwei Wochen mitzuteilen, ob sie den Beschlussentwurf unter Berücksichtigung der Stellungnahme beibehält oder ändert. Ein gegebenenfalls **geänderter Beschlussentwurf** ist dem Ausschuss erneut zu übermitteln. Entscheidet sich die Aufsichtsbehörde, der Stellungnahme gänzlich oder teilweise nicht zu folgen, kann der Ausschuss einen verbindlichen Beschluss im Zuge des **Streitbeilegungsverfahrens** gemäß Art 65 DSGVO erlassen. Obwohl die Stellungnahmen nicht verbindlich sind, kann der Ausschuss auf diesem Weg seine Auffassung verbindlich gegen die Aufsichtsbehörden durchsetzen.

Streitbeilegung

Das **Streitbeilegungsverfahren** ermöglicht, Uneinigkeiten zwischen Aufsichtsbehörden oder zwischen einer Aufsichtsbehörde und dem Ausschuss durch **verbindliche Beschlüsse** zu bereinigen.

Art 65 DSGVO sieht drei Anwendungsfälle für das Streitbeilegungsverfahren vor:
- Die federführende Aufsichtsbehörde lehnt einen **maßgeblichen und begründeten Einspruch** einer betroffenen Aufsichtsbehörde gegen den Entschlussentwurf im One-Stop-Shop-Verfahren ab;
- Streitigkeiten darüber, **welche der betroffenen Aufsichtsbehörden** für die Hauptniederlassung des Verantwortlichen **zuständig ist**;
- die Aufsichtsbehörde hat vorschriftswidrig **keine Stellungnahme** des Ausschusses **eingeholt** oder folgt einer abgegebenen Stellungnahme des Ausschusses nicht.

Für die **Beschlussfassung** ist vorgesehen, dass der Ausschuss grundsätzlich innerhalb eines Monats nach Befassung mit der Angelegenheit zu einer Entscheidung kommt. Bei komplexen Fällen kann diese Frist um einen weiteren Monat verlängert werden. Die Beschlussfassung verlangt eine **Mehrheit von zwei Dritteln** der Mitglieder. Ist es dem Ausschuss nicht möglich, innerhalb dieser zwei Monate einen Beschluss zu fassen, ist innerhalb von zwei Wochen **nach Fristablauf** ein Beschluss mit **einfacher Mehrheit** zu fassen. Der Beschluss wird samt Begründung an die federführende und die betroffenen Aufsichtsbehörden übermittelt und hat für diese verbindliche Wirkung. Der Beschluss wird außerdem der Kommission übermittelt und auf der Website des Ausschusses veröffentlicht.

Ist ein Verfahren beim Ausschuss anhängig, dürfen die Aufsichtsbehörden vor Ablauf der oben genannten Fristen keinen Beschluss annehmen. Nach Erhalt des Beschlusses des Ausschusses hat die zuständige Aufsichtsbehörde ihren endgültigen Beschluss zu fassen und diesen dem Ausschuss unverzüglich, spätestens binnen eines Monats mitzuteilen. Der Beschluss des Ausschusses ist dem endgültigen Beschluss beizulegen.

> Die DSGVO sieht zwar kein Rechtsmittel gegen Beschlüsse des Ausschusses vor, allerdings kann gemäß Art 263 AEUV beim Europäischen Gerichtshof eine **Nichtigkeitsklage** eingebracht werden. Auch kann von **nationalen Gerichten** im Rechtsmittelverfahren ein **Vorabentscheidungsverfahren** gemäß Art 267 AEUV eingeleitet werden.

Dringlichkeitsverfahren

Ist dringender Handlungsbedarf zum Schutz der betroffenen Personen gegeben, kann die betroffene Aufsichtsbehörde abweichend vom Mechanismus des Kohärenzverfahrens bzw dem Verfahren nach dem One-Stop-Shop-Prinzip auch **einstweilige Maßnahmen** treffen. Diese Maßnahmen sind jedoch mit einer **Höchstdauer von drei Monaten** beschränkt. Die betroffene Aufsichtsbehörde hat die anderen betroffenen Aufsichtsbehörden, den Ausschuss sowie die Kommission unverzüglich von diesen Maßnahmen zu unterrichten und diese zu begründen.

Der **Ausschuss** ist im Zuge des Dringlichkeitsverfahrens gemäß Art 66 DSGVO dazu **ermächtigt, Stellungnahmen abzugeben** oder auch einen **verbindlichen Beschluss** zu erlassen. Wenn die betroffene Aufsichtsbehörde der Ansicht ist, dass nach Ergreifen einer einstweiligen Maßnahme dringend eine endgültige Maßnahme getroffen werden muss, kann sie diesbezüglich den Ausschuss anrufen.

Unabhängig davon kann in dem Fall, dass die zuständige Aufsichtsbehörde es unterlässt, geeignete Maßnahmen zu ergreifen, jede Aufsichtsbehörde im Zuge des Dringlichkeitsverfahrens den **Ausschuss anrufen und ersuchen**, eine Stellungnahme abzugeben oder einen verbindlichen Beschluss zu erlassen. Im Sinne der Verfahrenseffizienz beträgt die Frist für Stellungnahmen/Beschlüsse im Dringlichkeitsverfahren nur **zwei Wochen**, und es ist nur eine **einfache Mehrheit** der Mitglieder erforderlich.

14.6 Zusammenarbeit von Verantwortlichem und Auftragsverarbeiter mit Aufsichtsbehörden

Art 31 DSGVO normiert eine allgemeine Pflicht des Verantwortlichen bzw Auftragsverarbeiters zur **Zusammenarbeit mit der Aufsichtsbehörde**. Die DSGVO sieht allerdings auch noch weitere Zusammenarbeitspflichten des Verantwortlichen und des Auftragsverarbeiters vor, wie zB die Verpflichtung, auf Anforderung der Aufsichtsbehörde Verarbeitungsverzeichnisse bereitzustellen (Art 30 Abs 4 DSGVO), und Meldepflichten gemäß Art 33 DSGVO. Im Zuge der Überprüfung von Datenverarbeitungen gemäß § 22 DSG hat der Verantwortliche und der Auftragsverarbeiter bei Aufklärung und Einschau der DSB die notwendige Unterstützung zu leisten.

Kontrollfragen:

- Welche Aufgaben hat die DSB? Welche Befugnisse stehen ihr zu?
- Wie setzt sich der Ausschuss zusammen?
- Wie bestimmt sich die Zuständigkeit der Aufsichtsbehörden?
- Was versteht man unter grenzüberschreitender Verarbeitung?
- Welche Arten der Zusammenarbeit zwischen den Aufsichtsbehörden gibt es?
- Wie läuft das One-Stop-Shop-Verfahren ab?
- Unter welchen Umständen kann ein Amtshilfeersuchen abgelehnt werden?
- Kann der Ausschuss verbindliche Stellungnahmen abgeben?
- Wann ist ein Streitbeilegungsverfahren durch den Ausschuss durchzuführen?
- Was versteht man unter dem Dringlichkeitsverfahren?

15 Rechtsbehelfe, Haftung und Sanktionen

15.1 Vorbemerkungen

Kapitel VIII DSGVO sowie die §§ 24 ff DSG enthalten Regelungen über die Rechtsbehelfe der betroffenen Personen, Haftung und Schadenersatz sowie verwaltungs- und strafrechtlichen Sanktionen bei Verstößen gegen datenschutzrechtliche Vorschriften. Diese Belange waren bisher inhaltlich im nationalen Recht der einzelnen Mitgliedstaaten geregelt, wodurch es zu **erheblichen nationalen Unterschieden** kam. Im Sinne des unionsweit einheitlichen Datenschutzes sind diese Bereiche nun zum Großteil in den Art 77–84 DSGVO vereinheitlicht.

Geregelt werden von der DSGVO und dem DSG insbesondere:
- Recht auf Beschwerde bei einer Aufsichtsbehörde (Art 77, § 24 DSG)
- Recht auf einen wirksamen gerichtlichen Rechtsbehelf gegen eine Aufsichtsbehörde (Art 78, § 27 DSG)
- Recht auf einen wirksamen Rechtsbehelf gegen Verantwortliche oder Auftragsverarbeiter (Art 79)
- Recht auf Vertretung von betroffenen Personen (Art 80, § 28 DSG)
- Recht auf Schadenersatz (Art 82, § 29 DSG)
- Verhängung von Geldbußen (Art 83, § 30 DSG) und weitere Strafbestimmungen (§§ 62 f DSG).

15.2 Rechtsbehelfe

15.2.1 Beschwerde

§ 24 DSG Beschwerde an die Datenschutzbehörde
(1) Jede betroffene Person hat das Recht auf Beschwerde bei der Datenschutzbehörde, wenn sie der Ansicht ist, dass die Verarbeitung der sie betreffenden personenbezogenen Daten gegen die DSGVO oder gegen § 1 oder Artikel 2 1. Hauptstück [des DSG] verstößt. (...)

Art 77 DSGVO und § 24 DSG regeln das Recht der betroffenen Person, bei einer Aufsichtsbehörde (also der DSB) Beschwerde zu erheben. Die Beschwerde kann **formlos** von jeder betroffenen (natürlichen) Person eingebracht werden, wenn diese Person der Ansicht ist, dass die Verarbeitung ihrer personenbezogenen Daten gegen die DSGVO oder die ersten beiden Hauptstücke des DSG verstößt. Die Aufsichtsbehörden haben das Einreichen von Beschwerden gemäß Art 57 Abs 2 DSGVO durch Bereitstellung eines **elektronischen Beschwerdeformulars** zu vereinfachen. Hierdurch werden aber ausdrücklich andere Kommunikationsmittel nicht ausgeschlossen. Für die Beschwerde fallen **grundsätzlich keine Kosten** an (Art 57 Abs 3 DSGVO), die Aufsichtsbehörden können aber bei offenkundig unbegründeten oder exzessiven Beschwerden eine angemessene Gebühr festsetzen oder das Tätigwerden verweigern.

> An den Inhalt der Beschwerde werden durch die DSGVO grundsätzlich keine Voraussetzungen gestellt, der österreichische Gesetzgeber schreibt allerdings einen Mindestinhalt vor. Eine Beschwerde hat gemäß § 24 Abs 2 DSG zu enthalten:
> - die Bezeichnung des als verletzt erachteten Rechts;
> - die Bezeichnung des Rechtsträgers oder Organs, dem die behauptete Rechtsverletzung zugerechnet wird (Beschwerdegegner), soweit zumutbar;
> - den Sachverhalt, aus dem die Rechtsverletzung abgeleitet wird;
> - die Gründe, auf die sich die Behauptung der Rechtswidrigkeit stützt;
> - das Begehren, die behauptete Rechtsverletzung festzustellen;
> - die Angaben zur Beurteilung, ob die Beschwerde rechtzeitig eingebracht wurde.

Beschwerden können gemäß § 24 Abs 4 DSG binnen **eines Jahres ab Kenntniserlangung** vom beschwerenden Ereignis, spätestens allerdings binnen drei Jahren, nachdem das Ereignis behauptetermaßen stattgefunden hat, eingebracht werden. Nach Ablauf dieser Fristen eingebrachte Beschwerden sind von der DSB zurückzuweisen.

Die Beschwerde kann zudem **unbeschadet eines anderweitigen Rechtsbehelfs** eingebracht werden. Das hat zur Folge, dass die betroffene Person neben der Beschwerde die Möglichkeit hat, **etwaige gerichtliche Rechtsbehelfe** gemäß Art 79 DSGVO gegen den Verantwortlichen oder Auftragsverarbeiter zu ergreifen oder **etwaige Schadenersatzansprüche** geltend zu machen.

Nach dem weiten Wortlaut des Art 77 DSGVO kann eine betroffene Person „insbesondere" bei der Aufsichtsbehörde Beschwerde einbringen, die im Mitgliedstaat ihres Aufenthaltsorts, ihres Arbeitsplatzes oder des Orts des mutmaßlichen Verstoßes zuständig ist. Demnach kann die betroffene Person grundsätzlich frei wählen, an welche Aufsichtsbehörde sie die Beschwerde richtet. Die Auflistung der möglichen anrufbaren Aufsichtsbehörden in der DSGVO hat bloß demonstrativen Charakter. Dies darf aber nach der Rsp der DSB nicht so verstanden werden, als ermögliche Art 77 eine völlig freie Behördenwahl („forum shopping") ohne jeglichen objektiven Konnex zur angerufenen Behörde.

DSB 18.03.2019, DSB-D123.955/0002-DSB/2019
Auch wenn der Wortlaut ("insbesondere") des Art 77 DSGVO als auch jener des ErwGr 141 es nahelegen, dass eine Beschwerde bei jeder Aufsichtsbehörde iSd DSGVO eingebracht werden kann, so ist dem entgegenzuhalten, dass es **nicht Sinn und Zweck des Art 77 DSGVO sein kann, Aufsichtsbehörden** als zur Einbringung einer Beschwerde als **zuständig zu erklären**, zu denen **keinerlei objektiver Konnex besteht.**

Auch im Beschwerdeverfahren wird gemäß dem One-Stop-Shop-Verfahren die angerufene Aufsichtsbehörde zur einzigen Ansprechstation als betroffene Aufsichtsbehörde (vgl Art 4 Z 22 lit c DSGVO). Gegebenenfalls hat die angerufene Aufsichtsbehörde die betreffend die Verarbeitung federführende Aufsichtsbehörde über die Beschwerde zu unterrichten.

Nach Eingang der Beschwerde hat sich die Aufsichtsbehörde mit dieser zu befassen und den Gegenstand der Beschwerde für den Einzelfall angemessen zu untersuchen (**Grundsatz des Amtsermittlungsverfahrens**, Art 57 Abs 1 lit f DSGVO, ErwGr 141), allenfalls sind andere Aufsichtsbehörden im Zuge der Zusammenarbeit gemäß den Art 60 ff DSGVO in das Verfahren einzubinden. Ihr stehen zu diesem Zweck die Befugnisse des Art 58 Abs 1 DSGVO zu Verfügung (siehe unter Kapitel 15.4.1). Die betroffene Person ist innerhalb **von drei Monaten** ab Einbringung der Beschwerde über den Fortgang und die Ergebnisse des Beschwerdeverfahrens, einschließlich einer Rechtsbehelfsbelehrung, **zu unterrichten** (§ 24 Abs 7 DSG). Sollte die Aufsichtsbehörde binnen dieser Frist nicht tätig werden oder keine Auskunft über den Stand des Verfahrens erteilen, kann die betroffene Person gemäß Art 78 Abs 2 DSGVO bzw in Österreich gemäß § 27 DSG gerichtlich gegen die DSB vorgehen (siehe unten Kapitel 15.2.2). Auf die Ergreifung einer bestimmten Maßnahme gegen den Verantwortlichen oder den Auftragsverarbeiter hat die betroffene Person hingegen keinen Anspruch.

Begleitende Maßnahmen im Beschwerdeverfahren
§ 25 DSG regelt begleitende verfahrensrechtliche Bestimmungen für das Beschwerdeverfahren. Die österreichische DSB kann demnach insbesondere bei Vorliegen einer wesentlichen Beeinträchtigung der schutzwürdigen Interessen gemäß § 22 Abs 4 DSG die Datenanwendung (teilweise) einschränken. Sofern die Richtigkeit von personenbezogenen Daten strittig ist, ist vom Beschwerdegegner ein entsprechender Bestreitungsvermerk bis zum Abschluss des Verfahrens anzubringen, auf Antrag des Beschwerdeführers hat die DSB dies mit **Mandatsbescheid** gemäß § 57 AVG anzuordnen. Darüber hinaus kann die DSB die Offenlegung von Daten auftragen oder diese selbst veröffentlichen sowie Genehmigungen für Datenübermittlungen ins Ausland widerrufen.

 DSB 10.10.2019, DSB-D123.499/0004-DSB/2019
Die Beschwerdeführer verfügen mit dem Urteil des Bezirksgerichts bereits über einen rechtskräftigen und vollstreckbaren Rechtsbehelf zur Herstellung des rechtmäßigen Zustandes. Eine **sukzessive Inanspruchnahme der Datenschutzbehörde in derselben Sache kommt nicht in Betracht**, zumal dem Rechtsschutzbedürfnis der Beschwerdeführer durch das Urteil bereits vollumfänglich Rechnung getragen wurde. Eine Beschwer ist daher nicht mehr anzunehmen.
Ein subjektives **Recht auf Einleitung eines Strafverfahrens** gegen einen bestimmten Verantwortlichen ist aus Art 77 Abs 1 DSGVO bzw § 24 Abs 1 und 5 DSG **nicht** abzuleiten.

OGH 23.05.2019, 6 Ob 91/19d
Die DSGVO normiert in Art 77 und 79 eine **Zweigleisigkeit des Rechtsschutzes, dh parallele Zuständigkeiten** von Verwaltungsbehörden und Gerichten bei Datenschutzverletzungen. Dass ein Begehren (hier: auf Löschung) auch in einem Verfahren vor der Datenschutzbehörde geltend gemacht werden kann, schließt die Geltendmachung mit Klage daher nicht aus. Das aus Art 94 Abs 1 B-VG abgeleitete Verbot von Parallelzuständigkeiten steht dem nicht entgegen, weil das Unionsrecht auch dem nationalen Verfassungsrecht vorgeht.

DSB 19.12.2018, DSB-D037.500/0194-DSB/2018
Kein Recht auf bescheidmäßige Absprache darüber, ob der Umfang der Auskunft, welche an einen datenschutzrechtlichen Auskunftswerber erteilt wurde, "aus Sicht der Behörde ausreichend und korrekt ist".

DSB 26.11.2018, DSB-D123.223/0007-DSB/2018
Keine Verletzung im Recht auf Auskunft, weil das Auskunftsbegehren verspätet, jedoch vor Abschluss des Verfahrens vor der Datenschutzbehörde, beantwortet wurde. Ein Recht auf Feststellung, dass die Auskunft zu spät erteilt worden ist, kann Art 77 DSGVO iVm § 24 DSG nicht entnommen werden.

DSB 21.09.2018, DSB-D130.092/0002-DSB/2018
Zurückweisung der Beschwerde, die trotz Erteilung eines Mangelbehebungsauftrags **in englischer Sprache** verfasst wurde.

15.2.2 Gerichtlicher Rechtsbehelf gegen Aufsichtsbehörden

Rechtsbehelf gegen rechtsverbindliche Beschlüsse
(Art 78 Abs 1 DSGVO, § 27 DSG)
Ausdrücklich ist in Art 78 DSGVO im Einklang mit Art 58 Abs 4 DSGVO der Rechtsschutz gegen rechtsverbindliche Beschlüsse der Aufsichtsbehörden vorgesehen. Natürliche und juristische Personen, die sich durch einen rechtsverbindlichen Beschluss einer Aufsichtsbehörde beschwert erachten, können diesen Beschluss gerichtlich bekämpfen (Art 78 Abs 1 DSGVO). Umfasst sind hiervon laut ErwGr 143 „insbesondere die Ausübung von Untersuchungs-, Abhilfe- und Genehmigungsbefugnissen" oder „die Ablehnung oder Abweisung von Beschwerden". Ausdrücklich klargestellt wird jedoch, dass rechtlich nicht verbindliche Maßnahmen, wie Stellungnahmen oder Empfehlungen der Aufsichtsbehörden, nicht umfasst sind.

Nach § 27 DSG können die Parteien des Verfahrens vor der DSB gegen einen Bescheid der DSB **Beschwerde an das BVwG** erheben, das in Datenschutzangelegenheiten durch Senat entscheidet. Gegen das Erkenntnis des BVwG kann entweder Revision an den VwGH erhoben oder bei Behauptung einer Verletzung in einem verfassungsgesetzlich gewährleisteten Recht (va Grundrecht auf Daten-schutz nach § 1) der VfGH mit Erkenntnisbeschwerde angerufen werden.

Rechtsbehelf gegen Untätigkeit (Art 78 Abs 2 DSGVO, § 27 DSG)
Betroffene Personen haben gemäß Art 78 Abs 2 DSGVO überdies das Recht, gegen die **Untätigkeit einer Aufsichtsbehörde** vorzugehen. Hat die nach den Art 55 und 56 DSGVO zuständige Aufsichtsbehörde sich nicht mit einer bei ihr eingereichten Beschwerde befasst oder die betroffene Person **nicht fristgerecht** über den Stand oder das Ergebnis der erhobenen Beschwerde unterrichtet, steht der betroffenen Person das Recht auf einen **gerichtlichen Rechtsbehelf** zu. In Österreich ist als diesbezüglicher Rechtsbehelf in § 27 DSG auch wegen der Verletzung der Unterrichtungspflicht gemäß § 24 Abs 7 DSG und der Entscheidungspflicht der DSB eine Beschwerde vorgesehen. Die Zuständigkeit der Gerichte richtet sich nach dem Mitgliedstaat, in dem die jeweilige

Aufsichtsbehörde ihren Sitz hat. Für die österreichische DSB ist dies gemäß § 27 DSG ebenfalls das BVwG.

Beschlüsse im Rahmen des Kohärenzverfahrens
Im Zuge des neu eingeführten **Kohärenzverfahrens** (siehe Kapitel 14.5.5) kann es zu Verfahren gegen **Beschlüsse** einer Aufsichtsbehörde kommen, denen Beschlüsse oder Stellungnahmen des Ausschusses zugrunde liegen. Diese Beschlüsse oder Stellungnahmen sind **dem zuständigen Gericht** (in Österreich dem BVwG) durch die jeweilige Aufsichtsbehörde **vorzulegen**. Da es sich hierbei um Entscheidungen eines Organs der EU handelt, kann das nationale Gericht diese jedoch nicht für nichtig erklären (vgl ErwGr 143). Das nationale Gericht hat vielmehr, wenn es die Entscheidung für rechtswidrig hält, diese dem EuGH im Zuge eines **Vorabentscheidungsverfahrens** gemäß Art 267 AEUV vorzulegen.

15.2.3 Gerichtlicher Rechtsbehelf gegen Verantwortliche

Zivilrechtliches Klagerecht
Neben der verwaltungsrechtlichen Beschwerde bei der Aufsichtsbehörde sieht Art 79 DSGVO vor, dass der betroffenen Person auch vor den ordentlichen Gerichten (im Gegensatz zu den Verwaltungsgerichten) ein gerichtlicher Rechtsbehelf **gegen den Verantwortlichen** oder Auftragsverarbeiter zusteht. Diese Regelung ermöglicht den betroffenen Personen die wirksame prozessuale Durchsetzung des materiellen Datenschutzrechts. Voraussetzung für die Geltendmachung des Rechtsbehelfes ist, dass die Rechte der betroffenen Person durch eine entgegen der DSGVO vorgenommene Verarbeitung ihrer personenbezogenen Daten verletzt wurden. Somit kann sich eine betroffene Person auf zwei – voneinander getrennten – Arten wegen Datenschutzverletzungen zur Wehr setzen: Sie kann einerseits Beschwerde bei der DSB einbringen und zusätzlich direkt gerichtlich gegen den Verantwortlichen bzw Auftragsverarbeiter vorgehen. Damit dem Betroffenen eine **parallele Rechtsschutzmöglichkeit** einrichtet.

Während die Beschwerde nach Art 77 DSGVO gegen jede Verletzung der DSGVO erhoben werden kann, verlangt eine Klage nach Art 79 Abs 1 DSGVO die Geltendmachung von Rechten, die der betroffenen Person zustehen; es muss sich also um subjektive, individuelle Rechte handeln. Da keine Einschränkung auf die Betroffenenrechte besteht, sind alle subjektiven Rechte erfasst, welche die DSGVO der betroffenen Person einräumt. Als eine Rechtsverletzung iSv Art 79 Abs 1 kommt daher sowohl eine Verletzung aller Betroffenenrechte (Art 12–22), als auch eine Verletzung aller weiteren subjektiven Rechte der betroffenen Person nach der DSGVO in Betracht, wie zB des Rechts auf Benachrichtigung bei Datenschutzverletzungen (Art 34 DSGVO).

Vor den ordentlichen Gerichten können auf diesem Weg insbesondere Unterlassungs- Löschungs- und Feststellungsansprüche gegen den Verantwortlichen oder Auftragsverarbeiter durchgesetzt werden. Zur Zuständigkeit der Zivilgerichte für Schadenersatzansprüche siehe Kapitel 15.3.

Zuständigkeit

Die Geltendmachung dieser Ansprüche fällt in die **Zuständigkeit der Zivilgerichte**.

Praxisrelevant ist die Regelung der **internationalen Zuständigkeit** in Art 79 Abs 2 DSGVO. Als Grundregel legt die DSGVO fest, dass die Gerichte für Klagen gegen **Verantwortliche oder Auftragsverarbeiter** zuständig sind, in denen diese **eine Niederlassung** haben. Es muss sich hierbei nicht um die Hauptniederlassung handeln. Bei Klagen gegen Behörden eines Mitgliedstaates kann von dieser Zuständigkeit auch nicht abgewichen werden, sofern die Behörden hoheitlich tätig werden. In allen anderen Fällen hat die betroffene Person allerdings ein **Wahlrecht**. Alternativ zum Mitgliedstaat der Niederlassung des Verantwortlichen bzw Auftragsverarbeiters kann die betroffene Person auch beim nationalen Gericht des Mitgliedstaates, in dem sie ihren **Aufenthaltsort** hat, Klage einbringen. Auf die Nationalität der betroffenen Person kommt es nicht an.

> Werden personenbezogene Daten eines österreichischen Staatsbürgers, der seinen Aufenthaltsort in Deutschland hat, von einem Unternehmen mit einer Niederlassung in den Niederlanden verordnungswidrig verarbeitet, hat dieser die Wahl, seine Klage gegen den Verantwortlichen bei deutschen oder niederländischen Gerichten einzubringen. Österreichische Gerichte wären hingegen grundsätzlich unzuständig.

DSB 24.10.2019, DSB-D123.499/0004-DSB/2019
Eine **sukzessive Inanspruchnahme** der Datenschutzbehörde in derselben Sache kommt nicht in Betracht, zumal dem Rechtsschutzbedürfnis der Beschwerdeführer durch den Vergleich vollumfänglich Rechnung getragen wurde. Eine Beschwer ist daher nicht mehr anzunehmen.

DSB 10.10.2019, DSB-D123.499/0004-DSB/2019
Die Beschwerdeführer verfügen mit dem Urteil des Bezirksgerichts bereits über einen rechtskräftigen und vollstreckbaren Rechtsbehelf zur Herstellung des rechtmäßigen Zustandes. Eine **sukzessive Inanspruchnahme der Datenschutzbehörde in derselben Sache kommt nicht in Betracht**, zumal dem Rechtsschutzbedürfnis der Beschwerdeführer durch das Urteil bereits vollumfänglich Rechnung getragen wurde. Eine Beschwer ist daher nicht mehr anzunehmen.

DSB 10.10.2019, DSB-D124.1078/0002-DSB/2019
Auch wenn Art. 77 und Art 79 DSGVO den Anschein erwecken, dass eine parallele oder sukzessive Verfahrensführung vor einer Aufsichtsbehörde und einem Gericht möglich scheint, so **kann es nicht der Zweck** der DSGVO sein, **zunächst ein Gericht** mit der Frage der Rechtmäßigkeit einer bestimmten Verarbeitung personenbezogener Daten zu befassen, **nur um dieselbe Frage nach Abschluss des Rechtszuges der Beantwortung einer Aufsichtsbehörde zuzuführen**.

OGH 23.05.2019, 6 Ob 91/19d
Die DSGVO normiert in Art 77 und 79 eine **Zweigleisigkeit des Rechtsschutzes**, dh parallele Zuständigkeiten von Verwaltungsbehörden und Gerichten bei Datenschutzverletzungen. Dass ein Begehren (hier: auf Löschung) auch in einem

Verfahren vor der Datenschutzbehörde geltend gemacht werden kann, schließt die Geltendmachung mit Klage daher nicht aus. Das aus Art 94 Abs 1 B-VG abgeleitete Verbot von Parallelzuständigkeiten steht dem nicht entgegen, weil das Unionsrecht auch dem nationalen Verfassungsrecht vorgeht.

> **OGH 20.12.2018, 6 Ob 131/18k**
> Der Löschungsanspruch nach Art 17 DSGVO kann auch im gerichtlichen Verfahren geltend gemacht werden.

15.2.4 Vertretung von betroffenen Personen

Vertretung im Auftrag der betroffenen Person
In Art 80 DSGVO bzw im fast identen § 28 DSG wird das Instrumentarium der Rechtsbehelfe um das unmittelbar anwendbare Recht der betroffenen Personen erweitert, sich im Beschwerdeverfahren oder bei der Geltendmachung anderer Rechtsbehelfe sowie von Schadenersatzansprüchen von **Einrichtungen, Organisationen oder Vereinigungen ohne Gewinnerzielungsabsicht vertreten zu lassen,** sofern deren satzungsmäßige Ziele im öffentlichen Interesse liegen und sie im Bereich des Datenschutzes tätig sind. Notwendig ist hierzu die **Beauftragung durch die betroffene Person**.

Die beauftragte Organisation nimmt dann im Namen der betroffenen Person deren Rechte wahr. Hierbei handelt es sich um eine Vertretungsbefugnis, Parteistellung wird den Organisationen dadurch nicht eingeräumt.

Verbandsbeschwerde/-klage
Die in Art 80 Abs 2 DSGVO enthaltene **Öffnungsklausel** ermächtigt die Mitgliedstaaten, Regelungen zu schaffen, wonach die oben beschriebenen Organisationen unabhängig von einem Auftrag einer betroffenen Person Rechtsbehelfe gemäß Art 77–79 DSGVO geltend machen können. Eine selbständige Geltendmachung von Schadenersatzansprüchen nach Art 82 DSGVO wäre in keinem Fall möglich. Der österreichische Gesetzgeber hat von dieser Möglichkeit jedoch keinen Gebrauch gemacht, womit stets eine Beauftragung durch die betroffene Person zu erfolgen hat.

Die Möglichkeit, sich durch eine Datenschutz-NGO bei der Geltendmachung des Rechts auf **Schadenersatz** vertreten zu lassen, war zwar im Laufe des Entstehungsprozesses des DSG zunächst vorgesehen, wurde letztlich aber doch **nicht ins Gesetz aufgenommen**.

> **OGH 26.11.2019, 4 Ob 84/19k**
> Eine eigenmächtige Verfolgung von Datenschutzverstößen durch Dritte (hier: eine **freiwillige Interessenvertretung der österr Psychotherapeuten**) ist mangels Umsetzung der Ermächtigungsklausel nach Art 80 Abs 2 DSGVO in Österreich nicht zulässig.

15.2.5 Aussetzung des Verfahrens

Art 81 DSGVO soll Parallelverfahren in verschiedenen Mitgliedstaaten verhindern und sieht daher die Möglichkeit von Gerichten vor, Verfahren zu unterbrechen bzw zu verbinden. Durch die vorgeschriebene Vorgehensweise soll eine einheitliche gerichtliche Entscheidungspraxis gefördert werden.

Zwar haben die Gerichte **keine Nachforschungspflicht** bezüglich bei ihnen anhängig gemachter Verfahren, da in der DSGVO sichtlich davon ausgegangen wird, dass die Parteien das Gericht aus eigenem Interesse auf eine etwaige doppelte Anhängigkeit hinweisen, dafür aber eine **Erkundigungspflicht**. Gerichte haben demnach, sobald sie Kenntnis davon erlangen, dass zu demselben Gegenstand bereits ein Verfahren vor einem Gericht in einem anderen Mitgliedstaat anhängig ist, mit diesem **Kontakt aufzunehmen** und sich zu vergewissern, dass ein solches Verfahren existiert. Ist dies der Fall, sieht die DSGVO zwei Vorgangsweisen vor. Das später angerufene zuständige Gericht kann das bei ihm anhängige **Verfahren aussetzen**. Diese Regelung ergänzt somit die bestehenden zivil- und verwaltungsverfahrensrechtlichen Bestimmungen in der EuGVVO sowie den nationalen Gesetzen. Bei erstinstanzlichen Verfahren kann sich das später angerufene Gericht aber, auf Antrag einer Partei, auch für **unzuständig erklären**. Dies ist allerdings nur möglich, wenn das zuerst angerufene Gericht für die betroffenen Klagen zuständig ist und eine Verbindung der Klagen nach dem Recht des zuerst angerufenen Mitgliedstaates zulässig ist.

15.3 Haftung und Recht auf Schadenersatz

> **§ 29 Haftung und Recht auf Schadenersatz**
> (1) Jede Person, der wegen eines Verstoßes gegen die DSGVO oder gegen § 1 oder Artikel 2 1. Hauptstück ein materieller oder immaterieller Schaden entstanden ist, hat Anspruch auf Schadenersatz gegen den Verantwortlichen oder gegen den Auftragsverarbeiter nach Art. 82 DSGVO. Im Einzelnen gelten für diesen Schadenersatzanspruch die allgemeinen Bestimmungen des bürgerlichen Rechts.

Die bereits im DSG 2000 vorgesehene Möglichkeit, für datenschutzrechtliche Verstöße Schadenersatz zu verlangen, wird in Art 82 DSGVO und § 29 DSG insoweit erweitert, als nunmehr auch Anspruch auf Ersatz von **immateriellen Schäden** besteht. Damit sind die zusätzlichen Bedingungen (wie noch in § 33 DSG 2000) für den Ersatz von immateriellem Schaden weggefallen.

Vermögensschäden (positive Schäden und entgangener Gewinn) sind in Geld messbar, immaterielle Schäden nicht. Immaterielle Schäden sind im österreichischen Recht nur dann zu ersetzen, wenn dies der Gesetzgeber ausdrücklich vorsieht, wie etwa im Falle von Schmerzengeld bei Körperverletzung.

Beispiele aus der Judikatur zur Vorgängerbestimmung des § 33 DSG 2000: Zuspruch von immateriellem Schadenersatz in Höhe von EUR 750 bei Eintragung eines negativen Vermerks in eine Bonitätsdatenbank ohne entsprechende Benachrichtigung des betroffenen Unternehmensberaters (OGH 17.12.2009, 6 Ob 247/08d). Bei einer Veröffentlichung von Sex-Videos im Internet ohne Zustimmung ist eine Geldentschädigung in Höhe von insgesamt EUR 8.000 angemessen und geboten (OLG Wien 26.08.2015, 11 R 119/15y).

In einem überraschenden Urteil hatte das LG Feldkirch im August 2019 erstmals auf Basis der neuen Datenschutzbestimmungen einem Kläger immateriellen Schadenersatz von EUR 800 wegen der Verarbeitung Daten zu seiner **Parteienaffinität durch die Österreichische Post** zugesprochen. Im Berufungsverfahren hob das OLG Innsbruck dieses Urteil aber auf und wies das Klagebegehren auf immateriellen Schadenersatz im konkreten Fall gänzlich ab (siehe die Judikaturübersicht im Anschluss).

Das Erstgericht hatte den Zuspruch des immateriellen Schadenersatzes und dessen Höhe kaum begründet, sondern sah den immateriellen Schadenersatz bereits deshalb als gerechtfertigt an, weil die Beklagte (rechtswidrig) Daten zur Parteiaffinität des Klägers ohne dessen Einwilligung und Information ermittelt und gespeichert hatte. Ohne nähere Ausführungen hielt es einen Betrag von EUR 800 zur Abgeltung des „erlittenen immateriellen Ungemachs" durch die Verarbeitung solcher sensiblen Daten für angemessen (der Kläger hatte EUR 2.500 gefordert).

Aus der Berufungsentscheidung des OLG Innsbruck geht hervor, dass nach Ansicht dieses Gerichts der datenschutzrechtliche Anspruch auf immateriellen Schadenersatz voraussetzt, dass **tatsächlich ein immaterieller Schaden eingetreten ist**. Die DSGVO führt einige (nicht abschließende) Umstände an, die zu einem Schaden führen können, insbesondere Diskriminierung, Identitätsdiebstahl oder -betrug, Rufschädigung oder Verlust der Vertraulichkeit von einem Berufsgeheimnis unterliegenden Daten. Das bedeutet jedoch nicht, dass mit dem Eintritt eines solchen Umstandes automatisch ein ersatzfähiger ideeller Schaden entsteht. Dafür muss vielmehr eine **tatsächliche Beeinträchtigung in der Gefühlswelt des Geschädigten** eingetreten sein. Einen konkreten immateriellen Schaden hatte der Kläger jedoch weder ausreichend behauptet noch nachgewiesen. Die bloße Rechtsverletzung oder rein hypothetische und unbestimmte Schäden sollen gerade nicht ersetzt werden. Selbst wenn nicht unbedingt eine schwere Persönlichkeitsverletzung für den Anspruch auf Ersatz eines immateriellen Schadens gefordert wird, so muss dennoch ein objektiviertes Verständnis der persönlichen Beeinträchtigung maßgeblich sein. Es ist daher im jeweiligen Einzelfall zu beurteilen, ob durch eine Datenschutzverletzung eine **durchschnittlich im Datenschutzrecht sensibilisierte Maßfigur** solch negative Gefühle entwickeln würde, die über jene hinausgehen, welche man automatisch entwickelt, wenn ein Gesetz zu seinen Ungunsten verletzt wird. Der Maßstab dieser datenschutzrechtlichen Maßfigur muss allerdings erst noch durch die Rechtsprechung entwickelt werden.

Berechtigt zur Geltendmachung eines Schadenersatzanspruches ist jede von der Verarbeitung **betroffene Person**, welcher **aufgrund eines Verstoßes** gegen die DSGVO oder gegen § 1 DSG bzw Art 2 1. Hauptstück des DSG ein Schaden entstanden ist. Nicht umfasst von Art 82 DSGVO sind allfällige Schadenersatzansprüche Dritter, die nicht betroffene Personen der Verarbeitung sind. In ErwGr 146 wird klargestellt, dass Verstöße gegen delegierte Rechtsakte und Durchführungsrechtsakte sowie Bestimmungen des nationalen Rechts zur Präzisierung der DSGVO einem Verstoß gegen die DSGVO gleichzusetzen sind.

Anspruchsgegner sind sowohl der **Verantwortliche** als auch der **Auftragsverarbeiter**. Letzterer jedoch nur dann, wenn er den ihm speziell auferlegten Pflichten als Auftragsverarbeiter nicht nachgekommen ist oder Weisungen des Verantwortlichen nicht beachtet hat bzw gegen diese gehandelt hat (Art 82 Abs 2 DSGVO). Die DSGVO geht somit von einer grundsätzlichen Verantwortung und Haftung des Verantwortlichen aus. Der Verantwortliche bzw Auftragsverarbeiter kann sich allerdings **von seiner Haftung befreien**, wenn er nachweisen kann, dass er in keinerlei Hinsicht für den Schaden verantwortlich ist.

Die DSGVO ordnet in Art 82 Abs 4 eine **gesamtschuldnerische Haftung** (Solidarhaftung) an. Abs 5 enthält diesbezüglich einen **Regressanspruch** für denjenigen, der den vollen Schadenersatz geleistet hat.

> Wenn mehrere Verantwortliche oder Auftragsverarbeiter an der Verarbeitung beteiligt waren und für einen Schaden verantwortlich sind, kann jeder Einzelne vom Geschädigten für den gesamten Schaden haftbar gemacht werden.

OLG Innsbruck 13.02.2020, 1 R 182/19b
Ein immaterieller Schaden **erfordert ein Mindestmaß an persönlicher Beeinträchtigung**. Die bloße **Rechtsverletzung** stellt **per se noch keinen immateriellen Schaden** dar (hier: bloßes Ungemach wegen des Kontrollverlusts über personenbezogene sensible Daten). Eine klagende Partei hat die Auswirkungen der Rechtsverletzungen auf ihre Persönlichkeit konkret zu behaupten und zu beweisen.

OGH 22.01.2020, 9 Ob A 120/19s
Die Verwendung eines **GPS-Ortungssystems** im Dienstfahrzeug ohne Zustimmung des Arbeitnehmers ist rechtswidrig und begründet einen Anspruch auf (immateriellen) Schadenersatz.

OGH 27.11.2019, 6 Ob 217/19h
Der durch eine datenschutzwidrige Bonitätsauskunft Geschädigte hat auch nach Art 82 DSGVO Eintritt und Höhe seines Schadens ebenso zu behaupten und zu beweisen wie den **Kausalzusammenhang** zwischen der Vermögensschädigung bzw **immateriellen Einbuße und der Datenschutzwidrigkeit**. Eine **Beweislastumkehr** besteht **nur in Bezug auf das Verschulden**.

LG Feldkirch 07.08.2019, 57 Cg 30/19b
Immateriellen Schadenersatz in Höhe von EUR 800,- für die unzulässige Verarbeitung der Parteienaffinität durch die Post als Adressverlag (aber siehe E des Berufungsgerichts: OLG Innsbruck, 1 R 182/19b).

OGH 23.05.2019, 6 Ob 91/19d
§ 29 DSG ordnet für **Schadenersatzklagen** wegen Datenschutzverletzungen eine **Eigenzuständigkeit des LG für Zivilrechtssachen** an, in dessen Sprengel der betroffene Kläger seinen Sitz oder gewöhnlichen Aufenthalt hat. Eine Zuständigkeit der Handelsgerichtsbarkeit ist daher ausgeschlossen.

15.4 Geldbußen

15.4.1 Vorbemerkungen

Zur Schaffung eines unionsweiten Schutzes personenbezogener Daten werden durch die DSGVO auch **einheitliche Befugnisse für die Überwachung und Gewährleistung der Einhaltung** der DSGVO sowie gleiche Sanktionen für die Verletzung der Rechte bzw Verpflichtungen der DSGVO geschaffen. Als eines der Kernelemente der DSGVO wird die Verhängung und Durchsetzung von **Geldbußen** gegenüber Unternehmen (Unternehmensträger) und natürlichen Personen durch die Aufsichtsbehörden in den Mitgliedstaaten neu eingeführt (Art 83 DSGVO). In Österreich kommt diese Funktion der **DSB** zu (§ 22 Abs 5 DSG).

> **Artikel 83 Allgemeine Bedingungen für die Verhängung von Geldbußen**
> (1) Jede Aufsichtsbehörde stellt sicher, dass die Verhängung von Geldbußen gemäß diesem Artikel für Verstöße gegen diese Verordnung gemäß den Absätzen 5 und 6 in jedem Einzelfall wirksam, verhältnismäßig und abschreckend ist.
> (2) Geldbußen werden je nach den Umständen des Einzelfalls zusätzlich zu oder anstelle von Maßnahmen nach Artikel 58 Absatz 2 Buchstaben a bis h und i verhängt. (...)

> **§ 30 DSG Allgemeine Bedingungen für die Verhängung von Geldbußen**
> (...)
> (5) Gegen Behörden und öffentliche Stellen ... können keine Geldbußen verhängt werden.

Der österreichische Gesetzgeber qualifiziert die Geldbuße nach der DSGVO als **Verwaltungsstrafe.** In den Erläuterungen zu § 22 DSG wird explizit auf die Anwendbarkeit des VStG auf die Verhängung der Geldbußen durch die DSB hingewiesen. Nunmehr ist auch durch die Rsp des VfGH klargestellt, dass die Verhängung (potenziell) sehr hoher Verwaltungsstrafen durch eine Verwaltungsbehörde wie die DSB verfassungsrechtlich zulässig ist (VfGH 13.12.2017, G 408/2016 im Zusammenhang mit einer in die Zuständigkeit der FMA fallenden Geldbuße nach dem Bankwesengesetz).

Als **Rechtsmittel** gegen die Verhängung einer Geldbuße durch die DSB steht die **Beschwerde an das BVwG** offen.

Art 83 Abs 7 DSGVO behält es den Mitgliedstaaten vor, festzulegen, ob und in welchem Umfang Geldbußen gegen Behörden und öffentliche Stellen, die im entsprechenden Mitgliedstaat niedergelassen sind, verhängt werden können. In § 30 Abs 5 DSG wurde dazu in Österreich geregelt, dass **gegen Behörden und öffentliche Stellen**, wie insbesondere in Formen des öffentlichen Rechts sowie des Privatrechts eingerichtete Stellen, die im gesetzlichen Auftrag handeln, und gegen Körperschaften des öffentlichen Rechts **keine Geldbußen** verhängt werden können. Dies bedeutet jedoch nicht, dass der DSB nicht alle sonstigen Befugnisse gemäß Art 58 DSGVO gegenüber den Behörden und öffentlichen Stellen zukommen (Untersuchungs-, Beratungs- und Genehmigungsbefugnisse sowie andere Abhilfebefugnisse).

15.4.2 Höhe der Geldbußen

Die **Höhe der Geldbußen** erfährt durch die DSGVO eine **enorme Verschärfung**. Das klare Ziel dieser Maßnahme ist, durch die abschreckend hohen Strafdrohungen datenschutzrechtskonformes Verhalten zu erreichen.

Die DSGVO legt **zwei Obergrenzen** für Geldbußen fest, abhängig von der Art des Verstoßes:

1. Geldbußen von bis zu **EUR 10 Mio** oder im Fall eines Unternehmens von bis zu **2 % des gesamten weltweit erzielten Jahresumsatzes** des vorangegangenen Geschäftsjahres, je nachdem, welcher Betrag höher ist (Art 83 Abs 4 DSGVO).

Dieser Strafrahmen findet auf folgende Verstöße Anwendung:
- Verstöße gegen die **Pflichten der Verantwortlichen und der Auftragsverarbeiter** gem den Art 8, 11, 25 bis 39, 42 und 43 DSGVO;
- Pflichten der **Zertifizierungsstelle** gem Art 42 und 43 DSGVO;
- Pflichten der **Überwachungsstelle** gem Art 41 Abs 4 DSGVO.

> **Beispiele** für Verstöße, die in diese Kategorie von „weniger schweren Verstößen" fallen: fehlende Bestellung eines Datenschutzbeauftragten trotz Vorliegens der gesetzlichen Verpflichtung, mangelhafte Datensicherheitsmaßnahmen; Nichtkooperation mit der DSB; fehlendes oder mangelhaftes Verzeichnis von Verarbeitungstätigkeiten oder einer Datenschutz-Folgenabschätzung bei Vorliegen der gesetzlichen Verpflichtung.

2. Geldbußen von bis zu **EUR 20 Mio** oder im Fall eines Unternehmens von bis zu **4 % des gesamten weltweit erzielten Jahresumsatzes** des vorangegangenen Geschäftsjahres, je nachdem, welcher Betrag höher ist (Art 83 Abs 5 DSGVO).

Dieser höhere Strafrahmen ist auf folgende Verstöße anwendbar:
- Verstöße gegen die **Grundsätze der Verarbeitung** gem Art 5, 6, 7 und 9 DSGVO;
- Verstöße gegen **Rechte der betroffenen Person** gem Art 12 bis 22 DSGVO;
- Verstöße im Zusammenhang mit der **Übermittlung** personenbezogener Daten **in ein Drittland** oder an eine internationale Organisation gem Art 44 bis 49 DSGVO;
- Verstöße gegen Pflichten aus nationalen Rechtsvorschriften für **besondere Verarbeitungssituationen** gem Kapitel IX DSGVO;
- **Nichtbefolgung einer Anweisung, Beschränkung oder Aussetzung** der Datenübermittlung gem Art 58 Abs 2 DSGVO oder **Nichtgewährung des Zugangs** gem Art 58 Abs 1 DSGVO;
- **Nichtbefolgung einer Anweisung** der Aufsichtsbehörden gem Art 58 Abs 2 DSGVO.

> **Beispiele** für Verstöße, die in die Kategorie „schwerwiegende Verstöße" einzuordnen sind: Vornahme von Datenverarbeitungen ohne Vorliegen eines Erlaubnistatbestandes; Verwendung von unrechtmäßigen Einwilligungserklärungen; Missachtung eines Bescheids der DSB; unzulässige Übermittlung von Daten in

einen Drittstaat; unrechtmäßige Speicherung von Daten; Verletzung des Auskunfts- oder Löschungsrechts der betroffenen Person.

Bemerkenswert ist, dass die DSGVO **keine Mindeststrafe** vorsieht.

Bei **Tateinheit** mehrerer Verstöße ist die Geldbuße betragsmäßig mit der Geldbuße für den **schwerwiegendsten Verstoß**, der begangen wurde, begrenzt (**Kumulierungsverbot** Art 83 Abs 3 DSGVO). Eine Tateinheit iSd Art 83 Abs 3 DSGVO liegt dann vor, wenn durch den gleichen oder durch miteinander verbundene Verarbeitungsvorgänge gegen mehrere Bestimmungen der DSGVO verstoßen wurde. Den Erläuterungen zum Datenschutz-Anpassungsgesetz 2018 ist zu entnehmen, dass die DSGVO Regelung zum Kumulierungsverbot als im Verhältnis zum § 22 VStG (Kumulationsprinzip) speziellere Regelung angesehen wird und diesem daher vorgeht.

Die drohenden Geldstrafen können, insbesondere für KMUs, durchaus existenzgefährdende Ausmaße annehmen, da hier keine Erleichterungen der Strafen vorgesehen wurden. In ErwGr 13 werden die Mitgliedstaaten und Aufsichtsbehörden aber dazu angehalten, die besonderen Bedürfnisse kleiner und mittlerer Unternehmen bei der Anwendung der DSGVO zu berücksichtigen. Eine ausdrückliche Straferleichterung findet sich in der DSGVO jedoch nur noch für natürliche Personen:

Handelt es sich um einen **geringfügigen Verstoß einer natürlichen Person** oder würde die Geldbuße zu einer unverhältnismäßigen Belastung gegenüber einer natürlichen Person führen, haben die Aufsichtsbehörden gem ErwGr 148 die Möglichkeit, anstelle der festzusetzenden Geldbuße auch nur eine **Verwarnung** zu erteilen. Für Unternehmen ist diese Straferleichterung hingegen nicht vorgesehen.

Knapp vor dem Inkrafttreten des DSG wurde mit § 11 eine Bestimmung ins Gesetz eingeführt, nach der die DSB die Geldbußen nach Art 83 Abs 2 bis 6 DSGVO „so zur Anwendung bringen [wird], dass die Verhältnismäßigkeit gewahrt wird". Zudem soll die DSB vor allem bei erstmaligen Verstößen von ihren Abhilfebefugnissen insb durch **Verwarnen** Gebrauch machen („**Verwarnen statt Strafen**").

Dies bewirkt freilich nicht, dass in jedem Fall ein erster Verstoß straffrei bleiben wird, da der nationale Gesetzgeber von zwingenden Bestimmungen der DSGVO nicht abweichen kann. So steht der Grundsatz der Verhältnismäßigkeit zwar ohnehin auch in Art 83 Abs 1 DSGVO, dort allerdings gemeinsam mit dem Erfordernis, dass die Verhängung von Geldbußen auch in jedem Einzelfall wirksam und abschreckend sein muss. Und dass die DSB – wie es die DSGVO auch verlangt – verwarnen kann, heißt nicht, dass eine Verwarnung in jedem (auch ersten) Fall eines Verstoßes das Mittel der Wahl ist, zumal dabei nach der DSGVO jeweils „nach den Umständen des Einzelfalls" vorzugehen ist.

Unternehmensbegriff

Abweichend von der Begriffsdefinition in Art 4 Z 18 DSGVO ist gemäß ErwGr 150 und auch nach Ansicht der Artikel 29-Datenschutzgruppe für den Begriff „Unternehmen" der **weite funktionale (kartellrechtliche) Unterneh-**

mensbegriff aus Art 101 und 102 AEUV für die Verhängung der Geldbußen maßgeblich. Diese Sichtweise ist allerdings deshalb strittig, weil der weitere Unternehmensbegriff im Zusammenhang mit Geldstrafen nur aus dem ErwGr 150 hervorgeht, nicht aber aus dem normativen Teil der DSGVO.

Laut Rsp des EuGH sind Unternehmen „Einheiten, die eine wirtschaftliche Tätigkeit ausüben, unabhängig von ihrer Rechtsform, dem Vorliegen oder Fehlen einer Gewinnerzielungsabsicht, dem Umfang der Tätigkeit oder der Art ihrer Finanzierung". Diese wirtschaftliche Einheit kann dabei auch aus mehreren natürlichen oder juristischen Personen bestehen. Bei Konzernsachverhalten wird die Definition des Unternehmensbegriffs große Auswirkungen auf die Berechnung der maximalen Geldbuße haben.

15.4.3 Strafbemessung

Durch die weiten Obergrenzen der DSGVO wird den Aufsichtsbehörden bei der Bestimmung der Geldbußen ein weiter Spielraum eingeräumt. Zur konkreten Bestimmung der Höhe einer Geldbuße hat die Aufsichtsbehörde die **Umstände des jeweiligen Einzelfalls** gebührend zu berücksichtigen. Art 83 Abs 2 DSGVO nennt als Kriterien, die berücksichtigt werden müssen:

- **Art, Schwere und Dauer** des Verstoßes;
- **Vorsätzlichkeit** oder **Fahrlässigkeit**;
- getroffene Maßnahmen zur **Minderung des entstandenen Schadens**;
- **Grad der Verantwortung** unter Berücksichtigung der getroffenen technischen und organisatorischen Maßnahmen;
- einschlägige **frühere Verstöße**;
- Umfang der **Zusammenarbeit** mit der Aufsichtsbehörde;
- Kategorien der betroffenen personenbezogenen Daten;
- Art und Weise, wie der Verstoß der Aufsichtsbehörde bekannt wurde (insbesondere bei **Selbstanzeigen**);
- **Einhaltung früherer angeordneter Maßnahmen** in Bezug auf denselben Gegenstand;
- jegliche andere erschwerenden oder mildernden Umstände (zB finanzielle Vorteile oder vermiedene Verluste).

Bei **natürlichen Personen** sollen zudem im Speziellen das allgemeine **Einkommensniveau** des betroffenen Mitgliedstaates und die **wirtschaftliche Lage der Person** berücksichtigt werden.

Im ersten Jahr nach Anwendbarkeit der DSGVO verhängte die DSB – schwerpunktmäßig im Zusammenhang mit Videoüberwachungen – nur wenige, betragsmäßig geringe Geldbußen.

 DSB 11.07.2019, DSB-D550.185/0002-DSB/2019
Verhängung einer **Verwaltungsstrafe von EUR 10.000,--** gegen einen Fußballtrainer, der in der Damenumkleidekabine mit integrierten Duschanlagen eine heimliche Bildverarbeitung vorgenommen hat.

DSB 20.12.2018, DSB-D550.037/0003-DSB/2018
Verwaltungsstrafe von EUR 2.200,-- gegen den Betreiber einer Videoüberwachung, weil 1) Die Videoüberwachung nicht auf Bereiche beschränkt ist, welche in der ausschließlichen Verfügungsbefugnis des Verantwortlichen stehen. Die Videoüberwachung ist daher nicht dem Zweck angemessen und nicht auf das notwendige Maß beschränkt. 2) Die Videoüberwachung erfasst, ausgehend von der Wohnungstür zu Top Nr. *7, den davorliegenden Hausflur und filmt Mitbewohner beim Betreten und Verlassen der umliegenden Wohnungen, und greift somit in deren höchstpersönlichen Lebensbereich ein, ohne dass die Einwilligung der Betroffenen zur Erfassung ihrer Bilddaten vorliegt. 3) Die Videoüberwachung ist nicht geeignet gekennzeichnet.

DSB 18.12.2018, DSB-D550.015/0003-DSB/2018
Verstoß des Betriebs der Bildaufnahme gegen die in Art 5 DSGVO normierten Grundsätze, insbesondere da der Verantwortliche zur Erreichung des von ihm verfolgten Zweckes – nämlich dem vorbeugenden Schutz von Personen oder Sachen – die Kamera durch eine Anpassung des Blickwinkels auf eine Weise betreiben hätte können, wodurch ein Miterfassen der umliegenden öffentlichen Verkehrsflächen vermieden worden wäre. **Absehen von der Verhängung einer Geldstrafe und Erteilung einer Ermahnung**, weil die Bedeutung des strafrechtlich geschützten Rechtsgutes und die Intensität seiner Beeinträchtigung durch die Tat und das Verschulden des Beschuldigten gering waren (§ 45 Abs 1 Z 4 VStG).

DSB 30.11.2018, DSB-D550.038/0003-DSB/2018
Verhängung einer **Geldbuße von EUR 4.800.--** wegen einer rechtswidrigen Videoüberwachung.

DSB 27.09.2018, DSB-D550.084/0002-DSB/2018
Verhängung einer **Geldstrafe von EUR 300,--** gegen einen ungarischen Staatsbürger wegen Verwendung von Dash-Cams ohne geeignete Kennzeichnung.

In ganz Europa fand aber spätestens seit dem 2. Halbjahr 2019 ein **signifikanter Anstieg der Anzahl und Höhe der Bußgelder** statt.

	Land	Verantwortlicher	Verstoß	Verhängte Geldbuße in EUR
1	Frankreich	Google Inc	Art 5,6, 13,14 DSGVO	50.000.000
2	Deutschland	H&M Hennes & Mauritz Online Shop A.B. & Co. KG	Art 5,6 DSGVO	35.258.708
3	Italien	TIM	Art 5,6,15,21,32 DSGVO	27.800.000
4	UK	British Airways	Art 32 DSGVO	22.046.000 (zunächst 204.600.000; wurde ua unter Hinweis auf die COVID-19 Krise gesenkt)
5	UK	Marriott International	Art 32 DSGVO	20.450.000 (wurde ebenfalls von zunächst 110.000.000 gesenkt)

Auch Österreich reihte sich zunächst mit der gegen die Österreichische Post verhängten Geldbuße in Höhe von 18.000.000 EUR in die Liste der bislang höchsten europaweit verhängten Geldbußen ein, dieses Straferkenntnis wurde aber mittlerweile aufgehoben und das Verfahren eingestellt. Das Bußgeld wurde zunächst wegen rechtswidriger Verarbeitung von Daten über eine mögliche Parteizugehörigkeit verhängt. Die österreichische Post AG hatte mit statistischen Methoden unter anderem die Parteiaffinität von Personen innerhalb ihrer Gewerbeberechtigung „Adressverlage und Direktmarketingunternehmen" ermittelt. Die Datenschutzbehörde entschied, dass diese Daten nicht ohne die vorherige Zustimmung der betroffenen Person verarbeitet hätten werden dürfen. Es wurde verfügt, die Datenverarbeitung mit sofortiger Wirkung zu unterlassen und die Daten zu löschen, es sei denn, es gebe im Einzelfall einen Grund zur Weiterverarbeitung. Darüber hinaus wurde ein Verstoß u.a. wegen der Verarbeitung von Daten über die Häufigkeit von Paketzustellungen und die Häufigkeit von Umzügen zum Zwecke des Direktmarketings festgestellt, da dies nicht durch die DSGVO gedeckt sei. Die verhängte Geldstrafe von 18.000.000 EUR war die bislang höchste je in Österreich verhängte Datenschutzstrafe.

Das Bundesverwaltungsgericht (W258 2227269-1/14E) hob die Geldbuße mit der Begründung auf, dass es für die Verhängung einer Geldbuße nach der DSGVO gegen eine juristische Person nicht ausreichend sei, einen Straftatbestand zu erfüllen. Zudem müsse der juristische Person, die nicht selbst handeln könne, auch das Handeln einer natürlichen Person zugerechnet werden. Diese gemäß § 30 DSG vorzunehmende Zurechnung habe die DSB im Straferkenntnis unterlassen. Da die fehlende Konkretisierung des Tatvorwurfs ein prozessuales Hindernis einer Überprüfung durch das Bundesverwaltungsgericht darstelle, sei das gegenständliche Strafverfahren einzustellen gewesen.

15.4.4 Andere Sanktionen

Art 84 DSGVO verpflichtet die Mitgliedstaaten, **andere** (zusätzliche) – **vor allem auch gerichtlich strafbare** – **Sanktionen** zu normieren, die **wirksam, verhältnismäßig und abschreckend** sind. Zu beachten ist im Zusammenhang mit der Verhängung der Strafen jedenfalls das **Doppelbestrafungsverbot** (*„ne bis in idem"*).

> **Art 84 Abs 1 DSGVO**
> Die Mitgliedstaaten legen die Vorschriften über andere Sanktionen für Verstöße gegen diese Verordnung — insbesondere für Verstöße, die keiner Geldbuße gemäß Artikel 83 unterliegen — fest und treffen alle zu deren Anwendung erforderlichen Maßnahmen. Diese Sanktionen müssen wirksam, verhältnismäßig und abschreckend sein.

> **§ 62 DSG Verwaltungsstrafbestimmung**
> (1) Sofern die Tat nicht einen Tatbestand nach Art. 83 DSGVO verwirklicht oder nach anderen Verwaltungsstrafbestimmungen mit strengerer Strafe

bedroht ist, begeht eine Verwaltungsübertretung, die mit Geldstrafe bis zu EUR 50.000,-- zu ahnden ist, wer
1. sich vorsätzlich widerrechtlichen Zugang zu einer Datenverarbeitung verschafft oder einen erkennbar widerrechtlichen Zugang vorsätzlich aufrechterhält,
2. Daten vorsätzlich in Verletzung des Datengeheimnisses (§ 6) übermittelt, insbesondere Daten, die ihm gemäß §§ 7 oder 8 anvertraut wurden, vorsätzlich für andere unzulässige Zwecke verarbeitet,
3. sich unter Vortäuschung falscher Tatsachen vorsätzlich personenbezogene Daten gemäß § 10 verschafft,
4. eine Bildverarbeitung entgegen den Bestimmungen des 3. Abschnittes des 1. Hauptstücks betreibt oder
5. die Einschau gemäß § 22 Abs. 2 verweigert.
(2) Der Versuch ist strafbar.
(3) Gegen juristische Personen können bei Verwaltungsübertretung nach Abs. 1 und 2 Geldbußen nach Maßgabe des § 30 verhängt werden.
(4) Die Strafe des Verfalls von Datenträgern und Programmen sowie Bildübertragungs- und Bildaufzeichnungsgeräten kann ausgesprochen werden (§§ 10, 17 und 18 VStG), wenn diese Gegenstände mit einer Verwaltungsübertretung nach Abs. 1 in Zusammenhang stehen.
(5) Die Datenschutzbehörde ist zuständig für Entscheidungen nach Abs. 1 bis 4.

§ 63 DSG Datenverarbeitung in Gewinn- oder Schädigungsabsicht
Wer mit dem Vorsatz, sich oder einen Dritten dadurch unrechtmäßig zu bereichern, oder mit der Absicht, einen anderen dadurch in seinem von § 1 Abs. 1 gewährleisteten Anspruch zu schädigen, personenbezogene Daten, die ihm ausschließlich auf Grund seiner berufsmäßigen Beschäftigung anvertraut oder zugänglich geworden sind oder die er sich widerrechtlich verschafft hat, selbst benützt, einem anderen zugänglich macht oder veröffentlicht, obwohl der Betroffene an diesen Daten ein schutzwürdiges Geheimhaltungsinteresse hat, ist, wenn die Tat nicht nach einer anderen Bestimmung mit strengerer Strafe bedroht ist, vom Gericht mit Freiheitsstrafe bis zu einem Jahr oder mit Geldstrafe bis zu 720 Tagessätzen zu bestrafen.

In **Österreich** wurde als subsidiäre **Verwaltungsstrafnorm § 62 DSG** vorgesehen, der Verwaltungsstrafen von **bis zu EUR 50.000 für bestimmte Verstöße** vorsieht. § 62 DSG kommt nur dann zur Anwendung, wenn kein Tatbestand des Art 83 DSGVO erfüllt ist. Auch die Verwaltungsstrafen nach § 62 DSG werden direkt von der DSB verhängt.

Für die **vorsätzliche Datenverarbeitung in Gewinn- oder Schädigungsabsicht** sieht die **strafrechtliche Norm des § 63 DSG**, wie nach der früheren österreichischer Rechtslage (vgl. § 51 DSG 2000), eine von einem Gericht zu verhängende Freiheitsstrafe von bis zu einem Jahr oder eine Geldstrafe von bis zu 720 Tagessätzen vor.

Außerhalb des DSG finden sich in der österreichischen Rechtsordnung noch weitere datenschutzrechtliche Strafbestimmungen, unter anderem:
- widerrechtlicher Zugriff auf ein Computersystem (§ 118a StGB);

- missbräuchliches Abfangen von Daten (§ 119a StGB);
- Verletzung eines Geschäfts- oder Betriebsgeheimnisses (§ 121 StGB und § 11 UWG);
- Datenbeschädigung (§ 126a StGB).

 OGH 20.03.2019, 5 Ob 187/18p
Der Ehestörer haftet für jene Detektivkosten, die zum Erlangen von Beweisen aufgelaufen sowie notwendig und zweckmäßig sind. Führt der **Berufsdetektiv** eine verdeckte GPS-Ortung und eine **verdeckte Videoüberwachung** durch, so verstößt er damit gegen § 1 DSG und § 16 ABGB sowie die §§ 62, 63 DSG und diese Kosten sind vom untreuen Ehepartner nicht zu ersetzen.

15.4.5 Haftung für Geldbußen

Geldbußen können **direkt gegen juristische Personen** (zB GmbH oder AG) selbst und nicht nur gegen zur Vertretung nach außen Berufene (zB handelsrechtliche Geschäftsführer, Vorstandsmitglieder einer AG oder verantwortliche Beauftragte gemäß § 9 Abs 2 VStG) verhängt werden.

Gemäß § 30 DSG ist die Verhängung einer Geldbuße gegen juristische Personen dann möglich, wenn Verstöße durch Personen begangen wurden, die allein oder als Teil eines Organs der juristischen Person gehandelt haben und eine Führungsposition innerhalb der juristischen Person innehaben. Zudem kann die juristische Person (ähnlich einer Verbandsverantwortlichkeit) auch dann haftbar gemacht werden, wenn eine Führungsperson durch mangelnde Überwachung oder Kontrolle die Begehung von Verstößen ermöglicht hat. Hat daher das Management verabsäumt, geeignete Maßnahmen zu setzen, um Datenschutzverstöße zu verhindern, kann die juristische Person selbst im Fall eines Datenschutzverstoßes mit einer Verwaltungsstrafe belegt werden.

§ 30 Abs 3 DSG sieht vor, dass die DSB von einer **Bestrafung des Verantwortlichen gemäß § 9 VStG abzusehen** hat, **wenn bereits gegen die juristische Person selbst wegen desselben Verstoßes eine Geldbuße verhängt wurde.**

Eine Überbindung der Haftung für datenschutzrechtliche Verwaltungsstrafen durch Bestellung eines verantwortlichen Beauftragten gemäß § 9 Abs 2 VStG ist nur für Verwaltungsstrafen, die Verantwortliche gemäß § 9 Abs 1 VStG selbst treffen würden, möglich, eine **Überbindung der Haftung der juristischen Person ist nicht möglich.**

Zu beachten ist in diesem Zusammenhang auch, dass die Position des Datenschutzbeauftragten (für Details siehe Kapitel 9.6) nicht mit der Position eines verantwortlichen Beauftragten im Sinne des § 9 Abs 2 VStG kompatibel ist. Die nötige Weisungsungebundenheit und Unabhängigkeit eines Datenschutzbeauftragten steht in einem klaren Interessenskonflikt zu den nötigen Anordnungsbefugnissen, die zu einer rechtmäßigen Bestellung als verantwortlicher Beauftragter notwendig wären.

§ 30 DSG Allgemeine Bedingungen für die Verhängung von Geldbußen
(1) Die Datenschutzbehörde kann Geldbußen gegen eine juristische Person verhängen, wenn Verstöße gegen Bestimmungen der DSGVO und des § 1 oder

Artikel 2 1. Hauptstück durch Personen begangen wurden, die entweder allein oder als Teil eines Organs der juristischen Person gehandelt haben und eine Führungsposition innerhalb der juristischen Person aufgrund
1. der Befugnis zur Vertretung der juristischen Person,
2. der Befugnis, Entscheidungen im Namen der juristischen Person zu treffen, oder
3. einer Kontrollbefugnis innerhalb der juristischen Person
innehaben.

(2) Juristische Personen können wegen Verstößen gegen Bestimmungen der DSGVO und des § 1 oder Artikel 2 1. Hauptstück auch verantwortlich gemacht werden, wenn mangelnde Überwachung oder Kontrolle durch eine in Abs. 1 genannte Person die Begehung dieser Verstöße durch eine für die juristische Person tätige Person ermöglicht hat, sofern die Tat nicht den Tatbestand einer in die Zuständigkeit der Gerichte fallenden strafbaren Handlung bildet.

(3) Die Datenschutzbehörde hat von der Bestrafung eines Verantwortlichen gemäß § 9 des Verwaltungsstrafgesetzes 1991 – VStG, BGBl. Nr. 52/1991, abzusehen, wenn für denselben Verstoß bereits eine Verwaltungsstrafe gegen die juristische Person verhängt wird. (...)

BVwG 26.11.2020, W258 2227269
Gemäß § 44a Z 1 VStG ist es rechtlich geboten, die Tat hinsichtlich des Täters und der Tatumstände so genau zu umschreiben, dass die Zuordnung des Tatverhaltens zur Verwaltungsvorschrift, die durch die Tat verletzt worden ist, in Ansehung aller Tatbestandsmerkmale ermöglicht wird (VwGH 13.12.2019 Ra 2019/02/0184). Da juristische Personen nicht selbst handeln können, ist ihre Strafbarkeit Folge des Handelns einer natürlichen Person. Kommt ein bestimmter Kreis natürlicher Personen in Frage, deren Verhalten die Strafbarkeit der juristischen Person begründen könnte, reicht es nach der Rechtsprechung des Verwaltungsgerichtshofs in Hinblick auf § 44a Z 1 VStG nicht, festzustellen, dass irgendeine Person aus diesem Kreis die Tat begangen hat – etwa irgendeine Führungsperson –, **es muss die handelnde Person konkret bestimmt sein** (vgl zu § 99d BWG VwGH 29.03.2019 Ro 2018/02/0023 und zu § 30 DSG VwGH 12.05.2020 Ro 2019/04/0229).

VwGH 12.05.2020, Ro 2019/04/0229
Auf das behördliche Verfahren der Datenschutzbehörde für die Verhängung von Geldbußen nach Art 83 DSGVO findet gemäß Art I Abs 1 und Abs 2 Z 2 iVm Art II EGVG **das VStG Anwendung**. Dies gilt insoweit, als die DSGVO nicht speziellere Regelungen vorsieht.
Werden Verwaltungsstrafen wegen Verletzung datenschutzrechtlicher Pflichten gegen juristische Personen verhängt, muss aus dem Tatvorwurf hervorgehen, welches strafbare Verhalten **einer bestimmten natürlichen Person** der juristischen Person **zuzurechnen** ist.

Kontrollfragen:

- Welche Rechtsbehelfe sieht die DSGVO vor?
- Bei welcher Aufsichtsbehörde kann eine Beschwerde eingereicht werden?
- Wie kann eine betroffene Person gegen eine untätige Aufsichtsbehörde vorgehen?
- Wie bestimmt sich die Zuständigkeit bei Klagen gegen den Verantwortlichen?
- Wer kann betroffene Personen bei Geltendmachung der Rechtsbehelfe vertreten?
- Für welche Schäden kann eine betroffene Person Schadenersatz fordern?
- Welche Straferleichterungen gibt es bei Geldbußen?
- Wonach bemisst sich die Höhe der Geldbußen? Welche Höchstgrenzen gibt es?

Weiterführende Literatur und sonstige Arbeitshilfen

Dieses Buch enthält bewusst keine Fußnoten, um die Lesbarkeit und die anschauliche Struktur des Buches nicht zu beeinträchtigen. Da die Auseinandersetzung mit weiterführender Fachliteratur eine Notwendigkeit für die bessere Vertrautheit mit der Materie darstellt, empfehlen wir die folgenden Werke und Fachzeitschriften. Es handelt sich dabei um eine subjektive Auswahl, die keinen Anspruch auf Vollständigkeit stellt. Für eine vollständige und aktuelle Literaturrecherche bieten sich die Datenbanken Ridaonline, RDB und Lexis 360 an. Genauere Hinweise auf den Inhalt dieser Rechtsdatenbanken aus Sicht des Datenschutzrechts finden Sie unter Punkt E.

Darüber hinaus wollen wir Ihnen auch einige Websites empfehlen, auf denen weiterführende Informationen, Gesetzesmaterialien, Leitlinien, einschlägige Newsletter sowie Mustersammlungen zu finden sind, um die Umsetzung in der Praxis einfacher zu gestalten. Es ist hierbei allerdings zu beachten, dass die im Internet zur Verfügung gestellten Inhalte im Hinblick auf ihre Aktualität und Richtigkeit stets kritisch zu überprüfen sind.

A. Kommentare (Österreich)

- *Bresich/Dopplinger/Dörnhöfer/Kunnert/Riedl*, DSG – Datenschutzgesetz Kommentar (2018)
- *Feiler/Forgó*, EU-DSGVO – EU-Datenschutz-Grundverordnung (2017)
- *Gantschacher/Jelinek/Schmidl/Spanberger*, Kommentar zur Datenschutz-Grundverordnung (2017)
- *Jahnel*, Kommentar zur Datenschutz-Grundverordnung (DSGVO) (2021)
- *Knyrim* (Hrsg), Der DatKomm. Praxiskommentar zum Datenschutzrecht (45. Lfg 2020)
- *Pollirer/Weiss/Knyrim/Haidinger*, DSG. Datenschutzgesetz[4] (2019)
- *Thiele/Wagner*, DSG. Datenschutzgesetz (2020)

B. Kommentare (Deutschland)

- *Auernhammer* (Hrsg), DSGVO/BDSG[6] (2018)
- *Ehmann/Selmayr* (Hrsg), Datenschutz-Grundverordnung[2] (2018)
- *Gola* (Hrsg), Datenschutz-Grundverordnung[2] (2018)
- *Kühling/Buchner* (Hrsg), DS-GVO – Kommentar[3] (2020)
- *Paal/Pauly* (Hrsg), Datenschutz-Grundverordnung Bundesdatenschutzgesetz[3] (2021)
- *Sydow* (Hrsg), Europäische Datenschutzgrundverordnung[2] (2018)

C. Weiterführende Literatur

- *Bergauer/Jahnel/Mader/Staudegger* (Hrsg.), jusIT Spezial: DS-GVO (2018)
- *Feiler/Horn*, Umsetzung der DSGVO in der Praxis – Fragen, Antworten, Muster (2018)
- *Grünanger/Goricnik*, Arbeitnehmer-Datenschutz und Mitarbeiterkontrolle[2] (2018)

- *Haslinger/Krisch/Riesenecker-Caba* (Hrsg), Beschäftigtendatenschutz – Handbuch für die betriebliche Praxis (2017)
- *Kainz/Moneta*, Datenschutz für Arbeitgeber (Wien 2019)
- *Knyrim* (Hrsg), Praxishandbuch Datenschutzrecht[4] (2020)
- *Körber-Risak/Brodil* (Hrsg), Datenschutz und Arbeitsrecht (2018)
- *Kunnert*, Datenschutz in Fragen & Antworten (2019)
- *Pachinger/Beham* (Hrsg), Datenschutz-Audit[3] (2020)
- *Pachinger* (Hrsg), Datenschutz. Recht und Praxis (2019)

D. Fachzeitschriften (Österreich)
- Dako – Datenschutz konkret
- jusIT – Zeitschrift für IT-Recht, Rechtsinformation und Datenschutz
- ZIIR – Zeitschrift für Informationsrecht

E. Rechtsdatenbanken
- RDB
  - Zeitschrift Dako im Volltext
  - Jahrbuch Datenschutzrecht im Volltext ab 2010
  - *Knyrim* (Hrsg), DatKomm
  - *Dohr/Pollirer/Weiss/Knyrim*, DSG-Kommentar
  - Beiträge aus Manz-Sammelbänden
- Ridaonline
  - Zeitschrift jusIT im Volltext
  - Jahrbuch Datenschutzrecht im Volltext ab 2008
  - *Jahnel*, Kommentar zur Datenschutz-Grundverordnung
  - *Thiele/Wagner*, DSG. Datenschutzgesetz
  - BVwG und DSB-Entscheidungen mit eigenen Leitsätzen
  - Beiträge aus Festschriften und Sammelbänden aller Verlage
- Lexis 360
  - Zeitschrift jusIT im Volltext
  - Jahrbuch Datenschutzrecht im Volltext ab 2014
  - Beiträge aus LexisNexis-Sammelbänden

F. Websites
- Text der DSGVO
  http://eur-lex.europa.eu/legal-content/DE/TXT/?uri=CELEX:32016R0679
- Informationen, Newsletter und Stellungnahmen des Europäischen Datenausschusses (European Data Protection Board)
  https://edpb.europa.eu/
- Richtlinien und Stellungnahmen der Art. 29-Datenschutzgruppe
  http://ec.europa.eu/justice/article-29/documentation/opinion-recommendation/index_en.htm
- Informationen und Newsletter des Europäischen Datenschutzbeauftragten (European Data Protection Supervisor)
  https://edps.europa.eu

Weiterführende Literatur und sonstige Arbeitsbehelfe

- Information, Newsletter, Entscheidungen, Gesetzestexte, Leitlinien zur DS-GVO der österreichischen Datenschutzbehörde
  https://dsb.gv.at
- Höchstgerichtliche Judikatur und Entscheidungen der Datenschutzbehörde
  https://ris.bka.gv.at
- Gesetzesmaterialien des österreichischen Gesetzgebers
  https://parlament.gv.at
- Informationen und Muster der ARGE Daten
  http://www.argedaten.at
- Website und Blog des Vereins österreichischer betrieblicher und behördlicher Datenschutzbeauftragter – Privacyofficers.at
  https://www.privacyofficers.at
- Mustersammlung der Wirtschaftskammer Österreich
  https://www.wko.at/service/wirtschaftsrecht-gewerberecht/Musterdokumente-zur-EU-Datenschutzgrundverordnung.html

Stichwortverzeichnis

A

abgestuftes Regelungskonzept 146
Abhilfebefugnisse 188
Actioncam 73
Ärztebewertungsplattform 113
Akkreditierungsverfahren 149
Akteneinsicht 60
Amtsermittlungsverfahren 209
Anonymisierung 57
Artikel 29-Datenschutzgruppe 193
Auftragsverarbeiter 65
    Befugnisüberschreitung 129
    Haftung 129
    Pflichten 128
    Weisungsgebundenheit 130
Auftragsverarbeitungsvertrag 126
Auskunfteien 67
Auskunftsbegehren 107
Auskunftserteilung 108
Auswahlverantwortung 125
automatisierte Verarbeitung 41

B

begleitende Maßnahmen im Beschwerdeverfahren 209
Beratungs- und Genehmigungsbefugnisse 188
berechtigte Interessen 81, 86
Berichtigungsrecht 111
Beschäftigtendatenschutz 157
Beschwerde an die DSB 207
Betriebsrat 169
Betriebsvereinbarung 159, 163
Betroffenenrechte 101
betroffene Person 61
Betrugsprävention 81
Beurteilung von Arbeitnehmern 165
Beweislastumkehr 216
Bewerberdaten 161, 174
Bewertungsportal 60
Bildverarbeitung 151
Binding Corporate Rules 96

biometrische Daten 54
Bonitätsdatenbank 113
Bring your own device (BYOD) 166

C

Checkbox 73
Cloud-Provider 66
Codes of Conduct 146
Cookies 77
Corona-Krise 86

D

Dashcam 136
Data Breach Notification 138
Datengeheimnis 173
Datenminimierung 34
Datenportabilität 117
Datenschutzbeauftragter 141
Datenschutzbehörde (DSB) 185
Datenschutz-Betriebsvereinbarung 167
Datenschutz-Folgeabschätzung 133
Datenschutzfreundliche Voreinstellung (Privacy by Default) 38
Datenschutzrat 191
Datenschutzrichtlinie 15
Datensicherheit 137
Datensicherung 114
Datenverarbeitung im Auftrag 123
Direkterhebung 102
Direkt-Weiterleitung von Daten 117
Direktwerbung 81
Doppelbestrafungsverbot 222
Dringlichkeitsverfahren 204
Drittland 91
Durchführungsrechtsakt 148

E

E-Commerce Richtlinie 45
Einschränkung der Verarbeitung 116
Einsichtsrecht des Betriebsrats 170
einstweiliger Schutz 116

Einwilligung 70, 71
ePrivacy-Verordnung 45
Erforderlichkeitsgebot 79
Erlaubnistatbestände 69
Ermittlungsauftragsverarbeiter 123
Erwägungsgründe 29
EU-Datenschutzgrundverordnung (DSGVO) 16
Europäischer Datenschutzausschuss (EDSA) 193
Europäischer Datenschutzbeauftragter 195

F

Facebook-Fanpage 62
federführende Aufsichtsbehörde 197
fortlaufende Prüfpflicht 125
forum shopping 197
Freiheitsstrafe 190, 223

G

gegenseitige Amtshilfe 200
Geldbußen 217
gemeinsame Maßnahmen der Aufsichtsbehörden 202
gemeinsamer Verantwortlicher 62
Genehmigungsverfahren 100
Gesundheitsdaten 54, 168
Google Spain 115
GPS-Ortung 165
grenzüberschreitende Verarbeitung 91, 196
Grundrecht auf Datenschutz 17

H

Haftung 214
Haftung für Geldbußen 224
Haushaltsausnahme 43
Horizontalwirkung 18

I

Icons 106
Identitätsnachweis 107
immaterielle Schäden 214
Informationsfreiheit 177
Informationspflicht 102

Interessensabwägung 81
internationaler Datenverkehr 91
interne Untersuchungen 162

J

Jedermannsrecht 21

K

Katastrophenfall 56
Kennzeichnung der Videoüberwachung 154
Kohärenzverfahren 202
Kompatibilitätstest 88
Kompetenz 16
Kontrollmaßnahmen 164
Koppelungsverbot 72
Kreditscoring 120
Kumulierungsverbot 219

L

Leitlinien der DSB 194
Löschungsrecht 111

M

Mandatsbescheid 209
Marktortprinzip 46, 48
materienspezifischer Datenschutz 17
Medienprivileg 177
Meinungsäußerung 177
Meldepflicht bei Datenschutzverletzungen 138
Mitwirkungspflicht 110
Mutation des Auftragsverarbeiters 127

N

Nachweispflicht 37, 74
Negativauskunft 109
nichtautomatisierte Verarbeitung 41
Niederlassung 46

O

Öffnungsklauseln 39
One-Stop-Shop Verfahren 196, 200
Opt-in 71, 77
Opt-out 71

P

Parallelverfahren 213
Parteiaffinität 55
partielle Löschung 112
Personalfragebogen 163
personenbezogene Daten
    besondere Kategorien 54, 85
    juristische Personen 53
    Verstorbene 54
Personenbezug 51
Privacy by Default 38
Privacy by Design 37
Privacy Shield 93
private Videoüberwachung 152
Profiling 59, 119
Pseudonymisierung 57

R

räumlicher Anwendungsbereich 46
Rechenschaftspflicht 37, 133
Recht auf Auskunft 107
Recht auf Vergessenwerden 111
rechtliche Verpflichtungen 78, 161
Rechtmäßigkeit 31
Rechtsbehelfe 207
    DSB-Beschwerde 207
    gegen Untätigkeit 210
    gerichtlicher Rechtsbehelf gegen Beschlüsse 210
    gerichtlicher Rechtsbehelf gegen Verantwortliche 211
Religionsbekenntnis 169
risikobasierter Ansatz 146

S

sachlicher Anwendungsbereich 41
Sachverständiger 62
Schadenersatz 214
Schutz lebenswichtiger Interessen 79
Schwangerschaft 168
Sekundärnutzung 87
Selbstregulierung 145
sensible Daten 54, 85
Sitzprinzip 46
Solidarhaftung 214
    Regressanspruch 214

Solidarverantwortung 62
soziale Medien 33, 44
Sozialversicherungsnummer 168
Speicherbegrenzung 34
Speicherung im Beschäftigtenkontext 172
Standarddatenschutzklauseln 93
Strafbemessung 220
strafrechtliche Verurteilungen 56
strafrechtlich relevante Daten 56, 84
Streitbeilegungsverfahren 204
Sub-Auftragsverarbeiter 125
Suchmaschinen 115

T

Tätigkeitsbericht der DSB 190
Technikgestaltung (Privacy by Design) 37
Technische und organisatorische Maßnahmen (TOM) 136
Territorialitätsprinzip 46
Transparenz 32
Transparenzgebot 74
Trennungsgebot 74
Treu und Glauben 31

U

Überbindung der Haftung 224
unabhängige Aufsichtsbehörde 185
Überwachungskamera 64
Ungleichgewichtsverhältnisse 72
Unternehmensbegriff 219
Untersuchungsbefugnisse 188

V

Verantwortlicher 61
verantwortliche Beauftragte 224
Verarbeitung 59
Verarbeitung durch Gerichte 191
Verarbeitungsverzeichnis 132
Verbandsbeschwerde/-klage 213
Verbandsverantwortlichkeit 289
Verbotsprinzip 31, 69
Verhaltensregeln 146
Vertragserfüllung 77, 86
Vertraulichkeit 128

Verwaltungsstrafe 217
Verwarnung 219
Videoüberwachung 151
vorsätzliche Datenverarbeitung in Gewinn- oder Schädigungsabsicht 233

W

Wahrung berechtigter Interessen 81
Wandlungsthese 164
Weiterverwendung für einen anderen Zweck 87
Whistleblowing Systeme 165
Widerruf der Einwilligung 75
Widerspruchsrecht gegen Direktwerbung und Profiling 119

wissenschaftliche Forschung 182
Wissenschaftsprivileg 181
Working Papers 193

Z

Zertifizierung 145
Zusammenarbeit der Aufsichtsbehörden 199
Zuständigkeit der Aufsichtsbehörden 196
Zweckbindung 33, 72, 87
Zweigleisigkeit des Rechtsschutzes 209, 212